公務員試験

【高卒程度・社会人】

初級スーパー過去問ゼミ

自然科学

国家一般職［高卒・社会人］

高卒程度 都道府県職員

高卒程度 市役所職員

高卒程度 警察官

高卒程度 消防官

資格試験研究会編

実務教育出版

初級スーパー過去問ゼミ

刊行に当たって

過去問対策の定番として公務員試験受験生から圧倒的な信頼を寄せられている「初級スーパー過去問ゼミ」シリーズ。今回，平成30年度以降の問題を新たに収録し，最新の出題傾向に沿った内容に見直しを図るとともに，紙面デザインなども一新してよりわかりやすく，学習しやすく進化しました。

本シリーズは，高等学校卒業程度（初級）の公務員試験攻略のための，過去問ベスト・セレクションです。**「国家一般職［高卒］および［社会人］」「税務職員」「高卒程度都道府県職員」「高卒程度市役所職員」**試験を中心に，**「高卒程度警察官」「高卒程度消防官（消防士）」**試験などで実際に出題された過去問を使用して作られています。

採用試験の制度が変わっても，「公務員試験を攻略するためには，過去問演習が欠かせない」というセオリーは変わりません。

良質な過去問で演習を繰り返すことで，合格への道はおのずと開けてきます。本シリーズでの学習を通して，どんな出題形式にも対応できる実力を身につけてください。

本書を手に取られたあなたが，新時代の公務を担う一員となれるよう，われわれスタッフ一同も応援します！

資格試験研究会

本書の構成と使い方

本書で取り扱う試験の名称表記について

❶ **国家一般職／税務，国家Ⅲ種**…国家公務員採用一般職試験[高卒者試験]［社会人試験(係員級)]，税務職員採用試験，国家公務員採用Ⅲ種試験

❷ **社会人，中途採用者**…国家公務員採用一般職試験[社会人試験(係員級)]，国家公務員中途採用者選考試験

❸ **地方初級**…地方公務員採用初級試験（道府県・政令指定都市・市役所・消防官採用試験[高卒程度]）

❹ **東京都**…東京都職員Ⅲ類採用試験

❺ **特別区**…特別区（東京23区）職員Ⅲ類採用試験

❻ **警察官**…警察官採用試験[高卒程度]

❼ **警視庁**…警視庁警察官Ⅲ類採用試験

❽ **東京消防庁**…東京消防庁消防官Ⅲ類採用試験

❾ **地方中級**…地方公務員採用中級試験（都道府県・政令指定都市・市役所）

掲載した問題の末尾に試験名の略称と出題された年度を記載しています。

※注１　平成26年度から，国家一般職の「高卒者試験」と「社会人試験(係員級)」の問題は全問共通となっています。

※注２　平成23年度までは，国家Ⅲ種の中に「行政事務」と「税務」区分があり，問題は全問共通でした。平成24年度以降も，国家一般職と税務の問題は全問共通となっています。

※注３　消防官(消防士)の採用試験は基本的に市町村単位で実施されており(東京都の場合は一部地域を除いて東京消防庁)，教養試験に関しては市町村の事務系職種と同じ第一次試験日で試験問題も共通していることが多くなっているため，本書では「地方初級」に分類しています。

本書に収録されている「過去問」について

❶ 試験実施団体により問題が公表されている試験については，公表された問題を掲載しています（平成９年度以降の国家一般職・国家Ⅲ種，平成19年度以降の社会人・中途採用者，平成13年度以降の東京都，平成14年度以降の特別区，平成15年度以降の警視庁，平成16年度以降の東京消防庁）。それ以外の問題は，過去の公務員試験において実際に出題された問題を，受験生から得た情報をもとに実務教育出版が独自に編集し，復元したものです。

❷ 学校教育において教育内容・用語が改訂されたために内容や用語を統一した，年月がたって状況が変わってしまったので現状に合わせた，などの理由で，問題に手を加えている場合があります。大幅な訂正があった問題については「改題」の表示をしています。

本書の構成

❶ 自然科学　攻略のポイント

最近の初級公務員試験の問題を分析して，科目別に最新の出題傾向と効果的な学習方法についてアドバイスしています。今後の学習の指針としてください。

❷ 各テーマの重要度

各テーマ冒頭で，そのテーマがどれくらい重要なのかをバナナの本数で示しています。

バナナ３本 … どの試験にもよく出題される重要なテーマ
バナナ２本 … 比較的重要なテーマ
バナナ１本 … 一部の試験でのみ出題されるテーマ

❸ 重要問題

各テーマのトップを飾るにふさわしい良問をピックアップしました。この「重要問題」と同じような問題が，本試験で何度も出題されていますから，合格のためには必ずマスターしておきたいところです。

復習する際に確認しておきたい事項などについて簡潔に示しています。問題を解いた後に，理解度をチェックしましょう。

問題に関する補足説明や，別の解き方など，一歩進んだ学習ができる知識を紹介しています。

テーマ全体に関するワンポイント・アドバイスや，学習を進めるうえで注意しておきたい点などを提示しています。

❹ 要点のまとめ

これだけは理解したい・覚えておきたい要点をいくつかの「重要ポイント」に分け，見やすい図表などを駆使してコンパクトにまとめています。問題を解く前の知識整理に，また試験直前の確認に活用しましょう。

「重要ポイント」で説明しきれなかった補足知識や，得点アップにつながる発展知識をまとめています。

❺ 実戦問題

各テーマをスムーズに理解できるよう，バランスよく問題を選びました。解説は，「重要問題」と同じように，詳しく丁寧に記述してあります。全部解いて，実戦力をアップしましょう。

また，学習効果の高い問題を選んで のアイコンを付けています。重要問題と の問題を解いていけば，スピーディーに本書をひととおりこなせます。特に，本番の試験まで時間が取れない場合などにご活用ください。

CONTENTS

公務員試験【高卒程度・社会人】
初級スーパー過去問ゼミ

自然科学

カバーデザイン／cycledesign　書名ロゴ／早瀬芳文　イラスト／アキワシンヤ

自然科学　攻略のポイント

物理

ここが出る！ 最近の出題傾向

力学からの出題がほとんどを占めている。内容は，力のつりあい（浮力，ばねの力を含む），等加速度運動，運動の法則，力学的エネルギー保存則，運動量保存則などで，中学校や高校で学習する基礎的なレベルの問題になっている。

力学以外では，電気（電気回路，電磁気），波動（音，光，ドップラー効果），熱（熱量と温度），原子（原子の構造や放射線の種類）などが出題されている。

力学と電気では計算問題が出題されるが，そのほかの分野は基本的な知識を問う文章題がほとんどである。

ここに注意！効果的な学習法

ポイント❶ 力学の計算問題をマスターする

物理の出題傾向は例年ほとんど変化がないので，まずは出題の大半を占める力学の分野を押さえよう。力学では計算問題の対策が不可欠となる。基本公式を問題に当てはめて解く力は，実際に問題演習を繰り返さないとなかなか身につかないので，計算過程を紙に書きながらコツをつかもう。

ポイント❷ ほかの分野は大まかな学習でよい

力学以外の分野は，一般常識の範囲で解ける問題も多い。力学の学習を終えてなお余裕があれば，教科書などで用語の意味を確認して過去問の内容をひととおりチェックしておく程度で十分だろう。

化学

ここが出る！ 最近の出題傾向

元素や化合物の性質に関する出題が最も多く，物質の三態，液体の性質，気体の性質，化学反応などがこれに次ぐ。また，各分野にわたって，実験操作や工業的製法に関する出題が見られる。

約100種類の元素のうち，よく出題されるのは原子番号１番のHから20番のCaまでの範囲である。その中でも水素（H），炭素（C），窒素（N），酸素（O）とその化合物が最重要である。また，アルカリ金属，アルカリ土類金属，ハロゲン，希ガスの特性もしっかり押さえておこう。

ここに注意！効果的な学習法

ポイント 1 よく出る物質の性質をまとめよう

化学は「理論分野」と「物質分野」に大きく分けられる。物質分野はいろいろな物質の性質を理解することが中心となり，理論分野についても，具体的な物質の知識がないと問題が解けないことが多い。周期表の主要部分，化合物の製法・性質・用途，金属のイオン化列など，覚えるべき項目は多いのでしっかり整理しよう。

ポイント 2 身近な物質にも着目

金属元素，有機化合物，新素材など，身の回りにある物質の性質・特徴に関する出題が，近年増えてきている。時事用語集などで化学（科学）に関する記事をチェックし，話題となっている物質については知識を深めておくとよい。

生物

ここが出る！ 最近の出題傾向

生物の出題で重要なのは，人体に関する問題と生態系・環境問題の２つであり，動物と植物の分類や，植物の働きなどがこれに次いでよく出題される。もう少し細かく見ると，呼吸・消化・光合成，内臓・血液，生態系などがよく出る問題である。

自然科学の中でも，生物学や医学は特に進歩の速い分野であり，最近話題となっている事柄に関する問題も出題されるので，科学関係のニュースには注意しておこう。また，地球環境問題（環境破壊・生態系変化の原因と対策）についても要チェックである。

ここに注意！効果的な学習法

ポイント❶ よく出題されるテーマから始める

まず，出題頻度が高く，身近な問題でもある人体に関する問題（内臓，血液，脳，神経など）から始めると効率的である。それから呼吸・消化・光合成，遺伝と進化などに範囲を広げていくとよい。図や表を使って知識を整理しよう。

ポイント❷ 環境問題は今後ますます重要テーマ

生態系および環境問題は，地球的な課題であり，出題頻度もより高まることが予想される。新聞・テレビのニュース報道や時事用語集の関連記事には常に注意を払おう。この分野は，化学や地学，社会科学の社会においてもよく出題されているので，３つの科目を同時に学習していると考えて，しっかりと押さえておきたい。

地学

ここが出る！ 最近の出題傾向

大気と気象に関する出題が最も多く，天文分野（宇宙・太陽系・地球）がそれに次いでおり，以上の分野が出題のほとんどを占めるといってよい。全般的に難易度はあまり高くなく，中学校で習うような知識や一般常識的な理解で解ける問題も多い。

地学は暗記科目といわれることが多いが，実際にはかなりの思考力・判断力を必要とする「総合科学」ともいえる科目である。地球上や宇宙で起こるさまざまな現象の意味や変化を，きちんと理解していこう。

ここに注意！効果的な学習法

ポイント❶ いろいろな現象を図で理解するに

地球の公転，太陽と惑星の位置関係，天気図など，地学にはさまざまな図が出てくる。過去問も図を使用したものが多いので，よく出てくるような図は何度も見返して覚えること。特に，一番出題の目立つ天気については，日常で新聞やテレビの天気予報などに接して，季節ごとの天気の特徴と天気図との関係をしっかり理解しておきたい。

ポイント❷ 最近のトピックには要注意

地震・台風などの自然災害や異常気象，地球温暖化などの環境問題，さまざまな宇宙探査活動など，近年は地学においても時事的な話題に関連した問題がよく出題されている。試験前年から当年のトピックについては特に注意しよう。

数学

ここが出る！ 最近の出題傾向

「数学」として出題される範囲は，２次式に関する問題とグラフや図形に関する問題が大半を占めている。１次方程式や連立方程式を利用する文章題や場合の数・確率といった内容は，主として「数的推理（数的処理）」において出題されることが多いからだろう。

特に出題が目立つのは関数に関連する問題である。なかでも，２次関数が最も多く，１次関数がこれに次ぐ。ただし，２次方程式・２次不等式を関数と関連させたものや，文章で示された数量関係から関数のグラフを選ぶものなど，出題形式はさまざまである。

全般的に難易度は高くなく，中学校・高校１年生レベルの数学の知識でもかなりの問題は解けるはずである。

ここに注意！効果的な学習法

ポイント 1 知能分野の学習を兼ねる

数学に苦手意識を持つ人は多いが，出題数の多い「数的推理（数的処理）」や「判断推理（課題処理）」をそっくり捨てるということはしないだろう。数学の基本的な公式・定理などを復習しておけば，知能分野にも役立つはずだ。また，早くて確実な計算能力は物理や資料解釈でも必要とされる。数学の問題演習で慣れておけば差がつく。

ポイント 2 関数とグラフを重点的に

出題の中心である関数に，まず重点的に取り組もう。１次関数・２次関数のグラフの形状，不等式や２次方程式の解とグラフの関係について，本書の「要点のまとめ」で基本事項を押さえ，問題演習で確認しよう。

第1章

物理

- テーマ1　力のつりあい
- テーマ2　物体の運動
- テーマ3　電気
- テーマ4　波動・熱・原子物理

テーマ1 力のつりあい

重要度

重要問題

図のように，長さが120cmの軽くて一様な棒ABがある。今，2本の軽い糸の一端にそれぞれ質量が4.5kgのおもりP，1.5kgのおもりQをつなぎ，糸の他端をそれぞれ棒の端点A，Bに結びつけた。さらに別の糸を棒上の点Oに結びつけ，棒ABとおもりP，Qをつり下げたところ，棒ABは水平を保ったまま静止した。このとき，点Oと端点Aとの距離AOは何cmか。ただし，棒ABおよび3本の糸の質量は無視できるものとする。　【地方初級・平成29年度】

1　20cm
2　30cm
3　40cm
4　50cm
5　60cm

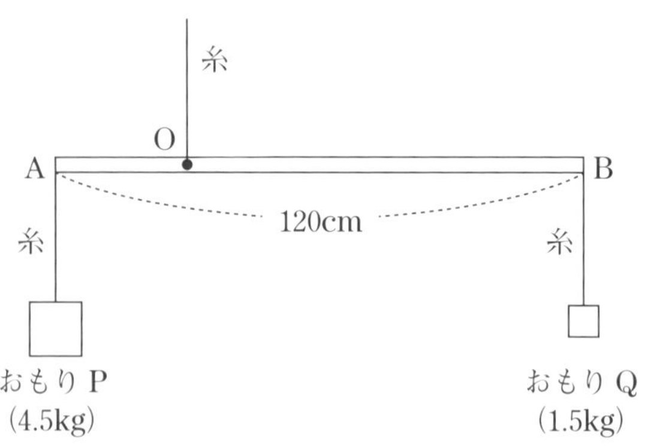

解説

てこの原理を適用する。

Step❶　回転力を考察する。

支点からx〔m〕の点で棒に垂直な方向にF〔N〕の力がはたらくときの回転力の大きさはFx〔N・m〕で定義される。

質量M〔kg〕の物体にはたらく重力はMg〔N〕であり，本来であれば，おもりP，Qの質量に重力の加速度$g(\fallingdotseq 9.8\text{m/s}^2)$を乗じなくてはならない。

また，距離がcm単位で表されているときには，0.01を乗じてm単位に換算しなくてはならない。しかし，つりあいの式を作ると，両辺の各項には$0.01g$を乗じた形になっているので，両辺を$0.01g$で割った形でつりあいの式を作ってもよい。そこで，簡易な方法として，質量×距離を回転力と考えることにする。ここで，質量の単位はgでもkgでもよく，距離の単位はmでもcmでもよい。

観察者から見て，左回りの回転力は$\mathrm{AO} = x$〔cm〕として，$4.5x$である。

$\mathrm{BO} = 120 - x$〔cm〕であるから，右回りの回転力は$1.5(120 - x)$である。

Step 2　つりあいの式を作り，方程式を解く。

てこがつりあっているときは，左回りの回転力の大きさと右回りの回転力の大きさは等しいから，次の式が成り立つ。

$$4.5x = 1.5(120 - x)$$

この方程式を解けばよいが，この場合両辺を1.5で割るとよい。

$$3x = 120 - x$$

これから　$x = 30$〔cm〕

よって，正答は**2**である。

確認しよう ➡てこの原理　　**正答 2**

【別解】この問題のように，てこにかかっている力が，左右それぞれ1か所ずつである場合，(力の大きさ)×(支点からの距離)は左右で同じだから，(力の大きさ)と(支点からの距離)は反比例の関係になる。その場合，てこの長さをおもりの重さの逆比1.5：4.5すなわち1：3に比例配分しても求められる(てんびん算)。

FOCUS

かつて広く使われていた単位系に重力単位系がある。質量1kgの物体にはたらく重力を1kgw(kg重)と表すのである。また，長さの単位をcmからmに変える必要もなく，回転力の単位はkgw・cmと表してよい。

現在では，「kg，m，秒」を基本単位とするSI単位系(国際単位系)を用いるのが原則であり，力の単位は誘導単位(組立単位)であるNを用いている。

しかし，てこや滑車，浮力などの問題では，重力単位系を用いたほうが簡潔に表すことができる利点がある。記述が要求されない問題を解くときには，重力単位系を用いてみるのも一法だろう。

要点のまとめ

重要ポイント❶ 力の性質

力は成分に分けて考えることも多いので，鉛直方向と水平方向，斜面に沿った方向と斜面に垂直な方向，などに力を分解できるようにしておきたい。

■力の大きさを表す単位…N（ニュートン）

■平行四辺形の法則…力は合成や分解ができる。

力の合成は1通りに定まるが，力の分解は1通りには定まらない。右図で$\overrightarrow{F_1}$と$\overrightarrow{F_2}$の合成のしかたは$\overrightarrow{F}$だけに定まるが，逆に$\overrightarrow{F}$の分解のしかたは$\overrightarrow{F_1}$と$\overrightarrow{F_2}$だけではない。

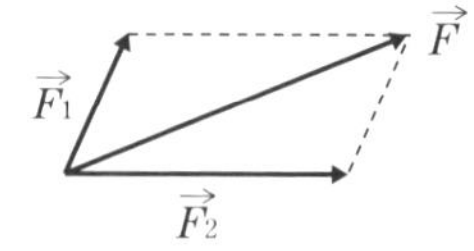

■力のつりあい…物体に作用する力の合力が0のとき，それらの力は，つりあっている，という。

重要ポイント❷ 力のモーメント

てこの問題では，支点は任意に決めることができるので，計算が楽になるような点を選ぶことが肝要である。

剛体を回転させる力の働きを**力のモーメント**という。力のモーメントMは，剛体に加えた力Fと，回転軸から力の作用線に下ろした垂線の長さxとの積で表す。

$$\boldsymbol{M = Fx}$$

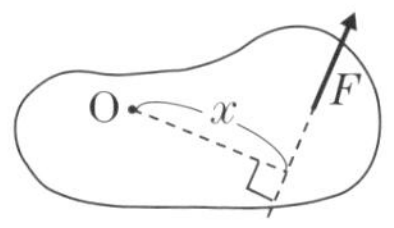

物体にいくつかの力が働いていて，つりあっているときには，任意の点の周りの力のモーメントの和は0である。

$$\boldsymbol{M_1 + M_2 + \cdots\cdots = 0}$$

ただし，左回りの力のモーメントを正，右回りの力のモーメントを負とする。

《応用》てこの原理

右図において，支点の周りの力のモーメントの和を考えて，

$$W_1x_1+(-W_2x_2)=0$$

すなわち，$W_1x_1=W_2x_2$

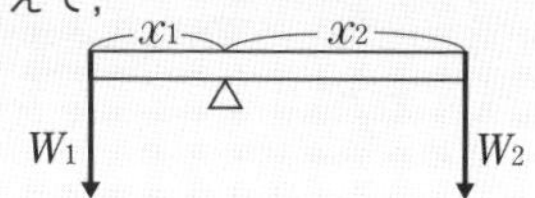

重要ポイント3 いろいろな力

ばねや浮力に関する問題はよく出題される。フックの法則とアルキメデスの原理はしっかり理解しておくこと。

物体に働く力は大別して遠隔力と近接力とに分けられる。

遠隔力…離れている物どうしに働く力。万有引力（重力もこの一種），電気力，磁気力など。

近接力…接触している物どうしに働く力。抗力，張力，弾性力，摩擦力，浮力など。

■重力…地球上にある物体が地球から引かれる力。

質量m〔kg〕の物体に働く重力Wは，

$W=mg$〔N〕（gは重力の加速度で，地表付近では約9.8 m/s^2）

■弾性力…外力を受けて変形した物体がもとに戻ろうするときに働く力。

フックの法則…自然長よりもxだけ伸びた（あるいは縮んだ）ばねやゴムがほかに及ぼす力Fは，xに比例する。

$F=kx$

kを弾性定数という（ばねの場合にはばね定数ともいう）

■浮力…流体（液体や気体のこと）中の物体に働く鉛直上向きの力。

アルキメデスの原理

流体中の物体には，物体が押しのけた体積と同体積の流体に働く重力の大きさと等しい浮力が鉛直上向きに働く。

浮力の大きさfは，流体の密度をd〔kg/m^3〕，流体中の物体の体積をV〔m^3〕，重力の加速度をg〔m/s^2〕とすると，

$f=dVg$〔N〕

実戦問題

1 下の図のように水平な粗い板の上に物体を乗せ，静かに板の一端を持ち上げて斜めにしたところ，斜面と水平とのなす角がθを超えたとき，物体は斜面をすべり始めた。板と物体との間の静止摩擦係数として，最も妥当なのはどれか。

【東京消防庁・平成27年度】

1 $\sin\theta$
2 $\cos\theta$
3 $\tan\theta$
4 $\dfrac{1}{\sin\theta}$
5 $\dfrac{1}{\cos\theta}$

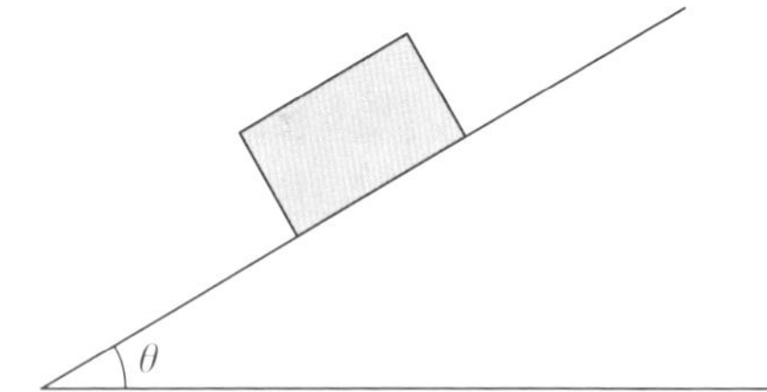

2 下の図のように定滑車と動滑車を組み合わせて，物体**A**と**B**が静止して，つりあった状態になっている。このとき物体**A**と物体**B**の質量の比として，最も妥当なのはどれか。ただし，滑車とひもの質量は無視するものとする。

【東京消防庁・平成29年度】

	A	:	B
1	1	:	1
2	1	:	2
3	1	:	3
4	2	:	1
5	3	:	1

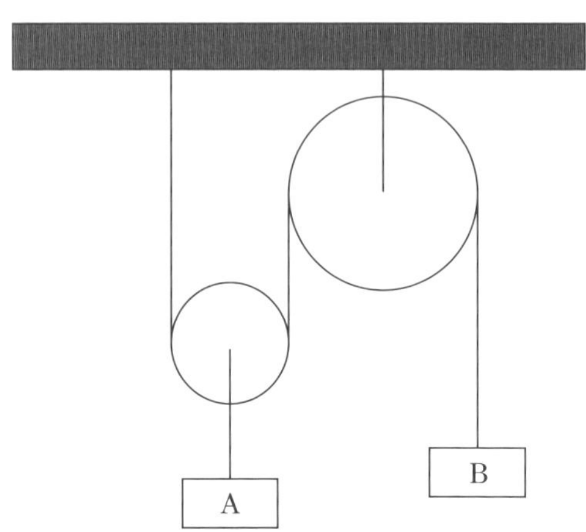

3 次は，弾性力と力のつり合いに関する記述であるが，A～Cに当てはまるものの組合せとして最も妥当なのはどれか。

【国家一般職／税務・平成27年度】

ばねにおもりをつるすと，ばねはもとの長さ（自然の長さ）に戻ろうとして，おもりに対し伸びと反対向きの力を及ぼす。このように力が加わって変形した物体がもとの状態に戻ろうとする力を弾性力という。ばねの弾性力の大きさは，伸びの長さに（　A　）する。これを（　B　）という。

今，図のように，質量Mの物体**ア**と質量2Mの物体**イ**とを軽くて伸びない糸とばね定数kの軽いばねを使ってつなぎ，滑らかに回る軽い滑車を通して物体**イ**のみを机の上に静止させた。重力加速度をgとすると，このときのばねのもとの長さからの伸びは（　C　）である。

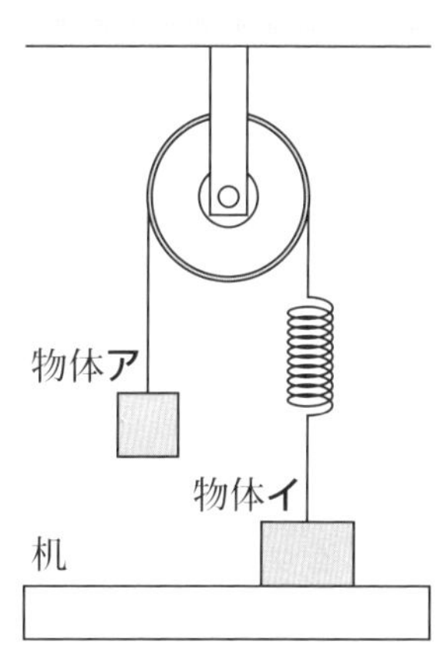

	A	B	C
1	比例	フックの法則	$\dfrac{Mg}{k}$
2	比例	フックの法則	$\dfrac{2Mg}{k}$
3	比例	ジュールの法則	$\dfrac{2Mg}{k}$
4	反比例	ジュールの法則	$\dfrac{k}{2Mg}$
5	反比例	ジュールの法則	$\dfrac{Mg}{k}$

4 下図のように，質量の無視できる剛体の棒におもりA，B，Cをつるし，点Oで支えたところ，棒は水平な位置で静止した。このとき，おもりBの質量として，正しいのはどれか。 【地方初級・平成24年度】

1 1.0 kg
2 1.2 kg
3 1.4 kg
4 1.6 kg
5 1.8 kg

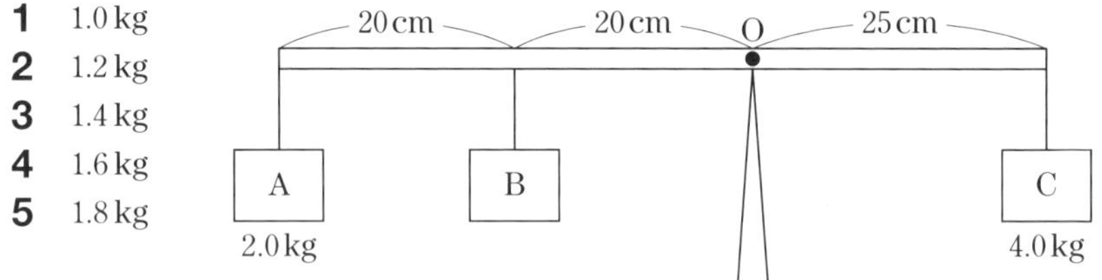

5 水中の物体が水から受ける力に関する次の記述中の空欄ア，イに当てはまるものの組合せとして妥当なのはどれか。 【地方初級・平成29年度】

図のように，立方体の形をした金属製のおもりを糸でつるし，おもりの上面が水平になるように支えながら，水中に沈めた。このとき，おもりが受ける水圧の向きと大きさを矢印で表した図として，最も妥当なのはA～Cのうち（　**ア**　）である。ただし，矢印の長さは水圧の大きさに比例しているとし，糸の体積と質量は無視できるとする。

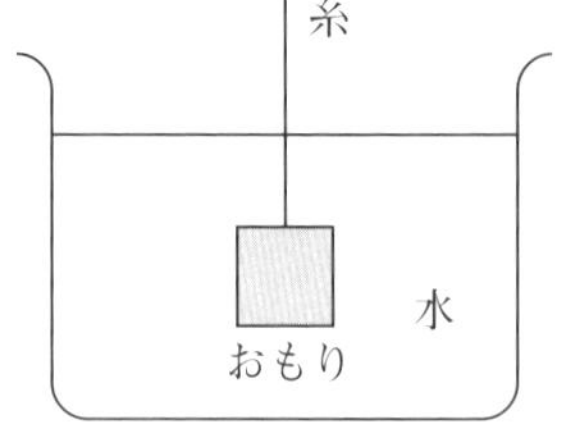

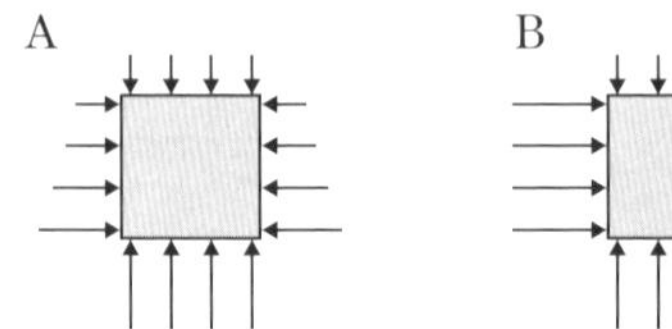

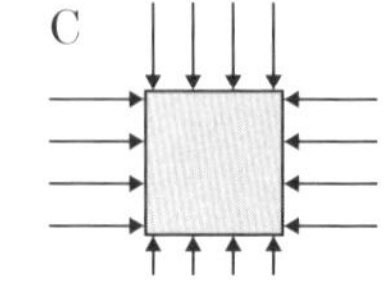

次におもりを，同じ体積の立方体で質量が2倍のものに替えたとき，おもりが水から受ける浮力の大きさは，初めのおもりが受ける浮力の大きさと比べて（　**イ**　）。

	ア	イ
1	A	2倍になる
2	A	等しい
3	B	2倍になる
4	B	等しい
5	C	2倍になる

実戦問題●解説

1 物体に働く重力を，斜面に平行な成分と斜面に垂直な成分とに分解する。

Step 1 物体に働く力を考察する。

物体には，物体の質量をm〔kg〕，重力加速度をg〔m/s^2〕として，mg〔N〕の重力が働く。

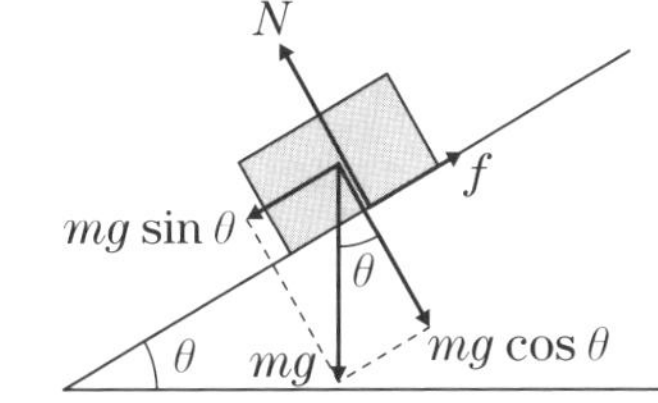

斜面の傾斜角がθのとき，この重力の斜面に垂直な方向の分力は$mg\cos\theta$〔N〕，斜面に平行な方向の分力は$mg\sin\theta$〔N〕である。

斜面から物体には，垂直抗力N〔N〕が働く。この垂直抗力の大きさは$mg\cos\theta$〔N〕に等しい。

また，物体と斜面との間には静止摩擦力f〔N〕が働く。この静止摩擦力は，静止摩擦係数をμとして，μN〔N〕に等しい。

Step 2 つりあいの式をつくる。

物体が斜面をすべり始めるときは，次の等式が成り立つ。

$$f=\mu N=mg\sin\theta$$

すなわち，$\mu mg\cos\theta=mg\sin\theta$

これから，$\mu=\dfrac{\sin\theta}{\cos\theta}$となり，

$$\mu=\tan\theta$$

よって，正答は**3**である。

確認しよう ➡斜面上の物体に働く静止摩擦力　　**正答 3**

2 1本のひもにかかっている張力の大きさはどの点でも同じであることに着目する。

Step 1 動滑車，物体Bにかかる力を図示する。

物体A，Bの質量をそれぞれW_A，W_B，ひもの張力をTとする。

動滑車には，張力による鉛直上方への力，物体Aにかかる重力による鉛直下方への力がかかっている。

物体Bには，鉛直上方に張力，鉛直下方に重力がかかっている。

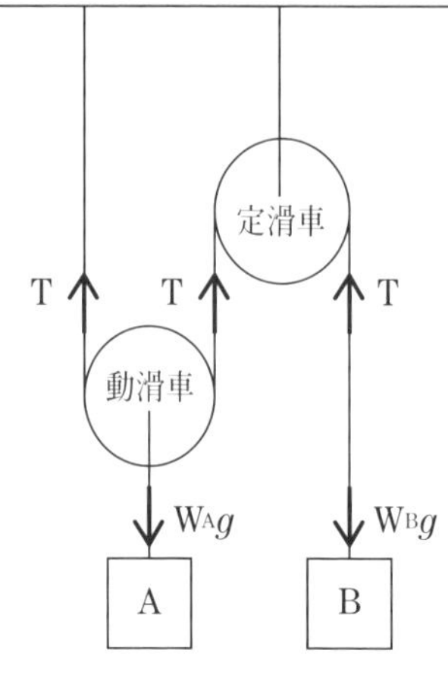

Step 2 つりあいの式をつくる。

動滑車では　$2T = W_A g$　…①

物体Bでは　$T = W_B g$　…②

①，②からTを消去すると

$$W_A g = 2W_B g$$

$$W_A = 2W_B$$

したがって，$W_A : W_B = 2 : 1$

よって，正答は**4**である。

【注】重力単位系を用いて式をつくるときは，重力加速度gを省略する。

確認しよう ➡滑車のひもにかかる重力

正答 4

【別解】動滑車を用いると，力の向きは変わらずに大きさが$\frac{1}{2}$になるから，

ひもの張力は，物体Aの質量をW_Aとすると，$\frac{1}{2}W_A g$である。

この力が物体Bを支えているから，物体Bの質量をW_Bとすると，

$\frac{1}{2}W_A g = W_B g$が成り立つ。

これから，$W_A = 2W_B$，すなわち，$W_A : W_B = 2 : 1$となる。

3 物体イがばねを引く力の大きさは，物体アがばねを引く力の大きさと等しい。

Step 1　ばねの弾性力を考察する。

ばねを力Fで引くとばねはのびる。このときばねがもとに戻ろうとする力弾性力F'がはたらき，この力はばねに加えた力Fとは向きが反対でその大きさは等しい。この弾性力F'の大きさは，ばねの伸びの長さxに比例する。これをフックの法則といい，$F'=-kx$が成り立つ。このkをばね定数（一般には，弾性定数という）という。

参考　選択肢Bにあるジュールの法則とは，「導体に電流を流すと，一定時間に発生する熱量は抵抗の大きさに比例し，電流の大きさの2乗に比例する」というものであり，ばねに関する法則ではない。

Step 2　ばねの伸びを求める。

ばねや物体に働く力を図示すると，右図のようになる。

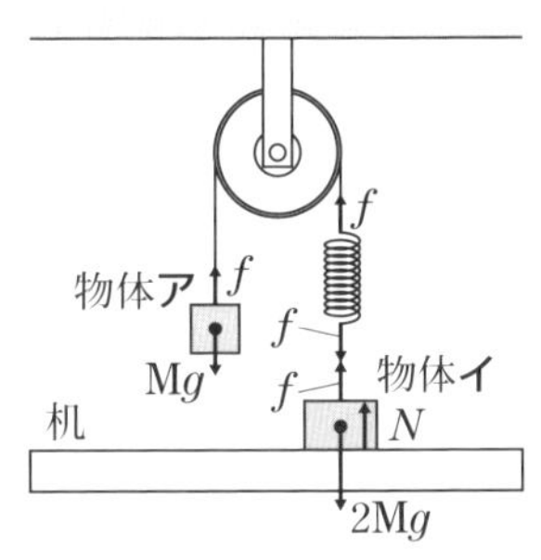

物体**ア**がばねを引く力は$\mathrm{M}g$である。

ばねが物体**ア**を引く力fは，物体**ア**がばねを引く力すなわち$\mathrm{M}g$に等しい。物体**イ**はfの力でばねに引かれ，その反作用で，物体**イ**はfの力でばねを引いている。また，物体**イ**には重力$2\mathrm{M}g$，机からの垂直抗力Nがはたらいている。

つりあいの式$f+N=2\mathrm{M}g$が成り立つが，$f=\mathrm{M}g$であることから，$N=\mathrm{M}g$である。ばねが引かれる力がfのとき，ばね定数をk，ばねの伸びをxとすると，フックの法則により，次式が成り立つ。

$$f=kx$$

$f=\mathrm{M}g$であるから，$\mathrm{M}g=kx$

これから，$x=\dfrac{\mathrm{M}g}{k}$

よって，以上から**A**は「比例」，**B**は「フックの法則」，**C**は「$\dfrac{\mathrm{M}g}{k}$」であり，正答は**1**である。

確認しよう ➡フックの法則　　**正答 1**

4 左回りの力のモーメントを正，右回りの力のモーメントを負として考える。

Step 1 点Oの周りの力のモーメントの和を考える。

おもりBの質量をx kgとすると，点Oの周りの力のモーメントは，gを重力加速度として，

おもりAの左回りのモーメント：$2.0 \times (0.2 + 0.2) \times g$

おもりBの左回りのモーメント：$x \times 0.2 \times g$

おもりCの右回りのモーメント：$-4 \times 0.25 \times g$

以上から次の式が成り立つ。

$$2.0 \times (0.2 + 0.2) \times g + x \times 0.2 \times g - 4.0 \times 0.25 \times g = 0$$

Step 2 方程式を解く。

Step 1でつくった式から，

$$0.8 + 0.2x - 1.0 = 0$$

$$0.2x = 0.2$$

$$x = 1.0$$

よって，正答は**1**である。

確認しよう ➡力のモーメント

正答 1

水圧は水深に比例する。

Step 1 水深と水圧との関係を考察する。

ある水深のところでは，水深に比例した大きさの水圧が全方向からかかる。そのため水中の直方体の下面にかかる水圧は上面にかかる水圧より大きくなる。

したがって，Aが正しい図になる。

(図では，大小関係を明示するために矢印の長さの差が誇張されて描かれていることに注意。)

なお，水圧の大きさが水深に比例することは次のように考えることができる。

面積S〔m^2〕の平板を水深h〔m〕のところに置いたとき，その平板には，平板の上の仮想的な水柱(断面積S〔m^2〕，高さh〔m〕)にかかる重力と等しい力がかかる。水の密度をd〔kg/m^3〕とすると，仮想的な水柱にかかる重力は$dShg$〔N〕である。圧力は単位面積あたりにかかる力であるから，$dShg \div S = dhg$〔Pa〕となる。これから水圧の大きさが水深に比例していることがわかる。ちなみに，水深が10m深くなるごとに水圧は約1気圧(1気圧は地表付近の大気の圧力で約1.0×10^5Pa)増す。水深100mでの水圧は10気圧，水深2000mでの水圧は20気圧ということになる。

Step 2 浮力について考察する。

直方体の物体の上面にはたらく力よりも下面にはたらく力の方が大きいので，その差の分だけ物体を鉛直上方に押し上げる力がはたらく。これが物体にはたらく浮力である。

アルキメデスの原理によれば，流体中の物体の体積をV，流体の密度をdとすると，物体にはVdgの大きさの浮力がはたらく。この浮力の大きさは，物体の材質や形状よらず，流体中の物体の体積によってのみ決まる。

したがって，物体の質量が2倍になっても，物体の体積が同じである限り浮力の大きさは変わらない。

よって，正答は**2**である。

確認しよう ➡アルキメデスの原理

正答 2

テーマ2 物体の運動

重要問題

図のような水平な床面の右端に，点Oを中心とする半径Rの半円筒状の壁面がなめらかにつながっている。このとき，大きさの無視できる質量mの小球Pが右向きに初速度V_0で点Aに進入してきた。壁面から一度も離れず，最高点Bで離れて空中に飛び出すために必要な小球PのV_0の最小値として，最も妥当なのはどれか。ただし，運動はすべて同一鉛直面内で起こるものとし，床面および壁面はなめらかで小球Pとの摩擦，空気抵抗は無視できるものとする。また，重力加速度の大きさはgとする。　【警視庁・令和元年度】

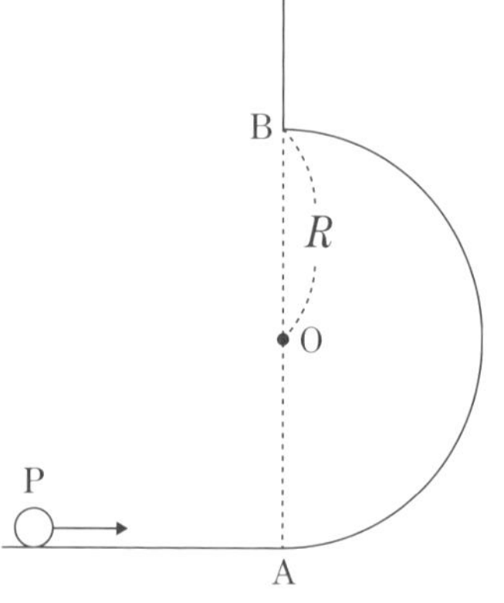

1 $\sqrt{gR}$
2 $\sqrt{2gR}$
3 $\sqrt{3gR}$
4 $2\sqrt{gR}$
5 $\sqrt{5gR}$

解説

円運動をしている物体には遠心力がはたらく。力学的エネルギー保存則を適用する。

Step❶ 点Bでの小球Pにかかる力のつりあいを考察する。

小球Pの質量をm，B点での小球Pの速さをVとする。B点では小球Pには，鉛直上向きに遠心力$\dfrac{mV^2}{R}$，鉛直下向きに重力mg，壁面からの抗力Nがはたらいている。これらの力がつりあっているので，次式が成り立つ。

$$mg+N=\frac{mV^2}{R}$$

これから　$N=\dfrac{mV^2}{R}-mg$

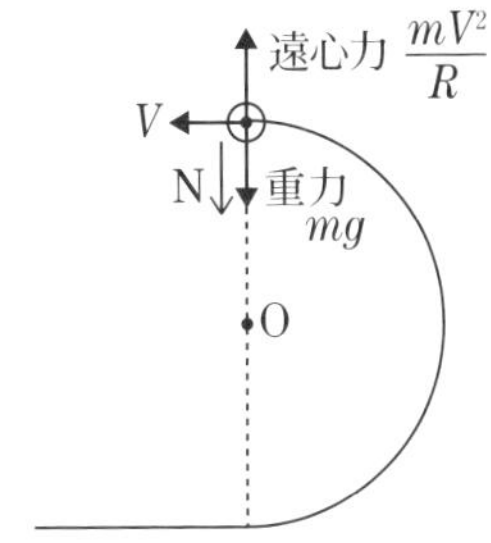

B点で小球が水平方向に飛び出すためには，

$N \geqq 0$でなくてはならないから

$$\frac{mV^2}{R}-mg \geqq 0$$

これから　$V^2 \geqq gR$　…①

Step 2　力学的エネルギー保存則を適用する。

壁面はなめらかなため，壁面と小球との間に摩擦力ははたらかず，力学的エネルギー（運動エネルギーと位置エネルギーの和）は保存される。床面を位置エネルギーの基準点にとると，次式が成り立つ。

$$\frac{1}{2}mV_0^2=\frac{1}{2}mV^2+2mgR$$

これから　$V^2=V_0^2-4gR$

これを①に代入すると　$V_0^2-4gR \geqq gR$

$V_0^2 \geqq 5gR$

したがって　$V_0 \geqq \sqrt{5gR}$

よって，正答は**5**である。

確認しよう ➡円運動と遠心力。力学的エネルギー保存則。　**正答 5**

FOCUS

「円運動」は本来出題範囲外のはずであるが，このように出題されることもあるので，基本的な知識は押さえておきたい。物体が円運動を続けるためには，円の中心に向かう力が物体にはたらかなくてはならない。この力を向心力という。円の半径をr，物体の質量をm，物体の速さをvとすると，向心力の大きさは$f=\dfrac{mv^2}{r}$で表される。

物体には，向心力と大きさが等しく，逆向きの見かけの力の遠心力がはたらく。また，角速度をω (rad/s)とすると，$f=mr\omega^2$，$v=r\omega$の関係式も成り立つが，ふつうは，向心力（遠心力）の式を覚えておくだけで十分であろう。

要点のまとめ

重要ポイント 1 速度・加速度

放物運動は頻出問題。大半が鉛直方向の投射なので，そこに重点を置いて基本公式を押さえておきたい。

■速度・加速度

<table>
<tr><td>速度</td><td>時刻t_1，t_2における物体の位置をP(x_1)，Q(x_2)
PQ間の平均の速さ　$\bar{v}=\dfrac{x_2-x_1}{t_2-t_1}$
$t_2 \to t_1$とすれば時刻t_1における瞬間の速さになる。
速さに運動の向きも含めた量が速度である。</td></tr>
<tr><td>等速直線運動</td><td>一定の速さv_0で進むときの，時刻0からtの間の変位sは
$s=v_0t$</td></tr>
<tr><td>加速度</td><td>時刻t_1に位置Pで速度$\vec{v_1}$，時刻t_2に位置Qで速度$\vec{v_2}$
PQ間の平均の加速度　$\vec{a}=\dfrac{\vec{v_2}-\vec{v_1}}{t_2-t_1}$
$t_2 \to t_1$とすれば時刻t_1における瞬間の加速度になる。</td></tr>
<tr><td>等加速度直線運動</td><td>加速度aが一定
$v=v_0+at$　　$s=v_0t+\dfrac{1}{2}at^2$　　$v^2-v_0{}^2=2as$
v_0：初速度　　v：時刻tにおける速さ
s：時刻tにおける変位</td></tr>
<tr><td>速度の合成</td><td>速度はベクトル量で平行四辺形の法則に従って合成や分解ができる。
$\vec{v}=\vec{v_1}+\vec{v_2}$
(注) 速度の合成は1通りに定まるが，分解のしかたは1通りではない。
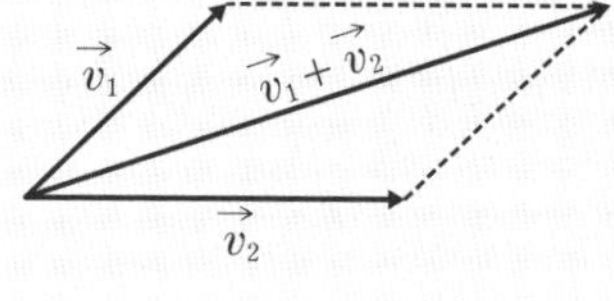
</td></tr>
</table>

■放物運動（物体の投射点を原点とし，鉛直上向きを$\boldsymbol{y}$軸の正の向きとした場合）

g：重力加速度（≒**9.8m/s²**）　　y：t秒後のy軸方向の位置

x：t秒後のx軸方向の位置　　v：t秒後の速さ

自由落下運動	$\boldsymbol{y=-\frac{1}{2}gt^2}$　　$\boldsymbol{v=-gt}$
鉛直投げ下ろし	鉛直下向きに初速度v_0で物体を投げ下ろすとき $\boldsymbol{y=-v_0t-\frac{1}{2}gt^2}$　　$\boldsymbol{v=-v_0-gt}$
鉛直投げ上げ	鉛直上向きに初速度v_0で物体を投げ上げるとき $\boldsymbol{y=v_0t-\frac{1}{2}gt^2}$　　$\boldsymbol{v=v_0-gt}$
水平投射	水平方向に初速度v_0で物体を投げるとき 鉛直方向の成分　$\boldsymbol{y=\frac{1}{2}gt^2}$　　$\boldsymbol{v_y=gt}$ 水平方向の成分　$\boldsymbol{x=v_0t}$　　$\boldsymbol{v_x=v_0}$
斜方投射	水平方向に対して角度θ，初速v_0で物体を投げるとき 鉛直方向の成分　$y=v_0\sin\theta\times t-\frac{1}{2}gt^2$ $v_y=v_0\sin\theta-gt$ 水平方向の成分　$x=v_0\cos\theta\times t$ $v_x=v_0\cos\theta$ 時刻における速さ　$v=\sqrt{v_x{}^2+v_y{}^2}$ 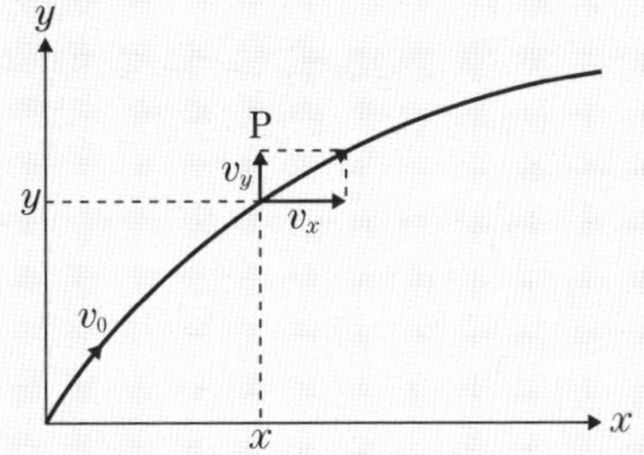 y P v_y y v_x v_0 x x （注）投射の方向が水平方向より上のときは$\theta>0$，下のときは$\theta<0$とおけばよい。水平投射のときは$\theta=0$となる。

■ニュートンの運動の法則

第一法則 (慣性の法則)	「物体に外部から力が働かない限り，あるいは，いくつかの力が働いてもそれらがつりあっているときには，物体は静止または等速直線運動を続ける」
第二法則 (運動の法則)	「物体に外部から力が働くときには，物体はその力(いくつかの力が働くときにはその合力)の向きに加速度を持ち，その大きさは，力(または合力)に比例し，物体の質量に反比例する」 この比例定数を1とすると $m\vec{a}=\vec{F}$ ……運動方程式 m：物体の質量〔kg〕 $\vec{a}$：加速度〔m/s^2〕 $\vec{F}$：外力〔N〕
第三法則 (作用・反作用の法則)	「物体Aから他の物体Bに力が作用しているときは，BからAにも力が作用しており，これらの力は同一直線上にあって，方向は反対で大きさは等しい」

重要ポイント❷ 運動量とエネルギー

運動量や力学的エネルギーの保存則がよく出題されるが，難問はないので，基本的な考え方を身につけておきたい。

■運動量

力積と運動量	質量mの物体に，力$\vec{F}$が微小の時間Δt働いて，速度が$\vec{v}$から$\vec{v'}$に変化したとすると 運動方程式$m\vec{a}=\vec{F}$より $m\times\dfrac{\vec{v'}-\vec{v}}{\Delta t}=\vec{F}$ すなわち $m\vec{v'}-m\vec{v}=\vec{F}\Delta t$ $m\vec{v}$，$m\vec{v'}$を運動量，$\vec{F}\Delta t$を力積という。
運動量保存則	「衝突の前後において運動量の総和は変わらない」 $m_1\vec{v_1}+m_2\vec{v_2}=m_1\vec{v_1'}+m_2\vec{v_2'}$

■反発

速度v_1，v_2の物体A，Bが一直線上で衝突し，衝突後の速度がv_1'，v_2'になったとすると，反発係数eは，

$$e=-\frac{v_1'-v_2'}{v_1-v_2} \qquad (0 \leqq e \leqq 1)$$

$e=0$のときは完全非弾性衝突　$e=1$のときは完全弾性衝突

（注）一方が壁や床のときは$v_2=v_2'=0$とすればよい。

■仕事

力Fが物体にする仕事Wは，

$W=Fs\cos\theta$〔J〕　s：移動距離　θ：sとFのなす角

仕事率	単位時間にする仕事のこと $P=\frac{W}{t}=Fv$〔W〕
仕事の原理	「ある物体をほかの場所に移動させるのに必要な仕事は方法によらず一定である」 〈例〉物体をてこ・滑車・斜面・輪軸などを用いると，力が軽減される代わりに距離が増加する。

■力学的エネルギー

運動エネルギー	$\frac{1}{2}mv^2$	質量m〔kg〕の物体が速さv〔m/s〕で運動するときに持っているエネルギー
重力による位置エネルギー	mgh	質量m〔kg〕の物体が基準面（基準面はどこにとってもよい）からh〔m〕だけ高い位置にあるときに持っているエネルギー
弾性力による位置エネルギー	$\frac{1}{2}kx^2$	ばね定数k〔N/m〕のばねが，自然長からx〔m〕変位しているときに持っているエネルギー
力学的エネルギー保存則	「物体の運動に関して，動摩擦力や空気の抵抗力などの非保存力が働かなければ，力学的エネルギーは保存される」 力学的エネルギー：物体の位置エネルギーと運動エネルギーの和	

実戦問題

1 **物体の運動やエネルギーに関する記述として最も妥当なのはどれか。**

【国家一般職／税務／社会人・平成29年度】

1 物体に生じる加速度が物体に働く力に比例し，物体の質量に反比例することを慣性の法則といい，この法則に従う物体は等加速度直線運動をする。

2 斜方投射された物体の運動を水平方向と鉛直方向に分解すると，水平方向には等速直線運動をし，鉛直方向には鉛直投げ上げと同様の運動をしていることがわかる。

3 粗い水平面上に静止した物体が動き出すのを妨げるように働く摩擦力を動摩擦力といい，この摩擦力の大きさは，接触面の面積に比例する。

4 滑らかな斜面や動滑車などの道具を使えば重い物体でも小さな力で動かすことができ，仕事の総量が小さくなるが，これを仕事の原理という。

5 物体の運動エネルギーと位置エネルギーの大きさは等しく，その和である力学的エネルギーは，等速直線運動においては一定に保たれるが，放物運動おいては増加する。

2 **1 $\mathrm{m/s^2}$の等加速度で直進している1台の自動車が，ある地点Aを速度5 m/sで通過し，その後地点Bで速度15 m/sになったとき，地点Aから地点Bまでの距離として，正しいのはどれか。**

【東京都・平成28年度】

1 90m

2 95m

3 100m

4 105m

5 110m

3 **橋の上のA点から水面に向けて小石を自由落下させたところ，小石は4秒後に水面に達した。水面からA点までの高さとして，妥当なのはどれか。ただし，重力加速度は9.8 $\mathrm{m/s^2}$とし，空気抵抗および小石の大きさは無視する。**

【東京都・令和2年度】

1 39.2m

2 58.8m

3 78.4m

4 117.6m

5 156.8m

4 小球を真上に投げ上げたときの，①時間と速度，②高さと時間の関係を表したグラフの組合せとして妥当なのはどれか。　【地方初級・令和元年度】

ア

速度

O

時間

イ

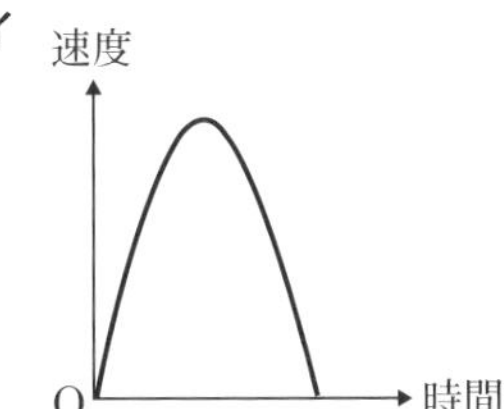

ウ

高さ

O

時間

エ

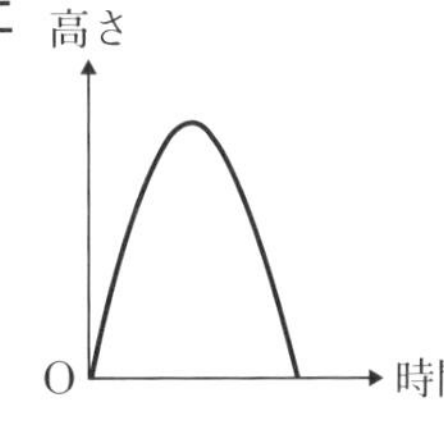

オ

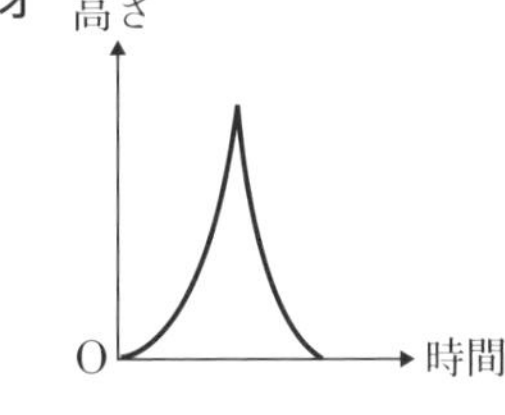

	①	②
1	ア	ウ
2	ア	エ
3	ア	オ
4	イ	ウ
5	イ	オ

5 物体の運動に関する次の記述で，A～Cに当てはまる語句の組合せとして，最も妥当なのはどれか。

物体を斜め上方向に投げたとき，空気の抵抗を無視すれば，水平方向には（　A　）運動，鉛直方向には（　B　）運動をする。その物体の軌跡は（　C　）となる。

【東京消防庁・平成30年度】

	A	B	C
1	等速	等加速度	放物線
2	等速	等加速度	双曲線
3	等加速度	等速	放物線
4	等加速度	等速	双曲線
5	等加速度	等加速度	放物線

6 文中のア，イの〔　〕内から妥当なものを選んだ組合せはどれか。

【地方初級・平成23年度】

図Ⅰのようにひもで吊り下げたおもりをcの位置から離してふりこを作ったところ，c → a → b → a → cという運動をした。このときbでのエネルギーは，**ア**〔ⅰ.位置エネルギーだけ，ⅱ.運動エネルギーだけ，ⅲ.位置エネルギーと運動エネルギー〕となる。

次に，図Ⅱのようにaの位置にくぎを打って，図Ⅰと同じようにcの位置からおもりを離した。このときbの位置は，**イ**〔ⅰ.cと同じ高さ，ⅱ.cより低い高さ，ⅲ.くぎと同じ高さ〕になる。

	ア	イ
1	ⅰ	ⅰ
2	ⅰ	ⅱ
3	ⅱ	ⅰ
4	ⅱ	ⅲ
5	ⅲ	ⅱ

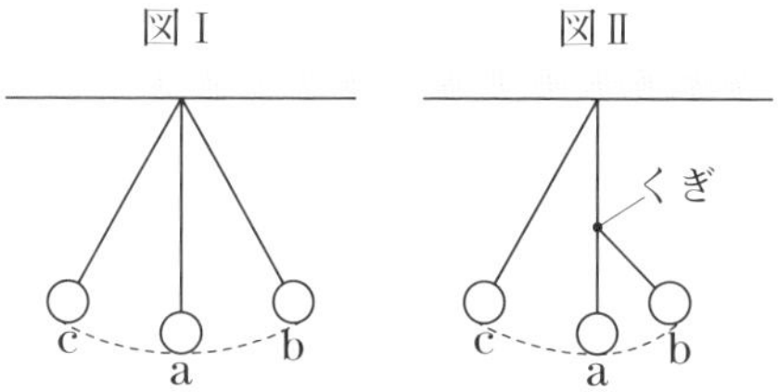

図Ⅰ

図Ⅱ

実戦問題●解説

1 外部から力がはたらかなければ，物体の運動状態は変化しない。道具を使って力を軽減できても，仕事の量は変わらない。

1 × 誤り。ニュートンは物体の運動を3つの法則にまとめたが，その一番目の法則は慣性の法則と呼ばれ，次のように記述される。

「外部から力がはたらかないか，またはたらいても，その力がつり合っているときには，物体は静止または等速直線運動を続ける」

2 ◎ 正しい。厳密には，「空気の抵抗を無視する」という条件を付け加えなければならない。他の選択肢との兼ね合いで，この選択肢を正答とする。

空気の抵抗を無視すれば，物体には水平方向に力がはたらかず，等速直線運動をする。鉛直方向には重力がはたらくので，等加速度運動をする。すなわち，鉛直投げ上げと同様の運動をする。

3 × 誤り。「動摩擦力」ではなく「静止摩擦力」である。また.この大きさは，接触面の大きさにはあまり関係しない。

なお，「動摩擦力」とは，動いている物体にはたらく摩擦力のことである。

4 × 誤り。仕事の総量は小さくならず，変わらない。

道具を使って力を軽減できても，仕事の総量を減らすことはできないことを仕事の原理という。

5 × 誤り。運動エネルギーと位置エネルギーの大きさは，一般には等しくない。また，力学的エネルギーの大きさは，運動の種類によらず一定に保たれる。これを力学的エネルギー保存則という。

以上から，正答は**2**である。

確認しよう ➡ニュートンの運動の3法則　　**正答 2**

2 地点Aを原点とし，地点Bに向かう方向に座標軸をとる。

Step 1　自動車が地点Aを通過後，地点Bに達するまでの時間を求める。

物体の初速をv_0，加速度をaとすると，t秒後の物体の速さvは，

$$v = v_0 + at$$

で示される。したがって，自動車が地点Aを通過したときを基準に考えると，地点Bでの速度について次式が成り立つ。

$$5 + 1 \times t = 15$$

これから，地点Aから地点Bまでの時間は$t = 10$〔s〕

Step 2　自動車の移動距離を求める。

物体の初速をv_0，加速度をaとすると，t秒後の物体の位置sは，

$$s = v_0 t + \frac{1}{2}at^2$$

で示される。この公式を用いると，地点AB間の距離xは，

$$x = 5 \times 10 + \frac{1}{2} \times 1 \times 10^2 = 100〔\mathrm{m}〕$$

よって，正答は**3**である。

 ➡運動する物体の速さと位置　**正答 3**

参考　加速度aで運動している物体の速さがv_1からv_2まで変化する間に距離xだけ移動したとすると，次式が成り立つ。

$$v_2^2 - v_1^2 = 2ax$$

この公式を用いると，

$$2 \times 1 \times x = 15^2 - 5^2$$

これから，$x = 100$〔m〕

3 自由落下では，落下距離は落下時間の2乗に比例する。

Step 1　座標系を定め，自由落下の公式を適用する。

座標系の決め方は任意で，ふつうは地表を基準点にし，鉛直上方を正方向とする座標系が用いられるが，ここではA点を基準点とし，鉛直下方を正の向きとする。自由落下では，物体がt秒間に落下する距離は$\frac{1}{2}gt^2$と表される。

Step 2 $g=9.8\text{m/s}^2$, $t=4\text{s}$として，落下距離を求める。

$$\frac{1}{2}\times 9.8\times 4^2=78.4\ [\text{m}]$$

よって，正答は**3**である。

確認しよう ➡自由落下運動

正答 3

参考 記憶の節約のために，鉛直投げ上げ，鉛直投げ下ろし，自由落下における物体の位置を，地表面を基準点，鉛直上方を正の方向として，1つの式，

$$y=h+v_0t-\frac{1}{2}gt^2$$

で覚えておくとよい。投げ上げでは$v_0>0$，投げ下ろしでは$v_0<0$，自由落下では$v_0=0$とすればよい。本問では，$h-\frac{1}{2}\times 9.8\times 4^2=0$となる。なお，速度の式は$v=v_0-gt$であり，$v_0$符号の決め方は上記と同じである。

4 鉛直投げ上げ運動では，速度は時間tの1次関数，位置は時間tの2次関数で表される。

Step 1 物体の速度について考察する。

地表面を原点，鉛直上方を正の向きとする。初速度をv_0とするとt秒後の速度vを表す式は

$$v=v_0-gt$$

この式はtについての1次関数であり，そのグラフは直線になる。

したがって，グラフは**ア**である。

Step 2 物体のt秒後の位置yを表す式を立てる。

$$y=v_0t-\frac{1}{2}gt^2$$

この式はtについての2次関数だから，

グラフは**エ**である。

以上から，速度を表すグラフは**ア**，位置を表すグラフは**エ**である。

よって，正答は**2**である。

確認しよう ➡等加速度運動する物体の位置と速度の表しかた

正答 2

5 物体にはたらく力は鉛直方向のみである。

Step 1 物体にはたらく力を水平方向と鉛直方向の成分に分解して考察する。

物体には水平方向に力がはたらいていないので，ニュートンの運動力学第一法則により水平方向には等速運動をする。鉛直方向には一定の重力がはたらいているので，等加速度運動をする。

Step 2 物体の運動の軌跡について考察する。

放物線という名称は，物体を投射したときの物体の軌跡に由来することからわかるように，物体の軌跡は放物線である。

よって，正答は**1**である。

確認しよう ➡斜方投射された物体の運動 **正答 1**

投射された物体の軌跡を求めてみよう。

物体を投射した点を原点とし，水平方向をx軸，鉛直方向をy軸とする座標系を定める。

物体を水平方向とθの角度をなす方向に初速度v_0で投射したとき，初速度のx成分は$V_x = v_0\cos\theta$，y成分は$V_y = v_0\sin\theta$である。空気の抵抗を無視すると，t秒後の物体の位置を$P(x,\ y)$は，

$$x = V_x t \quad \cdots ① \qquad y = V_y t - \frac{1}{2}gt^2 \quad \cdots ②$$

①，②からtを消去すると，$y = \frac{V_y}{V_x}x - \frac{g}{2V_x^2}x^2 \quad \cdots ③$

これが物体の運動の軌跡を表すが，投射角θを固定すると，V_x，V_yは定数となるから，軌跡は2次関数であり，放物線となる。

③を標準形に変形すると，

$$y = \frac{g}{2V_x^2}(x - \frac{V_xV_y}{g})^2 + \frac{V_y^2}{2g}$$

これは，$x = \frac{V_xV_y}{g}$のとき物体の最高到達点$y_{max} = \frac{V_y^2}{2g}$に達すること意味する。

放物線の対称性から，地上への到達点は$\frac{2V_xV_y}{g}$となるが，

$V_x = v_0\cos\theta$，$V_y = v_0\sin\theta$を代入して整理すると，

$$\frac{2V_xV_y}{g} = \frac{2v_0\cos\theta \cdot v_0\sin\theta}{g} = \frac{v_0^2\sin2\theta}{g}$$

したがって，$\sin2\theta = 1$より$2\theta = 90^\circ$，すなわち$\theta = 45^\circ$のとき最長到達点となる。受験生は「空気の抵抗を無視するとき，最長到達点となるのは投射角が45°のときである」ことは記憶しておくとよい。

なお，最高到達点を求めるには，$v_y = V_y - gt = 0$として，時刻tを求めて，式②に代入するのが簡便である。

6 力学的エネルギーの保存則を適用する。

Step 1 図Iのb点でのエネルギーを考察する。

bは最高点であり，この点を境に運動の向きが変わることから，bでの速度は0であり，運動エネルギーは0である。

したがって，位置エネルギーだけである。

Step 2 図IIのb点でのエネルギーを考察する。

力学的エネルギー，すなわち運動エネルギーと位置エネルギーの和は一定である。cの位置でもbの位置でも運動エネルギーは0であるから，cとbでの位置エネルギーは等しくなる。

したがって，bとcの高さは同じになる。

以上から，正答は**1**である。

確認しよう ➡力学的エネルギーの保存則

正答 1

(注) 力学的エネルギーの数値は相対的なものであり，基準点の置き方によって変わる。この問題では，観察者から見ての運動であり，おもりが最下点にきたときを位置エネルギーの基準点にしていることが，暗黙の前提となっている。

電気

重要問題

電気や磁気に関する記述として最も妥当なのはどれか。

【国家一般職／税務／社会人・平成30年度】

1　種類の違う物質どうしをこすり合わせると，摩擦によって，一方の物質の電子と他方の物質の陽子が交換され，二つの物質は静電気力により互いに反発する。

2　電磁波は，電気と磁気の振動の波であり，電磁波が真空中を伝わる速さは周波数に比例するため，電波より周波数の高いγ線などは，光より速く真空中を伝わる。

3　真っすぐな導線に電流を流すと電流と平行な向きの磁場が生じる。このためコイルに電流を流すと，コイルの周囲では磁場が互いに打ち消しあい，磁場の強さが0になる。

4　モーターは，電気エネルギーを力学的エネルギーに変換する装置であるが，直流電源に接続しても回転させ続けることができないため，交流電源に接続する必要がある。

5　絶縁体と導体の中間の抵抗率を持つ物質は半導体と呼ばれ，シリコンやゲルマニウムなどがある。半導体は，ダイオードやトランジスタなどの電子部品の材料に用いられている。

解説

摩擦によって陽子は移動しない。右ねじの法則を適用する。直流用モーターは小学校の理科の教材として扱われることもある。

1 × 誤り。摩擦によって移動するのは電子だけである。電子は負の電荷を持っているので，電子を失った物質は正に帯電し，電子を得た物質は負に帯電する。正に帯電した物体と負に帯電した物体と間には，電気的に中和しようとして引力がはたらく。

2 × 誤り。電磁波が真空中を伝わる速さは，どの周波数であっても光速度に等しい。なお，光も電磁波である。

3 × 誤り。導線の各点で，導線に垂直な平面内に導線を中心とする同心円状の磁場（磁界）ができる。コイルに電流を流すと，コイルの各点の周りにできる磁場は互いに強め合うので，磁場の強さが0になることはない。

4 × 誤り。モーターには直流用も交流用もある。モーターは磁場の変化を利用している。交流では周期的に電流の向きと大きさが変わるので容易に磁場の変化が得られる。直流用モーターでは半回転ごとに電流の向きが変わるように工夫されていて，回転が持続する。

5 ◎ 正しい。ゲルマニウムトランジスタの不良品の解析から，トンネル効果（電圧を高くするほど電流が小さくなる現象）を持つトランジスタを発見した江崎玲於奈博士はノーベル物理学賞を受賞している。

確認しよう ➡導体，絶縁体，半導体の性質

正答 5

「電磁気」では複雑な計算問題が出題されることはないので，オームの法則が適用でき，合成抵抗の計算ができれば十分であろう。キルヒホッフの法則を用いるまでもなく解ける問題しか出題されないと思われる。右ねじの法則は必須事項であり，しっかり適用でいるようにしておきたい。教科書に掲載されているような電磁気に関するさまざまな現象は一通り把握しておきたい。

要点のまとめ

重要ポイント 1 電気回路

電気の出題は大半が電気回路である。オームの法則，キルヒホッフの法則などを用いた計算問題に習熟しておくことが必要。

■オームの法則

「導体を流れる電流の強さI〔A（アンペア）〕は，導体の両端にかかる電圧V〔V（ボルト）〕に比例する」この比例定数Rは電流の流れにくさを表しているが，これを抵抗といい，単位はΩ（オーム）である。

$$\boldsymbol{V=RI} \quad \text{または} \quad \boldsymbol{I=\frac{V}{R}}$$

■キルヒホッフの法則

第一法則…「回路内の1点において，流入する電流の総和は，流出する電流の総和に等しい」

流入する電流をI_i，流出する電流をI'_iとすると

$$I_1+I_2+I_3+\cdots=I'_1+I'_2+I'_3+\cdots$$

同じことであるが，流入する電流を正，流出する電流を負で表すことにすれば$I_1+I_2+I_3+\cdots=0$

〈例〉 右図の点Pを流出入する電流について

$I_1+I_2+I_3=I_4+I_5$

または　$I_1+I_2+I_3+(-I_4)+(-I_5)=0$

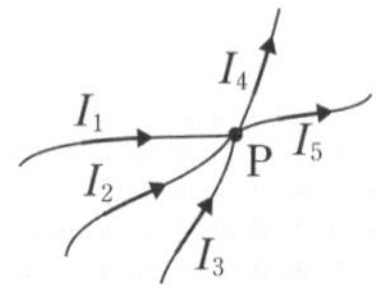

第二法則…「1つの閉回路内において，起電力の総和は電圧降下の総和に等しい」

電圧降下を引き起こすものは，抵抗，コンデンサー，コイルなどであるが，ここでは簡単のために抵抗だけを考える。各抵抗の大きさをR_i，そこを流れる電流の大きさをI_i，また各起電力をE_iとすると

$$R_1I_1+R_2I_2+R_3I_3+\cdots=E_1+E_2+E_3+\cdots$$

〈例〉 右図の回路において
$R_1I_1+R_2I_2=E_1$
$R_1I_1+R_3I_3=E_1-E_2$

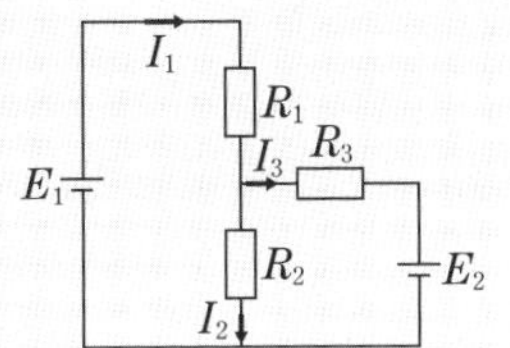

■合成抵抗

各抵抗をR_i，合成抵抗をRとする。

直列接続の抵抗の合成抵抗	$\boldsymbol{R=R_1+R_2+R_3+\cdots}$
並列接続の抵抗の合成抵抗	$\boldsymbol{\frac{1}{R}=\frac{1}{R_1}+\frac{1}{R_2}+\frac{1}{R_3}+\cdots}$

〈例〉 右図の合成抵抗Rは次のように求める。
並列接続のR_1とR_2の合成抵抗R'は
$\frac{1}{R'}=\frac{1}{10}+\frac{1}{30}$ より$R'=7.5$〔kΩ〕
R'とR_3は直列接続になるから，
$R=7.5+20=27.5$〔kΩ〕

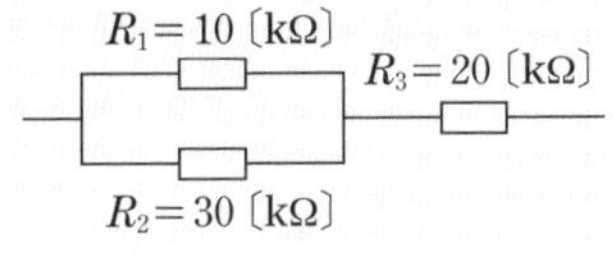

■電力量と電力

電力量…回路内の抵抗で消費される電気エネルギーのこと。両端の電圧がV〔V〕の抵抗にI〔A〕の電流がt〔s〕間流れたときその抵抗で消費される電力量Wは

$W=VIt$〔J〕

(注) 実用的には，〔kW時〕の単位が用いられる。

電力…単位時間当たりに消費される電力量のこと。この電力P〔W (ワット)〕は

$$P=\frac{W}{t}=VI \text{〔W〕}$$

また，この式は抵抗の大きさ〔Ω〕を用いて，次のようにも書ける。

$$P=RI^2=\frac{V^2}{R}$$

ジュール熱…抵抗に電流を流したとき抵抗で発生する熱のこと。

■コンデンサー

2つの導体の間に絶縁体を挟んで，電荷を蓄えられるようにしたもの。両端にV〔V〕の電圧をかけたときQ〔C（クーロン）〕の電荷が蓄えられるとき，このコンデンサーの電気容量C〔F（ファラド）〕は

$$C=\frac{Q}{V}\text{〔F〕}$$

（注）1Fは大きすぎるので，実用的には，10^{-6}F＝μF（マイクロファラド）や10^{-12}F＝pF（ピコファラド）が用いられる。

■コンデンサーの合成

直列接続のコンデンサーの合成容量	$\frac{1}{C}=\frac{1}{C_1}+\frac{1}{C_2}+\frac{1}{C_3}+\cdots$	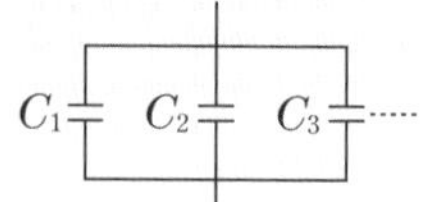
並列接続のコンデンサーの合成容量	$C=C_1+C_2+C_3+\cdots$	C_1 C_2 C_3

■測定機器の接続のしかた

電流計…測定する部位に**直列**に接続する。

電流計の内部抵抗は小さく，誤って並列に接続すると過剰電流によって電流計を壊してしまうおそれがある。

電圧計…測定する部位に**並列**に接続する。

電圧計の内部抵抗は大きい。

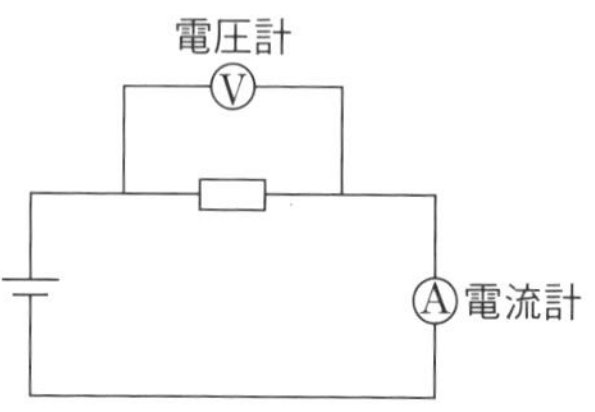

重要ポイント 2 電流と磁界

右ねじの法則は必ず覚えておきたい。計算問題に難問はなく，基本公式を覚えておけばよい。電磁誘導は現象面の理解だけでよい。

■**電流の作る磁界**…電流の向きに垂直な平面上に，電流を中心として，同心円状に磁界ができる。磁界の向きは右ねじの法則に従う。

右ねじの法則

右ねじを用いてもよいがここでは右手を用いて理解することにする。親指が電流の向き，ほかの指が磁界の向きを表す。

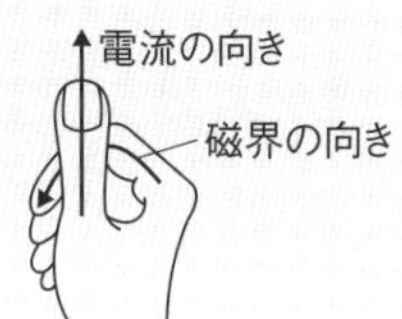

直線電流による磁界

導線からr〔m〕離れた点の磁界の強さH〔A/m〕は，

$$H=\frac{I}{2\pi r}\text{〔A/m〕}\qquad I\text{：電流の強さ}$$

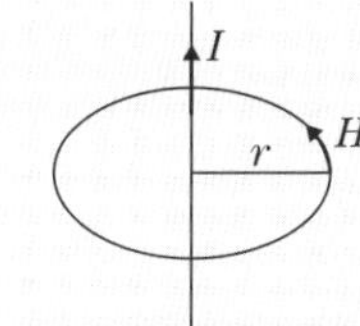

円電流による磁界

半径rの円形導線の中心にできる磁界の強さは，

$$H=\frac{I}{2r}$$

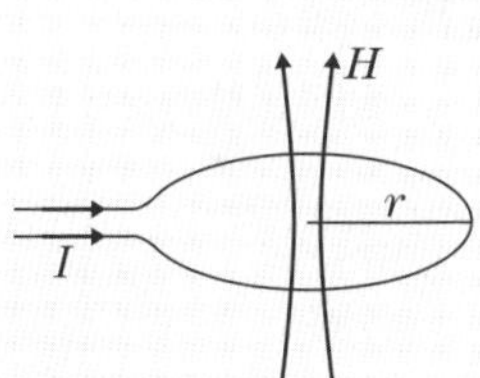

コイルによる磁界

円電流による磁界の重ね合わせで考える。磁界の強さは，

$$H=nI\qquad n\text{：単位長さ当たりの巻き数}$$

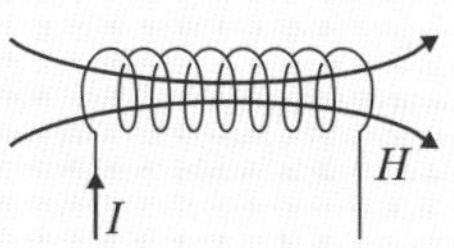

■**電磁誘導**…磁界の変化により誘導起電力が生じ，誘導電流が流れる。誘導電流の向きや大きさは次の法則に従う。

レンツの法則…「誘導電流は，磁束の変化を妨げる向きに生じる」

ファラデーの法則…「誘導電流の大きさは，回路を貫く磁束の時間変化率に比例する」

実戦問題

1 次の文章のA～Dに当てはまる語句の組合せとして，最も妥当なのはどれか。　【東京消防庁・平成24年度】

電流計は，導線を流れる電流を測定する計器で，測定したい回路に（　A　）に接続する。そのため，電流計の接続による電流の変化を小さくするために，電流計内部の抵抗（内部抵抗）は（　B　）してある。

電圧計は，回路の2点間の電圧を測定する計器で，測定したい2点間に（　C　）に接続する。そのため，電圧計に流れる電流のために測定する電圧が変化しないように，電圧計の内部抵抗は（　D　）してある。

	A	B	C	D
1	直列	小さく	直列	大きく
2	直列	小さく	並列	大きく
3	直列	大きく	直列	小さく
4	並列	大きく	並列	小さく
5	並列	小さく	直列	大きく

2 下の図は，3[Ω]の電気抵抗を4つと内部抵抗が無視できるほど小さい電流計を組み合わせた回路である。この電流計が2[A]を示した場合の，直流電源の起電力として，最も妥当なのはどれか。　【消防庁・令和元年度】

1　10[V]
2　12[V]
3　15[V]
4　18[V]
5　20[V]

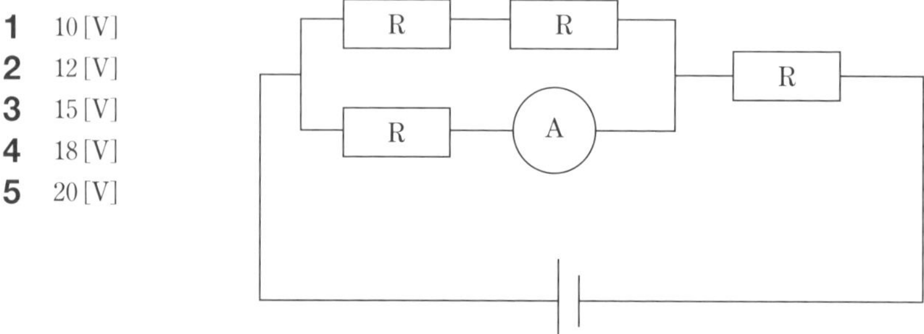

3 断面積$4.4\times10^{-6}\mathrm{m}^2$，抵抗率$1.1\times10^{-6}\Omega\cdot\mathrm{m}$の導体の抵抗が$50\Omega$のとき，この導体の長さとして，妥当なのはどれか。　【特別区・平成28年度】

1　$0.1\times10^{-12}\mathrm{m}$
2　$0.1\times10^{-6}\mathrm{m}$
3　$2.0\times10^{-2}\mathrm{m}$
4　$2.0\times10^{2}\mathrm{m}$
5　$2.0\times10^{12}\mathrm{m}$

4 1.5Vの電源に電球Aと電球Bが直列接続された次の図のような回路がある。回路に流れる電流が0.6Aで，電球Aの電圧が0.5Vのとき，電球Bに流れる電流Iと電圧Vはそれぞれいくらになるか。　【地方初級・平成30年度】

	I	V
1	0.2A	0.5V
2	0.2A	1.0V
3	0.4A	1.0V
4	0.6A	0.5V
5	0.6A	1.0V

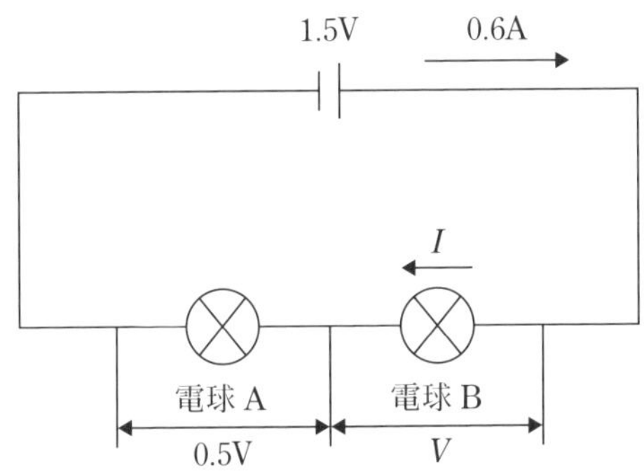

5 20[Ω]の抵抗に2.0[A]の電流を流したときの電力の値として，最も妥当なのはどれか。　【東京消防庁・平成29年度】

1　40[W]
2　80[W]
3　100[W]
4　150[W]
5　200[W]

6 下の図のように，広くて平らなプラスチックの板に穴**A**，**B**をあけて水平に置き，円形の導線を通して直流電流を流している。鉛直上方からプラスチックの板面を見たときの穴**A**，**B**の周りの磁界の様子として，最も妥当なのはどれか。

【東京消防庁・平成26年度】

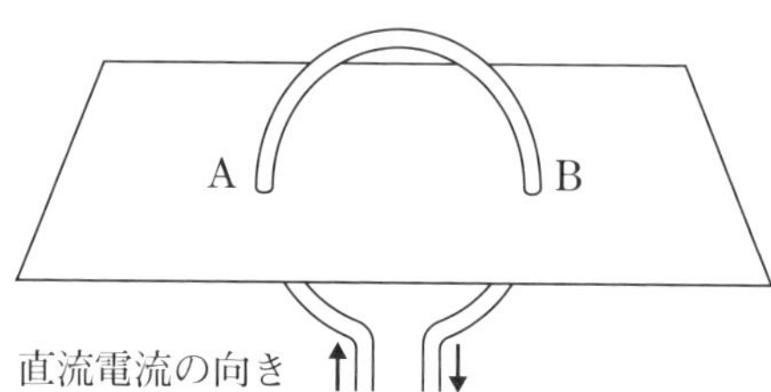

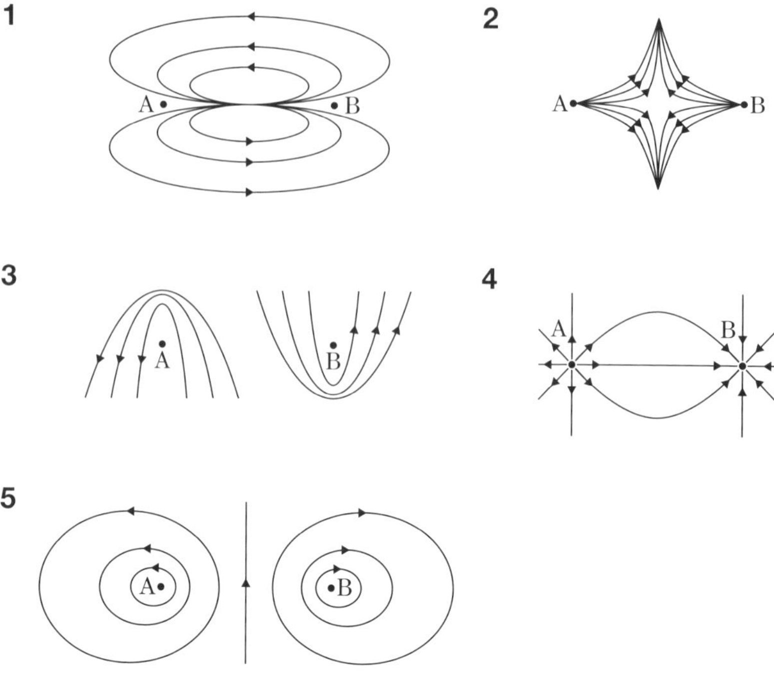

実戦問題●解説

1 直列回路では流れる電流の大きさが等しく，並列回路ではかかる電圧の大きさが等しい。

Step 1 電流計について考察する。

測定する部位を流れる電流と同じ大きさの電流が流れなくてはいけないので，電流計は直列 (**A**) に接続する。

測定する部位の抵抗をR，電流計の内部抵抗をr，回路にかかる電圧をEとすると，回路を流れる電流は$I=\dfrac{E}{R+r}$で表される。これは，電流計を接続することで，回路を流れる電流が変化することを意味している。したがって，電流計による影響をできるだけ小さくするため，rはできるだけ小さく (**B**) する必要がある。

Step 2 電圧計について考察する。

測定する部位と同じ電圧をかけるためには，電圧計を並列 (**C**) に接続する。電圧計の接続による影響をできるだけ小さくするには，電圧計を流れる電流をできるだけ小さくする必要がある。そのために，電圧計の内部抵抗は大きく (**D**) なっている。

以上から，正答は**2**である。

確認しよう ➡電流計，電圧計の使い方　　**正答 2**

2 オームの法則を適用する。

Step 1 各抵抗を流れる電流の大きさを求める。

図のように各抵抗をR_1，R_2，R_3，R_4とする。

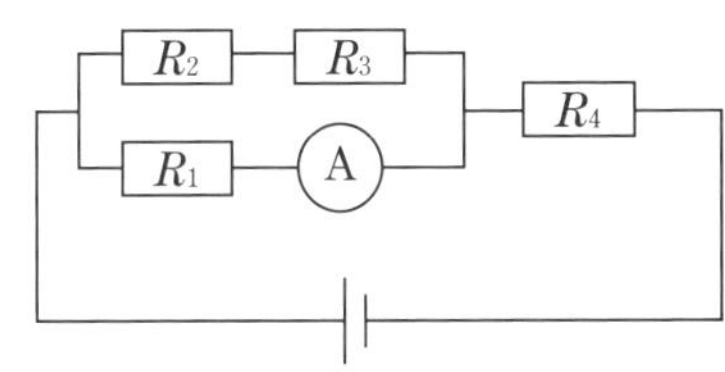

抵抗R_2と抵抗R_3は直列接続なので流れる電流の大きさは等しい。その電流をiとする。

抵抗R_2，抵抗R_3での電圧降下の和は抵抗R_1での電圧降下に等しい。

[電圧] = [抵抗] × [電流]（オームの法則）の関係があるから，

$$3i+3i=3\times 2$$

これから　$i=1\,[\mathrm{A}]$

抵抗R_4を流れる電流の大きさは，キルヒホッフの第一法則により，抵抗

R_1を流れる電流の大きさと，抵抗R_2，抵抗R_3を流れる電流の大きさの和になるから，2+1＝3［A］である。

Step 2　抵抗全体での電圧降下を考察する。

抵抗R_1での電圧降下と抵抗R_4での電圧降下の和は電池の起電力の大きさに等しいから，直流電源の起電力は，

$$3\times2+3\times3=15\,[\mathrm{V}]$$

よって，正答は**3**である。

確認しよう ➡オームの法則とキルヒホッフの法則　**正答 3**

参考　上記解答では，抵抗R_2，R_3を流れる電流の大きさを，電圧降下をもとに方程式を立てたが，次のように考えると暗算でも求められる。実際の試験ではこちらの求め方の方が簡明であろう。オームの法則$V=RI$の式からわかるように，同じ電圧をかけた場合，流れる電流の大きさは抵抗の大きさに反比例する。
直列接続である抵抗R_2，R_3の合成抵抗は，3＋3＝6［Ω］であり，これは抵抗R_1の大きさの2倍であるから，流れる電流の大きさは，抵抗R_1を流れる電流の大きさの$\frac{1}{2}$，すなわち1［A］である。

3　導体の抵抗の大きさは，導体の長さに比例し，断面積に反比例する。

Step 1　導体の抵抗を求める式をたてる。

導体の長さをl〔m〕，断面積をS〔m^2〕とすると，導体の抵抗の大きさR〔Ω〕は，次式で表される。

$$R=\rho\times\frac{l}{S}$$

ここで比例定数ρは抵抗率と呼ばれ，単位はΩ・mである。

Step 2　与えられた数値を代入する。

この公式に数値を代入すると，

$$50=1.1\times10^{-6}\times\frac{l}{4.4\times10^{-6}}$$

これから，$l=2\times10^2$〔m〕

よって，正答は**4**である。

確認しよう ➡導体の電気抵抗と断面積や長さとの関係　**正答 4**

4 直列接続の抵抗に流れる電流の大きさは等しい。電球A，Bの抵抗の大きさを求める必要はない。

直列接続であるので，電球Aと電球Bには同じ大きさの電流$I=0.6$Aが流れる。電球B，電球Aにおける電圧降下の和が電池の起電力に等しいから，電球Bでの電圧降下Vは

$V=1.5-0.5=1.0$ [V]

よって，正答は**5**である。

☞確認しよう ➡直列回路や並列回路の電流や電圧　**正答 5**

5 電力の大きさは，[電圧]×[電流]で求められる。

抵抗の大きさをR [Ω]，抵抗を流れる電流の大きさをI [A]，抵抗にかかる電圧の大きさをV [V]とすると，電力Pは，$P=IV$ [W]で求められる。

オームの法則$V=RI$を用いると，抵抗にかかる電圧は

$V=20\times2.0=40$ [V]

であるから，電力Pは

$P=2.0\times40=80$ [W]

よって，正答は**2**である。

☞確認しよう ➡電力を求める計算式　**正答 2**

6 右ねじの法則を適用する。

アンペールの右ねじの法則によれば，「右ねじを回したとき，ネジが進む向きに電流を流すと，ねじを回す向きに，円形状の磁界ができる」。

したがって，鉛直上方から板面を見た場合，Aの周りには反時計回りに，Bの周りには時計回りに円形状の磁界ができる。

よって，正答は**5**である。

☞確認しよう ➡電右ねじの法則　**正答 5**

参考 右ねじの法則は右手つかみの法則とも言われ，「親指が棒に沿うように，棒を右手でつかんだとき，親指の向きが電流の流れる向き，親指以外の指の巻く向きが磁界の向きである」と言い換えることができる。

波動・熱・原子物理

重要問題

熱に関する記述として最も妥当なのはどれか。

【国家一般職／税務／社会人・令和元年度】

1　物質を構成する原子や分子は不規則な運動をしている。この運動は，熱運動と呼ばれ，物質の温度が高くなるほど激しくなる。絶対零度に近い温度では，原子や分子はほとんど熱運動をしない。

2　温度の異なる二つの物体を接触させると，高温の物体の熱運動のエネルギーが低温の物体に移動する。この移動するエネルギーの量を熱量と呼び，その単位にはワット（W）が用いられる。

3　同じ熱量を与えても，物体によって温度上昇の度合いは異なる。この度合いは，物体の熱容量と呼ばれ，熱容量が大きい物体ほど，あたたまりやすく，冷めやすい。

4　氷が融解して水に変化している間，外部から加えられる熱は物質の状態を変化させるために使われるため，一定の割合で加熱すれば，温度は一定の割合で上昇する。

5　外部と熱のやり取りを行わない材料でできたポットに少量の水を入れた場合，外部と熱のやり取りがないので，ポットをいくら激しく振り続けても中の水の温度は変化しない。

解説

原子や分子の熱運動の度合いを表す指標の一つが温度である。氷が残存する限り，外部から加えた熱は氷の周囲の水の温度上昇に使われることはない。

1 ◎ 正しい。因果関係から言えば，原子や分子の熱運動の大きさによって温度が決まるのである。原子や分子がまったく熱運動をせず静止した状態（現実にはこのような状態は存在しない）のときの温度を絶対零度といい，摂氏温度に換算すると－273.15℃である。なお，絶対零度を基準にした温度を絶対温度という。温度の単位はケルビン（記号K）を用いる。ちなみに，0K＝－273.15℃，0℃＝273.15Kである。

2 × 誤り。「その単位にはワット（W）が用いられる」という記述以外は正しい。熱量の単位はジュール（J）である。日常生活では，カロリー（cal）やキロカロリー（kcal）が用いられている。calとJの間には1cal≒4.19Jの関係がある。なお，ワット（W）仕事率や電力を表す単位である。

3 × 誤り。熱容量とは物体の温度を1Kだけ上昇させるのに必要な熱量のことをいう。熱容量が大きいほど，温度を上昇させるのに必要な熱量が多くなるので，熱容量が大きい物体ほど温まりにくく，冷めにくいのである。

4 × 誤り。氷が残存している限り，外部から加えられる熱はすべて氷が融解するのに使われ，その間温度は上昇しないので，温度が一定の割合で上昇することはない。

5 × 誤り。ポットを激しく振ると，その振動は水の分子に伝わり，水の分子の熱運動が活発になるため，水の温度は上昇する。

確認しよう ➡熱運動と温度との関係，温度による水の状態変化　　**正答 1**

FOCUS

テーマ4に関する出題は，現象に関する理解度をみるのが主で，計算力が問われることは少ない。ある現象を表す用語をしっかり理解しておくことが肝要であろう。計算問題として，温度の異なる水を混合する，気温により音速が変わること，空気中の音速を用いて，ある地点から打ち上げた花火までの距離を求める，などができれば十分だと思われるが，ドップラー効果についても押さえておきたい。

要点のまとめ

重要ポイント 1 波動

特に難問は出題されないが，ドップラー効果，屈折率，レンズなどの基本公式は適用できるようにしておきたい。

■音波

音波	縦波の一種。気体・液体・固体中を伝わるが真空中では伝わらない。
空気中の音速	$V=331.5+0.6t$〔m/s〕　t：気温〔℃〕
音の3要素	高さ・強さ・音色 ①高さ…振動数が大きくなると音は高くなる。 ②強さ…振幅の2乗と振動数の2乗の積に比例する。 ③音色…オシロスコープの波形の違いに現れる。
うなり	振動数がわずかに異なる2つの音が干渉し合って，強弱を繰り返す現象。2つの音源の振動数をf_1，f_2とすると，1秒間当たりのうなりの回数N〔Hz〕は $N=\lvert f_1-f_2\rvert$
ドップラー効果	音源や観測者が運動しているとき，観測者が観測する振動数が変化する現象。 f：観測者が観測する振動数　f_0：音源の振動数 V：音速　v：音源の速度　u：観測者の速度 $f=\dfrac{V-u}{V-v}f_0$（音源から観測者に向かう向きを正とする）

■光波

光	電磁波の一種。真空中でも伝わる。
光速度	真空中で$c=3.00\times10^8$〔m/s〕
光の屈折	媒質1に対する媒質2の相対屈折率n_{12}は，媒質iの絶対屈折率をn_i，媒質iでの光の速さをc_i，波長をλ_iとして $n_{12}=\dfrac{n_2}{n_1}=\dfrac{\sin\theta_1}{\sin\theta_2}=\dfrac{c_1}{c_2}=\dfrac{\lambda_1}{\lambda_2}$

媒質1
入射角
θ_1
n_1
n_2
媒質2
θ_2
屈折角

レンズの公式	$\dfrac{1}{a}+\dfrac{1}{b}=\dfrac{1}{f}$　倍率 $\left\lvert\dfrac{b}{a}\right\rvert$ f：焦点距離 凸レンズでは正，凹レンズでは負 $b<0$ のときは，像は物体と同じ側 $\dfrac{b}{a}$ が正のときは倒立実像，負のときは正立虚像
光のその他の性質	分散　波長が短い光ほど屈折率が大きくなるため，白色光が分かれる現象。〈例〉プリズムによる光のスペクトル分解 散乱　光が微粒子にぶつかり，四方に散らばる現象。〈例〉空の青い色 偏光　特定の方向にのみ振動する光。

重要ポイント❷ 熱・その他

熱量保存則を用いた計算問題には習熟しておきたい。原子物理は原子の構造や放射線についての知識が問われる。

■温度と熱

温度	熱運動の激しさを表す量。すべての原子の熱運動がなくなった状態が絶対零度。摂氏温度 t〔℃〕と絶対温度 T〔K〕（Kはケルビンと読む）との間には次の関係がある。 $T=273+t$
熱量	高温の物体から低温の物体に移動する熱の量。 単位は〔J〕
比熱	物質1kgの温度を1K高めるのに必要な熱量。単位は〔J/kg·K〕。水の比熱は，4.2×10^{-3} J/kg·K。 質量 m〔kg〕，比熱 c〔J/kg·K〕の物体を T_1〔K〕から T_2〔K〕まで高めるのに必要な熱量 Q〔J〕は $Q=mc\,(T_2-T_1)$

熱量保存の法則	「高温の物体と低温の物体を接触または混合させたとき，外部との熱の出入りがなければ，高温の物体が失った熱量は低温の物体が得た熱量に等しい」

■熱力学の基本法則

熱力学第一法則	「力学的エネルギーと内部エネルギーの総和は保存される」
熱力学第二法則	「外部から仕事を加えない限り，熱現象は不可逆な過程である」これは次のようにも表現される。 ①トムソンの原理…「与えられた熱をすべて仕事に変えることはできない ②クラジウスの原理…「外部に変化を及ぼさずに熱を低熱源から高熱源に移すことはできない」

■原子と原子核

原子の構造	原子核の周りを電子が回っている。 ①電子…質量9.1×10^{-31}kg　電気量-1.6×10^{-19}C ②原子核…陽子，中性子などからなる。 陽子…質量は電子の約1800倍。電気量1.6×10^{-19}C 中性子…質量は陽子とほぼ同じ。電気量0
原子記号 $^{Y}_{X}A$	A：元素記号　X：原子番号（＝陽子数）　Y：質量数 中性子数をNとすると，$Y=X+N$
放射線	①α線…α粒子（ヘリウム原子核$^{4}_{2}He$）の高速の流れ。電離作用は大，透過力は小。 ②β線…β粒子（電子）の高速の流れ。電離作用，透過力ともに中程度。 ③γ線…電磁波の一種で波長は極めて短い。電離作用は小，透過力は大。

実戦問題

1 **全反射に関する記述中の空所A～Cに当てはまる語句の組合せとして，最も妥当なのはどれか。** 【警視庁・平成27年度】

屈折率の（ A ）媒質から（ B ）媒質に光が進むとき，屈折の法則により屈折角は入射角より大きい。入射角をしだいに大きくしていくと，やがて屈折角が（ C ）になる。そのときの入射角を臨界角という。入射角が臨界角を超えると光はすべて反射される。この現象を全反射という。

	A	B	C
1	小さい	大きい	45度
2	小さい	大きい	90度
3	小さい	大きい	180度
4	大きい	小さい	90度
5	大きい	小さい	180度

2 **次の光に関する記述のうち，最も妥当なのはどれか。** 【警視庁・平成30年度】

1 いろいろな波長の光を含む光（白色光）をプリズムに当てると，波長によって異なる角度に屈折し，いろいろな色に分かれる。この現象を散乱という。

2 水面に広がった油の膜やシャボン玉の膜が色付いて見えるのは，薄膜による光の干渉のためである。

3 光がその波長と同じくらいの大きさ，あるいはそれよりも小さな粒子に当たって，様々な向きに進んでいく現象を分散という。

4 光の3原色とは，赤，青，黄色である。

5 可視光の中で最も波長が長いのは青色の光である。

3 **音に関する記述として，最も妥当なのはどれか。** 【東京消防庁・令和元年度】

1 空気を伝わる音波は，媒質の疎密が連なって進行する縦波である。

2 音の高さの違いは，音波の振幅の違いによる。

3 空気中を伝わる音の速さは，温度が低いほど大きくなる。

4 弦を伝わる波の速さは，弦の単位長さあたりの質量が大きいほど大きくなる。

5 閉管で気柱からでる音は，基本振動の偶数倍の振動数で大きな音になる。

4 次の図は，x軸の正の向きに進んでいる正弦波の時刻$t=0$における波形である。この正弦波の振動数と速さの組合せとして，妥当なのはどれか。ただし，この波の周期は0.25 sとする。【特別区・平成27年度】

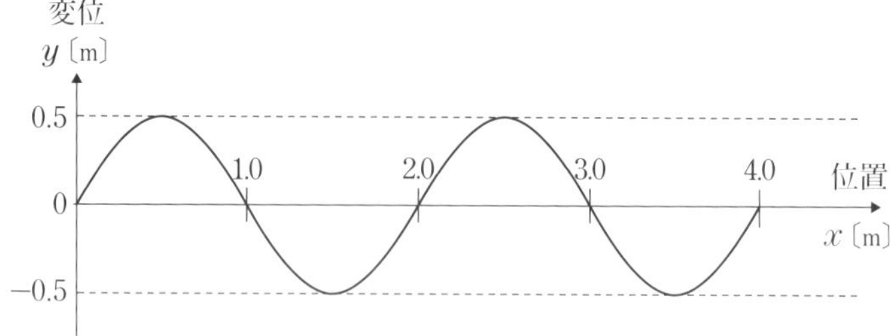

	振動数	速さ
1	1.0 Hz	2.0 m/s
2	2.0 Hz	4.0 m/s
3	2.0 Hz	8.0 m/s
4	4.0 Hz	4.0 m/s
5	4.0 Hz	8.0 m/s

実戦問題●解説

1 屈折率の大きい媒質から屈折率の小さい媒質に光が進むとき，屈折角は入射角より大きい。

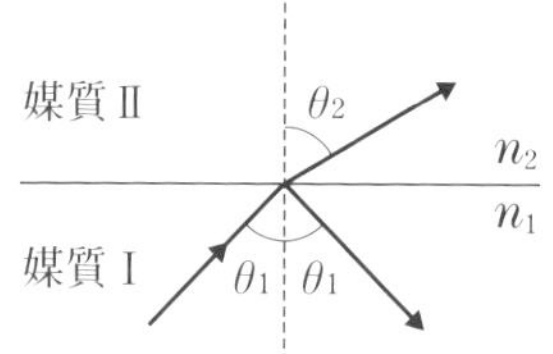

絶対屈折率n_1の媒質Ⅰから絶対屈折率n_2の媒質Ⅱに光が進むとき，2つの媒質の境界面で屈折が起こる。$n_1 > n_2$のとき，屈折角θ_2は入射角をθ_1より大きい。入射光の一部は屈折面で反射し，反射角はθ_1に等しい。

$\dfrac{\sin\theta_1}{\sin\theta_2}=\dfrac{n_2}{n_1}$が成り立ち，これを媒質Ⅰに対する媒質Ⅱの屈折率という。

入射角θ_1が大きくなるにしたがい屈折角θ_2も大きくなるが，θ_2が90度になるとき，光は媒質Ⅰから媒質Ⅱに進まず，すべて反射光となる。

これを全反射といい，そのときの入射角を臨界角という。

以上から，Aは「大きい」，Bは「小さい」，Cは「90度」である。
よって，正答は4である。

確認しよう ➡全反射 **正答 4**

2 シャボン玉の薄膜では2つの反射光が重なる。空色が青いのは光の散乱である。光の三原色は絵具の三原色とは異なる。

1 × 誤り。散乱ではなく分散という。光が微粒子に衝突してさまざまな方向に反射するのが散乱である。

2 ◎ 正しい。薄膜の表面での反射光と裏面での反射光の光路差ができる。光は色によって波長が異なるため，光路差によって振幅が強まる波長の色が強調されるのである。複数の波が重なり合って振幅の大きさが変わることを干渉という。

3 × 誤り。分散ではなく散乱である。空の色が青いのは，太陽光が空気中の微粒子に衝突して反射するが，可視光の中でも波長が短い青色の光がより大きく散乱するからである。

4 × 誤り。光の三原色とは，赤，青，緑色である。赤，青，黄色は色の三原色である。光の三原色を混合すると白色になるが，色の三原色を混合すると黒に近い色になる。

5 × 誤り。可視光の中で最も波長が長いのは赤色の光である。虹は白色光が分散して生じたものであり，「虹は七色」と言われる。波長の長い光から列挙すると，赤・橙・黄・緑・青・藍・紫である。なお，太陽光をスペクトル分解すると，その色の数は7つより多い。

確認しよう ➡干渉，分散，散乱の現象 **正答 2**

3 音波は波源の振動が気体分子を介して次々と伝わる。太鼓を強い力でたたいたときの振動の様子を考察する。

1 ◎ 正しい。縦波は粗密波とも呼ばれる。耳で音を感じるのは，空気の密度の違いによって圧力差が生じ，この圧力の変化が耳の鼓膜を振動させるからである。

2 × 誤り。音の高さの違いは，音波の振動数の違いによる。振動数が多いほど音は高くなる。振幅の違いによって生じるのは，音の大きさである。

3 × 誤り。気温が高くなるほど気体分子は速く運動するので，音は速く伝わる。気温がt℃のときの音速は，$v=331.5+0.61t$ [m/s]と表される。

4 × 誤り。張力をS，単位長さあたりの質量（線密度）をσとすると，弦を伝わる波の速さは，$v=\sqrt{\frac{S}{\sigma}}$で表されるから，速さは小さくなる。

5 × 誤り。閉管では，閉端で節，開端で腹となる定常波ができるときに，気柱から出る音が大きくなる。定常波を生じる音波の振動数をf，波長をλ，速さをvとする。閉管では気柱内の節と腹の個数は同じであるから，閉管の長さをlとすると，腹の数がn個のときには，半波長毎に節が生じるから，$l=\frac{\lambda}{2}n+\frac{\lambda}{4}$ すなわち $l=\frac{2n+1}{4}\lambda$ の関係がある。

$f=\frac{v}{\lambda}$であるから$f=\frac{2n+1}{4l}\lambda$であり，$n=1$のときが基本振動であり，その偶数倍になっていないことがわかる。

確認しよう ➡縦波と横波。音の三要素。開管や閉管での定常波　**正答 1**

4 波源の1回の振動でつくられる山と谷の1組の長さが波長である。

Step 1 振動数を求める。

振動数は，単位時間に振動する回数のことであるから，周期の逆数になる。すなわち，周期をT〔s〕，振動数をf〔Hz〕とすると，

$f=\frac{1}{T}$である。したがって，$f=\frac{1}{0.25}=4.0$〔Hz〕

Step 2 波長を求め，速さを計算する。

波形の1つ目の山の始まりが原点，1つ目の谷の終わりが原点から2.0mであることから，波長は2.0mである。したがって，速さは，

$2.0\div0.25=8.0$〔m/s〕

よって，正答は**5**である。

確認しよう ➡波形の読み取り　**正答 5**

第2章

化学

テーマ1　基礎理論

テーマ2　物質の変化

テーマ3　無機物質

テーマ4　有機化合物

テーマ1 基礎理論

重要問題

物質の状態変化に関する記述として最も妥当なのはどれか。

【国家一般職／税務／社会人・平成29年度】

1 固体，液体，気体の間の変化を状態変化といい，状態変化では物質の形や体積は変化するが，物質の種類や性質，密度は変化しない。

2 固体が液体になる現象を融解といい，そのときの温度を融点という。純物質では，融解が始まってから固体が全て液体になるまでの間，温度は一定に保たれる。

3 分子は温度が低くなるほど熱運動が穏やかになり，分子間の距離が大きくなるため，液体を冷やして固体にすると，一般に，体積は液体のときより大きくなる。

4 液体が沸騰するときの温度を沸点というが，沸点未満の温度では，液体が蒸発して気体になることはない。

5 固体が液体を経て気体になる現象を昇華といい，常温常圧の下でも昇華しやすい物質には，ナフタレンや炭酸ナトリウムなどがある。

解説

密度は質量÷体積であるから，体積が変われば密度は変わる。氷と水が混在するとき，外部から加えた熱は，全て氷の融解に使われる。防虫剤は直接気体になる。

1 × 誤り。状態変化では，体積の変化は起こるが，物質の質量は変化しない。したがって，密度は変化する。また，性質も変化する。例えば，塩化ナトリウムの固体は電気を通さないが，液体は電気を通す。

2 ◎ 正しい。融点や沸点は，物質によって固有の値を示す。融点や沸点を測定することにより，物質を特定することができる。また，純物質でないときは，固体が液体に変化するときに，温度変化がある。

3 × 誤り。一般に，熱運動が穏やかになることにより，分子間の距離は小さくなる。そのため，液体の状態のときよりも，固体の状態のときのほうが体積は小さい。ただし，水は例外で，固体（氷）のほうが体積は大きい。

4 × 誤り。個々の分子がもつ運動エネルギーは一様ではなく，ばらつきがある。液体の表面にある，運動エネルギーの大きな分子は，他の分子から受ける分子間力に打ち勝って空気中に飛び出していく。すなわち気体になっている。この現象が蒸発であり，これは沸点未満でも起こる。コップに入れておいた水が，常温でもいつの間にか減少しているのは，日常でも体験するところである。

5 × 誤り。昇華とは，固体が液体を経ずに気体になる現象をいう。この現象を示す物質としては，ドライアイスやナフタレン（防虫剤として用いられている）などがある。炭酸ナトリウムにはこの性質はない。なお，気体が液体を経ずして固体になることも昇華という。

確認しよう ➡温度変化による，物質の変化

正答 2

FOCUS

テーマ1の分野の出題率は比較的高い。基礎的な問題が多く，「物質の三態」のように，中学で学習した内容のものもある。中学の理科の教科書に目を通しておくとよい。

計算問題は減少傾向にあるが，ボイル・シャルルの法則を用いた計算には習熟しておきたい。アボガドロ定数の数値自体は覚える必要はないが，その意味は理解しておく必要がある。

原子の構造の概略は必須事項である。周期表は，原子番号20番くらいまでは覚えておくと役に立つ。

要点のまとめ

重要ポイント 1 化学の基本法則

化学の基本法則とその提唱者を結びつける問題はときおり出題される。基本法則の内容は理解しておきたい。

質量保存の法則（ラボアジェ）	反応の前と後での総質量は変わらない。
定比例の法則（プルースト）	化合物を構成する元素の質量の比は一定。
倍数比例の法則（ドルトン）	ある元素Aが元素Bと複数の化合物を作るとき，同量の元素Bと結合する元素Aの量は簡単な整数の比になる。
気体反応の法則（ゲーリュサック）	化学反応に関与する気体の体積は，同温，同圧で整数の比になる。
分子説（アボガドロ）	気体は，1つの原子またはいくつかの原子が結合した分子からなる。

重要ポイント 2 原子構造と周期表

周期表で原子番号1～20の元素名およびハロゲン元素は記憶しておくこと。また，最外殻の電子配置も理解しておくこと。

■**原子の基本構造**…主として陽子と中性子とからなる原子核の周りを電子が回っている。陽子は正の電荷，電子は負の電荷を持つ。中性子は電気的に中性。

■**元素記号と原子番号**…$^{Y}_{X}A$と表記する。Aは元素記号。Xは原子番号で陽子の数に等しい。Yは質量数で陽子数と中性子数の和である。

■**同位体**…陽子数は等しいが中性子数が異なる（したがって，質量数が異なる）原子どうしのこと。たとえば，炭素Cには質量数が10～15の6種の同位体がある。なお，用語が似ている**同素体**（同じ元素でも結合のしかたが異なるもの。例…黒鉛とダイヤモンド）と混同しないこと。

■**周期表**…最外殻の電子配置によって元素を並べて表にしたもの。化学的性質の類似性が周期的に現れる。周期表の左側は金属（水素Hは別），右側は非金属。表の作成にはメンデレーエフが大きく貢献。

重要ポイント❸ 物質の三態

特に出題頻度が高いわけではないが，用語の意味などが盲点になりそうなので注意が必要。

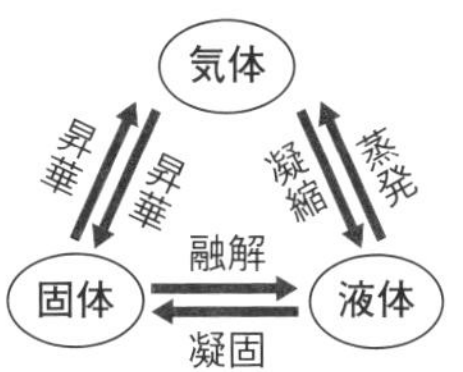

物質の三態	物質は温度により，固体→液体→気体に変化する。
融点	固体が液体になる温度。
凝固点	液体が固体になる温度。融点と等しい。
沸点	液体が沸騰しはじめる温度。

重要ポイント❹ 気体の温度・圧力・体積

理想気体1molが，標準状態(0℃，1.01×10^5Pa)で22.4Lを占めることはすでに知っているものとして出題されるので覚えておこう。

■ボイル・シャルルの法則

$$\frac{P_1V_1}{T_1}=\frac{P_2V_2}{T_2}$$　P：圧力　V：体積　T：絶対温度

(注) Tを一定にするとボイルの法則，Pを一定にするとシャルルの法則になる。

■気体の状態方程式

n molの理想気体について

$PV=nRT$　　R(＝8.31×10^3〔Pa·L/k·mol〕)：気体定数

$PV=\dfrac{w}{M}RT$　　w：気体の質量　M：気体の分子量

■ドルトンの分圧の法則…「全圧は分圧の和に等しい」

■ヘンリーの法則…「液体に溶ける気体の体積は圧力によらず一定である」

重要ポイント❺ 溶液

計算問題では，モル濃度や温度による溶解度の違いから析出する結晶の量を問う問題がよく出題される。

■溶解度…一定温度で，一定量の溶媒に溶ける溶質の量には限度がある。固体の溶解度は，溶媒100gに溶ける溶質の質量〔g〕で表す。一般に固体の溶解度は温度が高いほど大きくなる（例外…水酸化カルシウム$Ca(OH)_2$）。

■再結晶…固体の温度による溶解度の違い（一般に温度が高いほど溶解度が大きい）を利用して純粋な結晶を析出させること。

■溶液の濃度

$$\text{質量パーセント濃度〔\%〕} = \frac{\text{溶質の質量〔g〕}}{\text{溶液の質量〔g〕}} \times 100$$

$$\text{モル濃度〔mol/L〕} = \frac{\text{溶質の物質量〔mol〕}}{\text{溶液の体積〔L〕}}$$

$$\text{質量モル濃度〔mol/kg〕} = \frac{\text{溶質の物質量〔mol〕}}{\text{溶媒の質量〔kg〕}}$$

■沸点上昇…溶媒の種類によって決まり，溶液の質量モル濃度に比例する。

■凝固点降下…溶液の質量モル濃度に比例する。

（注）同じ質量モル濃度でも，溶質が電解質と非電解質の場合とでは，沸点上昇や凝固点降下は違う値を示す。たとえば，NaClは水溶液中でNa^+とCl^-に電離するので，非電解質の場合の2倍の値を示す。

実戦問題

1 物質量に関する次の記述でA，Bに当てはまる数値の組合せとして最も妥当なのはどれか。ただし，水の分子量は18，アボガドロ定数は6.0×10^{23}〔/mol〕とする。 【東京消防庁・令和元年度】

コップに27〔g〕の水が入っている。この水27〔g〕の中には（　A　）個の水分子が含まれており，また水分子1個の質量は（　B　）〔g〕となる。

	A	B
1	4.0×10^{23}	1.5×10^{-23}
2	4.0×10^{23}	3.0×10^{-23}
3	9.0×10^{23}	1.5×10^{-23}
4	9.0×10^{23}	3.0×10^{-23}
5	9.0×10^{23}	4.5×10^{-23}

2 物質を分離する操作に関する記述として，妥当なのはどれか。 【地方初級・令和元年度】

1 溶媒に対する溶けやすさの差を利用して，純物質から特定の物質を溶媒に溶かして分離する操作を抽出という。

2 不純物を含む固体を溶媒に溶かし，温度によって溶解度が異なることを利用して，より純粋な物質を析出させ分離する操作を蒸留という。

3 液体の混合物を加熱して，液体から直接気体になる物質を冷却して分離する操作を昇華，又は昇華法という。

4 溶液を加熱して発生した蒸気を冷却することにより，目的の物質を取り出す操作を還元という。

5 それぞれの物質の沸点の差を利用して，液体の混合物から物質を分離する操作を分留という。

3 イオン結合とイオン結晶に関する記述として，最も妥当なのはどれか。 【東京消防庁・平成29年度】

1 一般に陽性の強い金属元素と，陰性の強い非金属元素との化合物はイオン結合を形成する。

2 イオン結合は，イオン全体を自由に動くことのできる自由電子による結合である。

3 イオン結晶は，硬くて丈夫であるため，強い力にも耐えることができる。

4 イオン結晶の固体は電気を通すが，融解すると電気を通さない。

5 塩化カルシウムや二酸化ケイ素は，代表的なイオン結晶である。

4 **同素体に関する次の記述でA～Dに当てはまる語句の組合せとして，最も妥当なのはどれか。** **【東京消防庁・平成30年度】**

同じ元素からなる単体で，性質の異なる物質を，互いに同素体という。

黒鉛とダイヤモンドはどちらも炭素からできている単体であるが，電気を通すのは（　A　）である。また，（　B　）やカーボンナノチューブも炭素の同素体である。

酸素の同素体であるオゾンは（　C　）色の気体である。リンの同素体には，赤リン，黄リンがあり，毒性が強いのは（　D　）である。

	A	B	C	D
1	黒鉛	フラーレン	淡青	黄リン
2	黒鉛	ドライアイス	無	黄リン
3	黒鉛	フラーレン	無	赤リン
4	ダイヤモンド	ドライアイス	無	赤リン
5	ダイヤモンド	フラーレン	淡青	黄リン

5 **下の図A～Cは，気体の捕集法を示したものである。それぞれの捕集法に適する気体の組合せとして，最も妥当なのはどれか。**

【東京都・令和2年度】

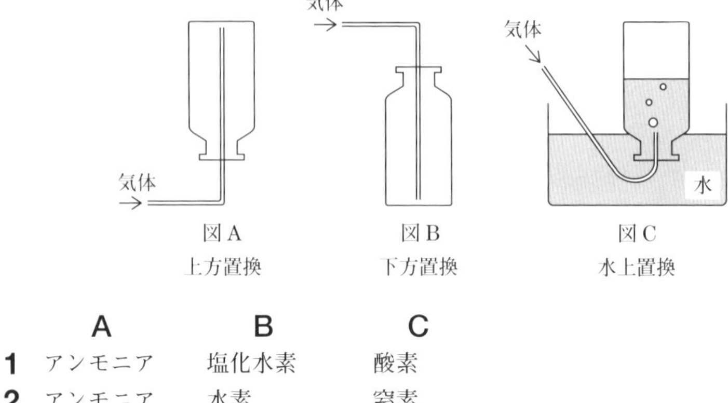

図A　上方置換　　図B　下方置換　　図C　水上置換

	A	B	C
1	アンモニア	塩化水素	酸素
2	アンモニア	水素	窒素
3	塩化水素	二酸化炭素	酸素
4	塩化水素	水素	硫化水素
5	メタン	アンモニア	硫化水素

実戦問題●解説

1 分子や原子のアボガドロ定数個分が1 molである。

Step 1 水27gのモル数を求め，その中の分子の個数を求める。分子量にgをつけた値が，その物質の1 mol当たりの質量になる。すなわち，1 molの水の質量は18gである。したがって，27gの水のmol数は，

$27 \div 18 = 1.5$〔mol〕

1 molの水にはアボガドロ定数個の水分子が含まれるから，1.5mol中の水分子の個数は，

$6.0 \times 10^{23} \times 1.5 = 9.0 \times 10^{23}$〔個〕

Step 2 水分子1の質量を求める。

水分子1 molの質量は18gであり，アボガドロ定数個分の水分子が含まれるから，水分子1個あたりの質量は，

$18 \div (6.0 \times 10^{23}) = 3.0 \times 10^{-23}$〔g〕

よって，正答は**4**である。

確認しよう ➡ 1 molの意味

正答 4

2 化学変化を利用して，純物質から何かを取り出すことはできない。物質によって固有の沸点がある。「分別蒸留」を略した用語が「分留」である。

1 × 誤り。「抽出」とは，溶媒に対する溶けやすさを利用して混合物から目的の物質を取り出す操作のことである。純物質は単一の物質であるから何かを取り出すことはできない。

2 × 誤り。溶解度の差を利用して固体の物質を取り出す操作は「再結晶」という。「蒸留」とは，沸点の差を利用して目的の物質を取り出す操作のことである。

3 × 誤り。「昇華」とは，固体から直接気体になることである。固体の混合物から昇華しやすい物質を気体に変化させて取り出す操作を「昇華法」という。

4 × 誤り。この操作は，物質による固有の沸点の差を利用したものであるが，「蒸留」という。「還元」とは，化学変化において，原子の酸化数が減少することである。

5 ◎ 正しい。沸点の差を利用して単一の物質を取り出すのが「蒸留」であり，複数の種類の物質を取り出すのが「分留」である。

確認しよう ➡物質を分離する操作　　**正答 5**

3 陽イオンと陰イオンとの間には引力がはたらく。移動できなければイオンは電気を運ぶことはできない。

1 ◎ 正しい。陽性の強い金属元素は電子を失って陽イオンとなり，陰性の強い非金属元素は電子を得て陰イオンになる。陽イオンと陰イオンが静電力（クーロン力）による引力によって結びつくのがイオン結合である。

2 × 誤り。イオン結合では，イオン全体を自由に動き回れる自由電子はない。自由電子による結合は金属結合である。

3 × 誤り。イオン結晶は硬いが，強い外力を加えるとイオンの位置がずれて，陽イオンどうし，陰イオンどうしの斥力がはたらき，もろくて壊れやすい性質をもつ。これを劈開（へきかい）という。

4 × 誤り。固体の結晶ではイオンが固定されているため電気伝導性はない。融解すると，イオンが移動できるので電気を導く。

5 × 塩化カルシウムは，カルシウムイオンと塩化物イオンが結合したイオン結晶であるが，二酸化ケイ素は共有結合結晶である。

確認しよう ➡イオン結晶の性質　　**正答 1**

4 炭素棒は電極として用いられている。

A：黒鉛には自由電子があることから導電性があり，炭素棒は電極として用いられている。

B：ドライアイスは二酸化炭素の固体である。二酸化炭素は炭素の化合物であるが，炭素の同素体ではない。

C：オゾンO_3は特異臭をもつ淡青色の気体である。なお，オゾンには紫外線を吸収するはたらきがある。地球の大気の上層部にあるオゾン層が，太陽からの強烈な紫外線が地表に降り注ぐのを妨げている。

D：黄リンには強い毒性があるが，赤リンには毒性はなく，マッチに使われている。

以上から，Aは黒鉛，Bはフラーレン，Cは淡青，Dは黄リンである。

よって，正答は1である。

☞確認しよう ➡炭素・酸素・リンの同素体の性質　　**正答 1**

5 捕集する気体の重さ，水への溶けやすさによって捕集のしかたが異なる。

Step 1 各捕集法で捕集する気体の性質を考察する。

若干の水蒸気が含まれることにはなるものの，水上置換が最も純粋な気体を捕集できるが，水に溶けやすい気体の捕集には適さない。捕集する気体の性質によって，捕集法を次のように使い分ける。

上方置換：水に溶けやすく，空気より軽い気体を捕集するのに適する。

下方置換：水に溶けやすく，空気より重い気体を捕集するのに適する。

水上置換：水に溶けにくい気体を捕集するのに適する。

Step 2 各気体の性質を考察する。

アンモニア：水に非常に溶けやすい。空気より軽い。 ⟶ 上方置換

塩化水素：水に非常に溶けやすい。空気より重い。 ⟶ 下方置換

酸素：水に溶けにくい。 ⟶ 水上置換

水素：水に非常に溶けにくい。 ⟶ 水上置換

窒素：水に溶けにくい。 ⟶ 水上置換

二酸化炭素：水に溶けやすい。空気より重い。 ⟶ 下方置換

硫化水素：水に溶けやすい。空気より重い。 ⟶ 下方置換

メタン：水に溶けにくい。空気より軽い。 ⟶ 水上置換

よって，正答は1である。

☞確認しよう ➡気体の性質と捕集法　　**正答 1**

テーマ2 物質の変化

重要問題

酸と塩基に関する記述として，妥当なのはどれか。

【東京都・平成30年度】

1 酸とは水に溶けて塩素イオンを生じる物質であり，赤色リトマス紙を青色に変える性質を持つ。

2 物質がイオンに分かれることを電離といい，酢酸のように水溶液中でほぼ完全に電離している塩基を弱塩基という。

3 酸の陽イオンと塩基の陰イオンから生成する塩は，その組成によって，正塩，酸性塩，塩基性塩に分類され，正塩の水溶液は中性を示す。

4 水溶液の酸性や塩基性の強さを示すのにpHという数値が使われ，中性ではpH＝5で，酸性が強くなるほど5より大きくなる。

5 中和とは酸と塩基が互いの性質を打ち消し合う反応をいい，酸と塩基が中和すると塩ができる。

解説

酸は水溶液中で水素イオンH^+を生じる。塩基は水溶液中で水酸化物イオンOH^-を生じる。

1 × 誤り。酸とは，水に溶けたとき水素イオンH^+（詳しくは，ヒドロニウムイオンH_3O^+）を生じる物質であり，青色リトマス紙を赤色に変える性質を持つ。赤色リトマス紙を青色に変える性質を持つものは塩基である。なお,「塩素イオン」は,「塩化物イオン」というのが一般的である。

2 × 誤り。酢酸は,その名称からわかるように,塩基ではなく酸である。電離度が大きい酸は強酸,電離度が小さい酸は弱酸に分類される。塩基についても同様である。酢酸の電離度は小さく,弱酸に分類される。

3 × 誤り。酸と塩基の中和反応で生じた塩を構成する原子の中に,水素イオンH^+に由来するHがあれば酸性塩,水酸化物イオンOH^-に由来するOHがあれば塩基性塩,そのどちらもなければ正塩に分類される。
正塩が中性を示すとは限らない。強酸と弱塩基から生じた塩の水溶液は酸性を示し,弱酸と弱塩基から生じた塩の水溶液は塩基性を示す。例えば,弱酸の酢酸と強塩基の水酸化ナトリウム水溶液から生じた塩である酢酸ナトリウムCH_3COONaは正塩であるが,その水溶液は塩基性を示す。

4 × 誤り。中性では,水素イオン濃度指数pHは7である。酸性が強くなるほどpHは小さくなり,塩基性が強くなるほどpHは大きくなる。ちなみに,胃液は強酸であり,pHは1.0～1.5を示す。

5 ◎ 正しい。酸の性質を示すのは,水素イオンH^+のはたらきであり,塩基の性質を示すのは水酸化物イオンOH^-のはたらきである。酸と塩基の混合では,$H^+ + OH^- \longrightarrow H_2O$の反応が起こり,酸と塩基のはたらきを打ち消し合っている。

確認しよう ➡酸と塩基の中和反応

正答 5

テーマ2の分野では,「酸と塩基」が最重要項目である。中和反応では,水溶液中に存在する各イオンの物質量がどのように変化していくか,理解を深めておきたい。指示薬のフェノールフタレイン液,BTB液などの色の変化の知識は必須事項である。

電気分解や電池についての知識も必須であり,金属のイオン化列は覚えておくとよい。

要点のまとめ

重要ポイント❶ 酸と塩基

酸と塩基の基本的な意味は押さえておきたい。水素イオン指数pHの理解は必須事項。

■酸と塩基の定義

アレニウス説

酸	水溶液中で電離して水素イオンH^+を放出 〈例〉塩酸　$HCl \longrightarrow H^+ + Cl^-$ 　　酢酸　$CH_3COOH \longrightarrow H^+ + CH_3COO^-$
塩基	水溶液中で電離して水酸化物イオンOH^-を放出 〈例〉水酸化ナトリウム　$NaOH \longrightarrow Na^+ + OH^-$ 　　水酸化バリウム　$Ba(OH)_2 \longrightarrow Ba^{2+} + 2OH^-$ （注）メタノールCH_3OHはOHを持っているが，これは水溶液中でOH^-にならないので塩基ではない。

ブレンステッド説…アレニウス説を拡充

酸	水素イオンH^+を放出
塩基	水素イオンH^+を受け取る 〈例〉アンモニアNH_3と塩酸HClとの反応 　　$NH_3 + HCl \longrightarrow NH_4^+ + Cl^-$ 　　HClはH^+を放出しているから酸であり， 　　NH_3はH^+を受け取っているから塩基である。 （注）1つの物質が酸になったり塩基になったりすることもある。 〈例〉$H_2O \longrightarrow OH^- + H^+$（$H^+$を放出するので酸） 　　$H_2O + H^+ \longrightarrow H_3O^+$（$H^+$を受け取るので塩基）

■酸・塩基の価数

酸の価数…1 molの酸がn molの水素イオンH^+を放出するとき，n価の酸であるという。

〈例〉１価の酸　塩酸HCl　　２価の酸　硫酸H_2SO_4（２段階に電離する）

$H_2SO_4 \longrightarrow H^+ + HSO_4^-$

$HSO_4^- \longrightarrow H^+ + SO_4^{2-}$

塩基の価数…1 molの塩基がn molの水酸化物イオンOH^-を電離する（n molの水素イオンH^+を受け取る）とき，n価の塩基であるという。

〈例〉 1価の塩基　水酸化ナトリウム$NaOH$

2価の塩基　水酸化カルシウム$Ca(OH)_2$

■酸・塩基の強さ…電離度の大小によって決まる。

$$電離度\alpha = \frac{電離した分子数}{溶けた全分子数} = \frac{電離した物質数〔mol〕}{溶けた全物質数〔mol〕}$$

定義により　$0 \leqq \alpha \leqq 1$　になる。

強酸	塩酸HCl，硝酸HNO_3，硫酸H_2SO_4
弱酸	酢酸CH_3COOH，硫化水素H_2S，リン酸H_3PO_4
強塩基	水酸化ナトリウム$NaOH$，水酸化カリウムKOH， 水酸化カルシウム$Ca(OH)_2$，水酸化バリウム$Ba(OH)_2$
弱塩基	アンモニアNH_3，水酸化銅（Ⅱ）$Cu(OH)_2$， 水酸化鉄（Ⅲ）$Fe(OH)_3$，水酸化アルミニウム$Al(OH)_3$

■水素イオン指数…水素イオン，水酸化物イオンの濃度をそれぞれ，$[H^+]$，$[OH^-]$で表すと，$[H^+][OH^-] = 10^{-14}$の関係がある。

水素イオン指数pHを次のように定める。

$[H^+] = 10^{-x}$ mol/Lのとき　$pH = x$

$[OH^-] = 10^{-y}$ mol/Lのとき　$pH = 14 - y$

酸性のとき$pH < 7$，中性のとき　$pH = 7$，塩基性のとき　$pH > 7$

pHの測定

指示薬	酸性側と塩基性側で色の異なる色素を用いる。 リトマス（酸性で青→赤，塩基性で赤→青） フェノールフタレイン（塩基性で赤色，中性，酸性では無色）など。
万能pH試験紙	いくつかの指示薬を組み合わせて少しずつ変色するようにしたもの。
pHメーター	水素イオン濃度を電気的に正確に計測。

重要ポイント ❷ 中和反応

中和滴定の計算には慣れておくこと。代表的な指示薬の色の変化は覚えておきたい。

■中和反応…酸のH^+と塩基のOH^-が反応して，互いの性質が打ち消される反応。中和反応は発熱反応で，発生する熱を中和熱という。

〈例〉塩酸HClと水酸化ナトリウムNaOH水溶液との中和反応

$$HCl + NaOH \longrightarrow NaCl + H_2O$$

Na^+，Cl^-は変化しないので，省略して次のように書く。

$$H^+ + OH^- \longrightarrow H_2O$$

■塩（えん）…酸と塩基の中和反応で，水とともに生じる物質

酸 ＋ 塩基 ⟶ 塩 ＋ 水

中和反応以外の塩の生成反応の例（下線が生じた塩）

酸＋金属単体	〈例〉塩酸HClとカルシウムCaとから塩化カルシウム$CaCl_2$が生じる。 $2HCl + Ca \longrightarrow \underline{CaCl_2} + H_2$
弱酸の塩＋より強い酸	〈例〉炭酸ナトリウムNa_2CO_3と硫酸H_2SO_4とから硫酸ナトリウムNa_2SO_4が生じる。 $Na_2CO_3 + H_2SO_4 \longrightarrow \underline{Na_2SO_4} + CO_2 + H_2O$
弱塩基の塩＋より強い塩基	〈例〉塩化アンモニウムNH_4Clと水酸化ナトリウムNaOHとから塩化ナトリウムNaClが生じる。 $NH_4Cl + NaOH \longrightarrow \underline{NaCl} + NH_3 + H_2O$
塩＋塩	〈例〉塩化ナトリウムNaClと硝酸銀$AgNO_3$とから塩化銀AgClと硝酸ナトリウム$NaNO_3$が生じる。 $NaCl + AgNO_3 \longrightarrow \underline{AgCl} + \underline{NaNO_3}$

■**塩の加水分解**…塩の水溶液の示す液性はもとの酸・塩基の組合せによって決まる。

組合せ	液性	例
<強酸><強塩基>	→中性	塩化ナトリウム$NaCl$，硝酸カリウムKNO_3
<強酸><弱塩基>	→酸性	硫酸銅(Ⅱ)$CuSO_4$，塩化マグネシウム$MgCl_2$
<弱酸><強塩基>	→塩基性	炭酸ナトリウムNa_2CO_3
<弱酸><弱塩基>	→中性	酢酸アンモニウムCH_3COONH_4

（注）強酸の硫酸H_2SO_4と強塩基の水酸化ナトリウム$NaOH$からできた塩の硫酸水素ナトリウム$NaHSO_4$の水溶液は中性ではなく酸性を示す。

■**中和滴定**

中和点…酸の持つH^+と塩基の持つOH^-とがちょうど過不足なく反応し正塩となる状態。

（注）中和点では必ずしも中性になっているわけではない。上の加水分解の項を参照。

中和滴定…モル濃度c〔mol/L〕，m価の酸の水溶液v〔mL〕と，モル濃度c'〔mol/L〕，m'価の塩基の水溶液v'〔mL〕とを混合して，ちょうど中和点になったとすると，次の関係が成り立つ。

$$\frac{mcv}{1000}=\frac{m'c'v'}{1000}\quad \text{すなわち}\quad mcv=m'c'v'$$

中和指示薬

		酸性	中和	塩基性
<強酸><強塩基>	フェノールフタレイン	無色	薄い赤	赤色
	メチルレッド	赤色	橙色	黄色
<強酸><弱塩基>	メチルレッド	赤色	橙色	黄色
	メチルオレンジ	赤色	橙色	黄褐色
<弱酸><強塩基>	フェノールフタレイン	無色	薄い赤	赤色

（注）弱酸と弱塩基の組合せは中和点でのpHの変化がゆるやかなため中和点を決めにくい。そのため，酸または塩基の一方は必ず強酸または強塩基を使う。

重要ポイント❸ 酸化・還元

金属のイオン化傾向は暗記しておこう。酸化・還元の意味を理解したうえで，電気分解も押さえておきたい。

■酸化還元反応

酸化と還元

	酸 素	水 素	電 子	酸化数
酸化	酸素と化合	水素を失う	電子を放出	増加
還元	酸素を失う	水素と化合	電子と結合	減少

酸化数

①単体を構成する原子の酸化数は0。

②化合物中のHの酸化数は+1，Oの酸化数は−2。化合物中の各原子の酸化数の総和は0。ただし，水素化ナトリウムNaHにおいてはHは−1，過酸化水素H_2O_2においてはOは−1である。

③イオンの酸化数は，符号を含めて電荷数に等しい。

④多原子イオンの場合は，各原子の酸化数の総和が，電荷数に等しい。

酸化剤…相手の物質を酸化する物質（それ自身は還元される）

〈例〉酸素O_2，オゾンO_3，塩素Cl_2，硫酸H_2SO_4，硝酸HNO_3，二酸化マンガンMnO_2，過酸化水素H_2O_2，二酸化硫黄SO_2，マンガン酸カリウム$KMnO_4$，二クロム酸カリウム$K_2Cr_2O_7$

（注）濃硝酸と希硝酸とでは酸化力が違う。（カッコ内は酸化数の変化）

濃硝酸　$HNO_3 + H^+ + e^- \longrightarrow NO_2 + H_2O$（N：+5 ⟶ +4）

希硝酸　$HNO_3 + 3H^+ + 3e^- \longrightarrow NO + 2H_2O$（N：+5 ⟶ +2）

還元剤…相手の物質を還元する物質（それ自身は酸化される）

〈例〉水素H_2，金属（ナトリウムNa，亜鉛Znなど），C（赤熱炭素），一酸化炭素CO，硫化水素H_2S，過酸化水素H_2O_2，二酸化硫黄SO_2，シュウ酸$(COOH)_2$，硫酸鉄（Ⅱ）$FeSO_4$，塩化スズ（Ⅱ）$SnCl_2$

（注）過酸化水素H_2O_2や二酸化硫黄SO_2は，相手の物質により，酸化剤としても還元剤としても作用する。

■金属のイオン化傾向と反応性

イオン化列

イオン化列	Li K Ca Na	Mg Al Zn Fe	Ni Sn Pb	(H)Cu	Hg Ag	Pt Au
イオン化傾向	大	←			→	小
水との反応	常温で反応し水素を発生	高温水蒸気と反応し水素を発生	高温水蒸気とも反応しない			
乾燥空気との反応	内部まで酸化される	表面に酸化物の皮膜ができる			酸化されない	
酸との反応	塩酸や希硫酸に反応して水素を発生する			硝酸・熱濃硫酸に溶ける		王水にのみ溶ける

(注) 王水…濃硝酸と濃塩酸を1：3の容積比で混合したもの。

電気分解…電極には炭素棒や白金などを用いる。

①塩化銅(Ⅱ) $CuCl_2$水溶液の電気分解

陰極：$Cu^{2+} + 2e^- \longrightarrow Cu$ (還元反応)

陽極：$2Cl^- \longrightarrow Cl_2 + 2e^-$ (酸化反応)

②塩化ナトリウム $NaCl$ 水溶液(食塩水)の電気分解

陰極：$2H^+ + 2e^- \longrightarrow H_2$ (還元反応)

陽極：$2Cl^- \longrightarrow Cl_2 + 2e^-$ (酸化反応)

(注) Naはイオン化傾向が大きいので，陰極に引き寄せられるNa^+は還元反応が起こりにくい。水の電離によって生じたH^+が電子e^-を受け取って還元され，水素H_2が発生する。

③水酸化ナトリウム $NaOH$ 水溶液の電気分解

陰極：$4H^+ + 4e^- \longrightarrow 2H_2$ (還元反応)

陽極：$4OH^- \longrightarrow 2H_2O + O_2 + 4e^-$ (酸化反応)

(注) 水溶液中は，Na^+，H^+，OH^-のイオンが存在するが，陰極ではNa^+は還元されず，H^+が還元される。結果的に，水の電気分解になる。

④硫酸 H_2SO_4 水溶液の電気分解

陰極：$4H^+ + 4e^- \longrightarrow 2H_2$ (還元反応)

陽極：$4OH^- \longrightarrow 2H_2O + O_2 + 4e^-$ (酸化反応)

(注) 陽極に引き寄せられるSO_4^{2-}は酸化されにくく，水の電離によって生じたOH^-が酸化される。

実戦問題

1 1 mol のプロパン（分子式：C_3H_8）を完全燃焼させるのに必要な酸素の物質量は何molか。　【地方初級・平成30年度】

1　1 mol
2　2 mol
3　3 mol
4　4 mol
5　5 mol

2 塩酸と水酸化ナトリウム水溶液の中和反応は次式で表される。

$$HCl + NaOH \longrightarrow NaCl + H_2O$$

0.1 mol/L 塩酸 25 mL に 0.1 mol/L 水酸化ナトリウム水溶液を少しずつ合計で 50 mL になるまで加えた場合，溶液中の H^+ と Na^+ の物質量の変化を表したグラフとして正しいのはどれか。　【警察官・平成30年度】

	H^+	Na^+
1	イ	ア
2	ウ	ア
3	ウ	イ
4	エ	ア
5	エ	イ

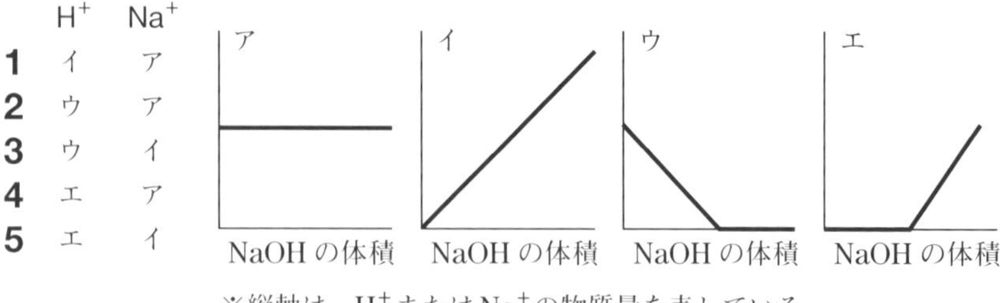

※縦軸は，H^+ または Na^+ の物質量を表している。

3 イオン化傾向に関する記述として，最も妥当なのはどれか。
【東京消防庁・平成30年度】

1　リチウムやナトリウムなどのアルカリ金属は常温の水と激しく反応し，酸素を生じる。

2　銀は銅よりイオン化傾向が大きいため，硝酸銅水溶液に銅の単体を入れると，銅が析出する。

3　銅と希硝酸を反応させると二酸化窒素が，銀と熱濃硫酸を反応させると硫化水素が発生する。

4　亜鉛は常温の水とは反応しないが，熱水や塩酸，希硫酸とは反応し水素を生じる。

5　亜鉛は銅よりイオン化傾向が大きいため，ダニエル電池では亜鉛が負極，銅が正極となる。

4 次の記述A～Dにおける下線部の物質が酸性または塩基性のどちらの性質を示すかを正しく組み合わせているのはどれか。

【国家一般職／税務／社会人・令和2年度】

A：廃油などの油脂に水酸化ナトリウム水溶液を加えると脂肪酸のナトリウム塩ができ，それを固めるとセッケンになる。セッケンを水に溶かしたものがセッケン水である。

B：食物は，消化器官で分泌される消化液によって分解される。分泌される場所によって消化液は異なっており，胃では胃液が分泌される。

C：米を蒸して，米麹，水，酵母を加えることで酒の状態にし，それに「種酢」を混ぜ合わせて加温・発酵させることで食酢が作られる。

D：消石灰の飽和水溶液は石灰水といい，二酸化炭素を吹き込むと白色沈殿を生じる。この反応は二酸化炭素の検出に利用される。

	A	B	C	D
1	塩基性	酸性	酸性	塩基性
2	塩基性	酸性	塩基性	酸性
3	酸性	酸性	酸性	塩基性
4	酸性	塩基性	酸性	酸性
5	酸性	塩基性	塩基性	塩基性

5 酸化または還元に関する記述として，妥当なのはどれか。

【東京都・平成27年度】

1　常温の酸化銅（Ⅱ）CuOをガスバーナで熱して水素H_2の中に入れると，酸化銅は還元されて銅Cuとなる。

2　常温の銅Cuをガスバーナで熱して塩素Cl_2の中に入れると，銅は酸化され，塩素から電子e^-を受け取り，酸化銅（Ⅱ）CuOを生じる。

3　常温の銅Cuを空気中においてガスバーナで熱すると，銅は還元されて白く変色する。

4　硫酸H_2SO_4で酸性にした過マンガン酸カリウム$KMnO_4$の水溶液に，過酸化水素H_2O_2水を加えると，過酸化水素は酸化剤としてはたらき，水溶液は赤紫色に発色する。

5　硫酸H_2SO_4で酸性にした過酸化水素H_2O_2水に，ヨウ化カリウムKIの水溶液を加えると，過酸化水素は還元剤として電子e^-を受け取り，カリウムKを生じて白濁した溶液になる。

実戦問題●解説

1 燃焼によって生じるのは，二酸化炭素CO_2と水H_2Oである。

Step 1 化学反応式をつくる。

1 molのプロパンを完全燃焼させるのに必要な酸素の物質量をx molとする。また，燃焼によって生じる二酸化炭素と水の物質量をそれぞれy mol，z molとすると，次の化学反応式ができる。

$$C_3H_8 + xO_2 \longrightarrow yCO_2 + zH_2O$$

Step 2 方程式を立て，各係数を求める。

両辺にある各元素の個数に着目して方程式を立てる。

O；$2x = 2y + z$

C；$3 = y$

H；$8 = 2z$

以上から，$x = 5$，$y = 3$，$z = 4$

よって，正答は**5**である。

確認しよう ➡化学反応式の係数の求めかた　　**正答 5**

（注）　厳密には，「酸素」は，「酸素分子」あるいは「気体の酸素」などとしなくてはならない。試験問題では，「暗黙の了解」が求められていることも多いので注意が必要である。

【別解】酸素のmol数は，次のようにしても求められる。

1 molのプロパンC_3H_8中には3 molのCと8 molのHがある。二酸化炭素CO_2では，CとO_2のmol数は等しいから，3 molのCに対しては，3 molのO_2が必要である。

水H_2Oでは分子式から考察すると，2 molのHと1 molのOが結合しているから，8 molのHに対しては，4 molのO，すなわち2 molのO_2が必要である。したがって，必要な酸素のmol数は，$3 + 2 = 5$〔mol〕

2 中和反応では，H^+とOH^-からH_2Oが生じる。

Step 1 H^+の物質量の変化について考察する。

水の電離を無視すれば，初め水溶液中には水素イオンH^+と塩化物イオンCl^-が存在する。

水酸化ナトリウム水溶液を加えていくと，次の反応が起こる。

$$H^+ + OH^- \longrightarrow H_2O$$

この反応に伴い，H^+の物質量は次第に減少していく。

したがって，グラフは**ウ**である。

（注） 水酸化ナトリウム水溶液を25mLを加えたところで中和点に達し，それ以降はH^+の物質量は0 molであるが，この問題では，そこまで考察しなくても，グラフは選択できる。

Step 2 Na^+の物質量の変化について考察する。

初め水溶液中にはNa^+は存在しない。

水酸化ナトリウム水溶液を加えていったとき，Na^+は水溶液中で何の反応も起こさないので，その物質量は増加していく。

したがって，グラフは**イ**である。

よって，正答は**3**である。

確認しよう ➡中和反応におけるH^+やOH^-の物質量の変化 **正答 3**

3 金属のイオン化傾向は，Li＞K＞Ca＞Na＞Mg＞Al＞Zn＞Fe＞Ni＞Sn＞Pb＞(H)＞Cu＞Hg＞Ag＞Pt＞Au

1 × 誤り。生じるのは酸素ではなく，水素である。ナトリウムの場合，次の反応が起こる。

$$2Na + 2H_2O \longrightarrow 2Na^+ + 2OH^- + H_2$$

2 × 誤り。銅のほうが銀よりイオン化傾向が大きいので，$Cu_2{}^+$がCuになることはない。

3 × 誤り。銅と希硝酸を反応させると発生するのは一酸化窒素である。銅と濃硝酸を反応させると二酸化窒素が発生する。銀と熱濃硫酸を反応させると発生するのは二酸化硫黄である。

4 × 誤り。亜鉛は熱水とは反応しない。高温の水蒸気とは反応して，水素を発生する。

5 ◎ 正しい。ダニエル電池では，２種類の電解液（硫酸亜鉛$ZnSO_4$水溶液と硫酸銅$CuSO_4$水溶液）が用いられ，素焼きの陶器などで仕切られている。硫酸亜鉛$ZnSO_4$水溶液には亜鉛Znの電極が，硫酸銅$CuSO_4$水溶液中には銅Cuの電極が浸されている。それぞれの電極では次のような反応が起こる。

Zn電極：$Zn \longrightarrow Zn^{2+} + 2e^-$

Cu電極：$Cu^{2+} + 2e^- \longrightarrow Cu$

Zn電極で発生した電子e^-は導線を伝わって，Cu電極へと移動していく。電子の流れる向きと電流の流れる向きは反対なので，Zn電極は負極，Cu電極は正極になる。

確認しよう ➡金属のイオン化傾向　　**正答 5**

4

脂肪酸は弱酸，水酸化ナトリウムは強塩基である。胃液にはHClが含まれる。

A：弱酸と強塩基から生じた塩は加水分解すると塩基性を示す。脂肪酸は弱酸，水酸化ナトリウムは強塩基なのでセッケン水は塩基性を示す。

参考 脂肪酸ナトリウムRCOONaは水溶液中で電離して脂肪酸イオン$RCOO^-$を生じる。この$RCOO^-$は水H_2Oと反応して，脂肪酸RCOOHと水酸化物イオンOH^-を生じるが，RCOOHとOH^-が反応して再び$RCOO^-$とH_2Oを生じる。

$$RCOO^- + H_2O \rightleftarrows RCOOH + OH^-$$

この平衡は左辺に大きく傾いているため，セッケン水は弱塩基性を示すのである。

B：胃液の成分は塩酸HClと消化酵素である。この塩酸のpHは1.0～1.5であり，強い酸性を示す。

C：食酢の主成分は酢酸CH_3COOHであり，水素イオンH^+が存在するので弱酸性を示す。

D：石灰水とは水酸化カルシウム$Ca(OH)_2$水溶液であり，水酸化物イオンOH^-が存在するので塩基性を示す。

よって，正答は**1**である。

確認しよう ➡身の回りの酸・塩基　　**正答 1**

5 銅は化合物中では正の酸化数を持ち，単体では酸化数0である。水素は高温で還元性を示す。

1 ◎ 正しい。高温の水素は還元性を持ち，CuOは還元されてCuになる。Cuの酸化数は，＋2から0に減少している。

$$CuO + H_2 \longrightarrow Cu + H_2O$$

2 × 誤り。塩素は酸化力が強く，この反応で生じるのは塩化銅(Ⅱ)である。

$$Cu + Cl_2 \longrightarrow CuCl_2$$

3 × 誤り。銅を空気中で加熱すると，空気中の酸素によって酸化され黒色の酸化銅(Ⅱ)CuOを生じる。また，より高温で強熱すると，赤色の酸化銅(Ⅰ)Cu_2Oを生じることもある。いずれにしても，白く変色することはない。

4 × 誤り。過マンガン酸カリウム$KMnO_4$は黒紫色の結晶で，水に溶けると，カリウムイオンK^+と過マンガン酸イオンMnO_4^-とに電離し，MnO_4^-は赤紫色を呈する。MnO_4^-は酸性の溶液中では，他の物質から強力に電子を奪って，マンガン(Ⅱ)イオンMn^{2+}(淡いピンク色～無色)になる。

$$MnO_4^- + 5e^- + 8H^+ \longrightarrow Mn^{2+} + 4H_2O$$

過酸化水素H_2O_2も通常は酸化作用を示すが，過マンガン酸カリウムのほうが酸化力が強く，ともに用いると，過酸化水素は還元剤として働く。

5 × 誤り。電子を受け取るのは酸化剤であり，還元剤は電子を放出する。過酸化水素H_2O_2は硫酸酸性では，電子を受け取り酸化剤として働く。自身は還元される。

$$H_2O_2 + 2H^+ + 2e^- \longrightarrow 2H_2O$$

なお，Kは常温で水と反応しやすく，水溶液中に生成することはない。

確認しよう ➡酸化・還元作用

正答 1

テーマ3 無機物質

重要度

重要問題

気体の性質に関する記述として，妥当なのはどれか。

【東京都・平成29年度】

1 アンモニアは，分子式でCH_4と表され，比重が空気より大きく，人体に有害な気体で，アンモニアの水溶液は酸性を示す。

2 一酸化炭素は，分子式でCOと表され，炭素を含む物質が完全燃焼すると発生し，比重が空気より大きく，人体に有害な気体である。

3 塩素は，分子式でCl_2と表され，塩素系漂白剤と中性洗剤とを混合すると発生し，比重が空気より小さく，人体に有害な気体である。

4 メタンは，分子式でNH_3と表され，比重が空気より大きく，人体に有害な気体で，可燃性を有する。

5 硫化水素は，分子式でH_2Sと表され，比重が空気より大きく，人体に有害な気体で，腐卵臭を有する。

解説

気体の分子量を，空気の仮想分子量28.8と比較する。アンモニアは窒素化合物である。炭素を含む物質が燃焼するとき，酸素の供給が不足すると一酸化炭素が発生する。

1 × 誤り。アンモニアの分子式はNH_3である。分子量は17であり，空気の仮想分子量28.8より小さいので，比重は空気より小さい。アンモニアの水溶液中には水酸化物イオンOH^-が存在するので塩基性を示す。

$$NH_3 + H_2O \longrightarrow NH_4^+ + OH^-$$

2 × 誤り。完全燃焼したときに発生するのは二酸化炭素CO_2である。一酸化炭素COは不完全燃焼のとき発生する。分子量は28であり，比重は空気よりわずかに小さい。一酸化炭素は赤血球中のヘモグロビンとの結合力が非常に強く，ヘモグロビンの酸素運搬力が低下するので，吸入すると中毒症状を呈するのである。空気中に1,500ppm（0.15%）存在するとヒトが死に至るほど毒性は強い。

3 × 誤り。中性洗剤ではなく，酸素系漂白剤を塩素系漂白剤と混合すると塩素が発生する。分子量は71であり，比重は空気より大きい。

4 × 誤り。メタンの分子式はCH_4である。分子量は16であり，比重は空気より小さい。人体に対して特に有害ということはない。

5 ◎ 正しい。硫化水素H_2Sの分子量は34であり，比重は空気より大きい。そのため火山地帯では窪地などに滞留することがある。硫化水素は毒性があるので，雨除けや風よけなどのために窪地を利用するときには注意が必要である。臭いは火山ガスや硫黄泉の臭い（イオウ臭といわれることもあるが，硫黄自体は無臭である）と同じである。

確認しよう ➡ 気体の性質

正答 5

「無機物質」は，近年は比較的出題例は多くない。しかし，出題範囲が広いため，幅広く学習しておく必要がある。

金属では，鉄Fe，銅Cu，アルミニウムAlなどについては，精錬法やさび，合金などの知識を深めておきたい。

水素，酸素，アンモニア，塩化水素などの代表的な気体については，色や臭い，毒性，空気との比重の違い，水への溶けやすさ，水溶液の酸性・塩基性などを押さえておくとよい。

また，炎色反応の色は必須事項である。

要点のまとめ

重要ポイント1 典型金属元素

典型金属元素では，ナトリウムNaとカルシウムCaの化合物が出題の中心になっている。

■アルカリ金属…周期表の1族（水素Hを除く）の，リチウムLi，ナトリウムNa，カリウムKなどの金属。価電子は1で，化合物中では1価の陽イオンになる。

炎色反応　リチウムLi＝赤　ナトリウムNa＝黄　カリウムK＝赤紫
ルビジウムRb＝紅紫　セシウムCs＝青紫

アルカリ金属の単体…アルカリ金属の単体はすべて軟らかい銀白色の光沢を持つ軽金属。反応性が高く，酸素や水との反応は，K＞Na＞Liである。

● ナトリウムNaの化合物

塩化ナトリウム NaCl	ナトリウムは塩素と直接に激しく反応して塩化ナトリウムになる。NaClは炭酸ナトリウムNa_2CO_3や塩化カルシウム$CaCl_2$などの原料になる。塩化ナトリウムは，いわゆる「食塩」として日常でもよく使われている。 $2Na + Cl_2 \longrightarrow 2NaCl$
水酸化ナトリウム NaOH	ナトリウムは水に入れると激しく反応して水素を発生し水酸化ナトリウム水溶液になる。 $2Na + 2H_2O \longrightarrow 2NaOH + H_2$ 水酸化ナトリウムは白色の固体で，空気中の水分をとらえて自ら溶ける潮解性を持つ。水溶液は強い塩基性を示す。 水酸化ナトリウムは空気中の二酸化炭素を吸収して炭酸ナトリウムになる。 $2NaOH + CO_2 \longrightarrow Na_2CO_3 + H_2O$ 水酸化ナトリウムは，工業的には，食塩水の電気分解で作られ，セッケンRCOONa（脂肪酸のナトリウム塩）やナトリウムエトキシド（ナトリウムエチラート）C_2H_5ONaなどとして用いられている。 （注）Naは空気中で水と接触すると発火するおそれがあるので，通常石油中に保管される。

炭酸ナトリウム十水和物 $Na_2CO_3 \cdot 10H_2O$	無色の結晶で，空気中で結晶水を失い，白い粉末の一水和物になる（風解）。 一水和物を100℃以上に加熱すると炭酸ナトリウムになる。炭酸ナトリウムの水溶液は塩基性を示す。 炭酸ナトリウムは工業的にはアンモニアソーダ法で作られ，洗剤やガラスの原料になる。
炭酸水素ナトリウム $NaHCO_3$	白色の粉末。炭酸ナトリウムが二酸化炭素と水を吸収してできる。

■アルカリ土類金属…ベリリウムBeとマグネシウムMgを除く，カルシウムCa，バリウムBaなどの2族の金属。価電子は2で2価の陽イオンになる。単体はすべて銀白色の軽金属で，アルカリ金属に次いで反応性が高い。

炎色反応　カルシウムCa＝橙赤　　ストロンチウムSr＝紅
　　　　　バリウムBa＝黄緑

- マグネシウムMg…2族ではあるがアルカリ土類金属には含めない。主に鉱物や海水に含まれ，植物の葉緑体中のクロロフィルにも含まれる。酸化マグネシウムMgOは，花火やフラッシュランプに利用されている。塩化マグネシウム$MgCl_2$は，海水中に含まれるにがりの主成分で，豆腐の凝固材やセメントの原料として用いられる。
- カルシウムCaの化合物

酸化カルシウム （生石灰）CaO	水と反応して水酸化カルシウムを生じる。 $CaO + H_2O \longrightarrow Ca(OH)_2$
塩化カルシウム $CaCl_2$	水酸化カルシウム水溶液（石灰水）を塩酸で中和したときにできる。吸湿性が高く乾燥剤に用いられる。
炭酸カルシウム $CaCO_3$	水酸化カルシウムの水溶液に二酸化炭素を吹き込むと炭酸カルシウムの白色沈殿を生じる。この反応は二酸化炭素の検出に用いられる。 $Ca(OH)_2 + CO_2 \longrightarrow CaCO_3 + H_2O$ 炭酸カルシウムは天然に石灰岩や大理石として産出する。
硫酸カルシウム二水和物 $CaSO_4 \cdot 2H_2O$	天然に石膏として産出。

- バリウムBaの化合物

炭酸バリウム $BaCO_3$	天然に産出。白色の有毒な結晶で水に難溶。白色の顔料に用いられる。
硫酸バリウム $BaSO_4$	天然に産出。水や薄い酸に溶けないので無害であり，X線の造影剤として用いられる。

■その他の典型金属元素

- 亜鉛Zn…2個の荷電子を持ち，2価の陽イオンになりやすい。単体は青みを帯びた銀白色のやや硬い金属。湿った空気中では酸化皮膜ができるが，酸化は内部まで進まない。トタンやシンチュウなどの合金として用いられる。

酸化亜鉛 ZnO	両性酸化物で酸にも塩基にも溶ける。
硫酸亜鉛 $ZnSO_4$	水溶液に硫化ナトリウムNa_2Sの水溶液を加えるか，塩基性にして硫化水素H_2Sを通じると，硫化亜鉛ZnSの白色沈殿が生じる。

- 水銀Hg…常温で液体である唯一の金属。温度計，気圧計，蛍光灯などに用いられている。ほかの金属との合金はアマルガムと呼ばれ，歯の充填(じゅうてん)材などに用いられてきた。
- アルミニウムAl…3個の価電子を持ち3価の陽イオンになる。単体は代表的な軽金属で，展性・延性に富む。空気中で酸化されるが，できた酸化アルミニウムAl_2O_3の皮膜で内部が保護されるので，酸化は内部まで進まない。この皮膜を人為的につけたものがアルマイトである。

水酸化アルミニウム $Al(OH)_3$	Al^{3+}を含む水溶液に塩基を加えると生じる白色綿状の沈殿。 $Al^{3+} + 3OH^- \longrightarrow Al(OH)_3$ 水酸化アルミニウムは両性水酸化物で，酸とも塩基とも反応する。
カリウムミョウバン $AlK(SO_4)_2 \cdot 12H_2O$	硫酸アルミニウムと硫酸カリウムとからできた複塩。

重要ポイント❷ 非金属元素

非金属元素は20種類ほどだが，重要な単体や化合物が多い。C，H，N，Oなどについては，しっかり確認しておきたい。

■水素H…1個の価電子を持つが，アルカリ金属ではない。希ガス以外のほとんどの元素と化合物を作る。

水素H_2…すべての気体中で最も軽く，無色無臭の気体である。Hよりもイオン化傾向の大きい金属に薄い酸を反応させると発生する。水素H_2と酸素O_2とを体積比で2：1に混合した気体に点火すると爆発的に反応し，水H_2Oを生じる。

■炭素C…4個の価電子を持つ。イオンになりにくく，多くの共有結合性の化合物を作る。炭素の単体は，天然にはダイヤモンド，黒鉛，無定形炭素（木炭やカーボンブラック）として産出する。

一酸化炭素CO…酸素不足の不完全燃焼のときできやすい。

$$2C + O_2 \longrightarrow 2CO$$

無色無臭の気体で水に溶けにくい。血液中のヘモグロビンと結合しやすく，酸素とヘモグロビンとの結合を妨げるので少量でも中毒を引き起こす。

二酸化炭素CO_2…炭素が燃焼するとできる。

$$C + O_2 \longrightarrow CO_2$$

空気中に約0.03％含まれる。無色無臭の気体で，水に比較的溶けやすく水溶液（炭酸水）は弱酸性を示す。

$$CO_2 + H_2O \longrightarrow H^+ + HCO_3^-$$

不燃性なので消火剤として用いられる。固体のドライアイスは寒剤として用いられる。

■窒素N…5個の価電子を持ち3価や5価の化合物を作る。N_2の形で大気中に多量に存在（大気の約78％）する。生体中にはO，C，Hに次いで多く含まれる。窒素の単体N_2は非常に安定であり，化学的には不活性で，常温ではほかの元素とほとんど反応しない。

実験室では，亜硝酸アンモニウムNH_4NO_2の熱分解で作る。工業的には，沸点の差を利用して液体空気の分留で作る。

アンモニアNH_3…無色で刺激臭を持つ気体。水に溶けやすく，水溶液は弱塩基性を示す。

$$NH_3 + H_2O \longrightarrow NH_4^+ + OH^-$$

塩化水素に接触すると塩化アンモニウムの白煙を生じる。

$$NH_3 + HCl \longrightarrow NH_4Cl$$

窒素酸化物NO_x…ボイラーや自動車のエンジン内の高温によって，空気中の窒素と酸素が直接反応していろいろな窒素酸化物ができる。これらの窒素酸化物は，**大気汚染や酸性雨の原因**になっている。

硝酸HNO_3…白金線を触媒としてアンモニアを空気で酸化して作る。強力な酸化作用を持ち，金，白金などを除いてほとんどすべての金属を溶かす。アルミニウム，鉄などは酸化物の皮膜ができ，内部を保護するので溶けない。この状態を**不動態**という。

■**酸素O**…6個の価電子を持ち2価の陰イオンになりやすい。地殻を構成する元素の中で最も多量に存在する。単体のO_2は無色無臭の気体で水にわずかに溶ける。

実験室では，酸化マンガン(Ⅳ)MnO_2を触媒として塩素酸カリウム$KClO_3$を加熱分解して作る。

$$2KClO_3 \longrightarrow 2KCl + 3O_2$$

または酸化マンガンを触媒として過酸化水素水を分解して作る。

$$2H_2O_2 \longrightarrow 2H_2O + O_2$$

オゾンO_3…酸素O_2の同素体。大気の上層で，地表に紫外線が降り注ぐのを防ぐ働きをしている。近年はフロンガス(クロロフルオロカーボン)によるオゾン層の破壊が問題になっている。

■**硫黄S**…6個の価電子を持ち，2価のイオンになりやすい。硫黄の単体には数種の同素体がある。

硫黄は金，白金以外の金属と高温で反応して硫化物を作る。

二酸化硫黄SO_2…硫黄は空気中で燃えて二酸化硫黄になる。二酸化硫黄は無色で刺激臭を持つ有毒な気体である。水に溶けて亜硫酸を生じ，弱酸性を示す。

$$SO_2 + H_2O \longrightarrow H_2SO_3$$

硫化水素H_2S…腐卵臭を持つ無色の有毒な気体である。実験室では，キップの装置を用いて，硫化鉄（Ⅱ）FeSと希硫酸との反応で作る。

$$FeS + H_2SO_4 \longrightarrow FeSO_4 + H_2S$$

硫化水素は金属イオンの分離と確認に用いられる。

硫酸H_2SO_4…実験室では，白金線を触媒として二酸化硫黄を酸化して得られた酸化硫黄SO_3を水に通じる。

$$2SO_2 + O_2 \longrightarrow 2SO_3$$

$$SO_3 + H_2O \longrightarrow H_2SO_4$$

濃硫酸は吸湿性が強く，乾燥剤として用いられる。また，脱水作用，強力な酸化力がある。

肥料や染料の製造，金属の洗浄，石油の精製などに使われる。

■ハロゲン(F，Cl，Br，I)…7個の価電子を持ち，金属元素との化合物中では1価の陰イオンになっている。単体はすべて2原子分子でできていて，有毒である。反応性は，$F_2 > Cl_2 > Br_2 > I_2$

フッ素F…最も電気陰性度が大きい。すべての元素の中で最も反応性が強く，ほとんどの元素と化合物を作る。

塩素Cl…単体のCl_2は黄緑色の刺激臭を持つ気体。実験室では，濃塩酸に酸化マンガンを加え加熱して作る。

$$4HCl + MnO_2 \longrightarrow MnCl_2 + Cl_2 + 2H_2O$$

工業的には食塩水の電気分解により作られる。

臭素Br…単体Br_2は揮発性の赤褐色の液体で異臭を持つ。

ヨウ素I…単体I_2は黒紫色の結晶で昇華性がある。蒸気は紫色で有毒である。デンプンと反応すると青紫色を示す(ヨウ素デンプン反応)。

■希ガス(He，Ne，Ar)…最外殻の電子はオクテットを形成(8個の電子で埋まること)し，価電子は0で非常に安定である。単体は単原子分子からなる気体である。化学的に極めて不活性でほとんど化合物を作らない。

ヘリウムHe…大気中にごくわずかに含まれるが，主に天然ガスから得られる。水素に次いで軽い気体で，あらゆる物質中で沸点が最も低い。

アルゴンAr…大気中に約1％含まれる。

ネオンNe…大気中にごくわずかに含まれる。

重要ポイント❸ **金属イオンの検出**

重要な金属イオンについては，試薬による沈殿の有無，沈殿の色は覚えておきたい。また，炎色反応についても要確認。

試料中の元素の種類を調べる操作を定性分析という。分析に用いられ反応は微量の金属イオンでも検出できること，特定のイオン（1種，多くても数種）とだけ反応することが必要である。

■金属イオンの検出反応

金属イオン	炎色反応	沈殿
Na^+	黄	
K^+	赤紫	
Ca^{2+}	橙赤	炭酸ナトリウムNa_2CO_3により炭酸カルシウム$CaCO_3$の白色沈殿。 硫酸ナトリウムNa_2SO_4により硫酸カルシウム$CaSO_4$の白色沈殿。
Ba^{2+}	黄緑	炭酸ナトリウムNa_2CO_3により炭酸バリウム$BaCO_3$の白色沈殿。 硫酸ナトリウムNa_2SO_4により硫酸バリウム$BaSO_4$の白色沈殿。
Ag^+		希塩酸HClにより塩化銀AgClの白色沈殿。硫化水素H_2Sにより硫化銀Ag_2Sの黒色沈殿。
Al^{3+}		アンモニア水NH_3(aq)により水酸化アルミニウム$Al(OH)_3$の白色沈殿。 水酸化ナトリウムNaOHにより，初め水酸化アルミニウム$Al(OH)_3$の白色沈殿。過剰に加えると沈殿は溶け，無色の溶液になる。
Zn^{2+}		弱塩基性で硫化水素H_2Sにより硫化亜鉛ZnSの白色沈殿。
Pb^{2+}		希塩酸HClにより塩化鉛$PbCl_2$の白色沈殿。加熱により沈殿は溶ける。
Cu^{2+}	青緑	水酸化ナトリウムNaOHにより水酸化銅$Cu(OH)_2$の青白色沈殿。 硫化水素H_2Sにより硫化銅CuSの黒色沈殿。 アンモニア水NH_3(aq)により，初め水酸化銅$Cu(OH)_2$の青白色沈殿。過剰に加えると沈殿は溶け，深青色の溶液になる。
Fe^{2+}		ヘキサシアノ鉄(Ⅲ)酸カリウム$K_3[Fe(CN)_3]$により深青色沈殿。
Fe^{3+}		ヘキサシアノ鉄(Ⅱ)酸カリウム$K_4[Fe(CN)_6]$により深青色沈殿。

実戦問題

1 炎色反応における元素の種類と炎の色の組合せとして，最も妥当なのはどれか。【警視庁・令和元年度】

1 ナトリウム — 黄色
2 リチウム — 青緑色
3 バリウム — 赤色
4 カルシウム — 黄緑色
5 カリウム — 青色

2 ナトリウムの性質や特徴に関する記述A～Dのうち，妥当なもののみを挙げているのはどれか。【国家一般職／税務・平成27年度】

A：ナトリウムはハロゲン元素であり，周期表の1族に属し，アルミニウムや亜鉛と類似の性質を有している。

B：単体のナトリウムは，銀白色の融点が高い軽い金属であり，ステンレスやジュラルミンなどの合金の材料として使われる。

C：ナトリウムはイオン化傾向が比較的大きく，水や空気中の酸素と容易に反応するため，天然には単体として存在しない。

D：ある種の元素を含んだ物質を炎の中に入れたとき，その元素に特有の発色が見られる現象を炎色反応といい，ナトリウムの炎色反応の色は黄色である。

1 A，B
2 A，D
3 B，C
4 B，D
5 C，D

3 金属に関する記述として最も妥当なのはどれか。

【国家一般職／税務・平成26年度】

1 鉄は，鉄鉱石を高温で酸化することによって得ることができる。電気や熱をよく伝えるため，電線や調理器具などに用いられる。

2 アルミニウムは，アルマイトを高温で溶かし，ボーキサイトに精錬した後，電気分解することによって得ることができる。軽くて加工しやすく，飲料用缶などに用いられる。

3 トタンは，鉄の表面をスズによってめっきしたものである。表面に傷がついて鉄が露出するとめっきの効果がなくなってしまうため，主に水に濡れにくい場所で用いられる。

4 ブリキは，銅の表面を亜鉛によってめっきしたものである。表面に傷がついた場合でも，銅よりも亜鉛が先に酸化されるため，めっきの効果が持続される。缶詰などに用いられる。

5 ステンレス鋼は，鉄にクロムやニッケルを加えた合金である。主にクロムの酸化物の薄い膜が表面を保護する。台所用品や鉄道車両などに用いられる。

4 アンモニアに関する記述として，妥当なのはどれか。

【特別区・令和２年度】

1 気体は，無色で刺激臭があり，空気より軽い。

2 水溶液は，青色のリトマス紙を赤色に変える。

3 電離度は，濃度によらずほぼ1である。

4 空気中で塩化水素と反応し，赤褐色の煙を生じる。

5 無極性性分子で，分子の形は三角すい形である

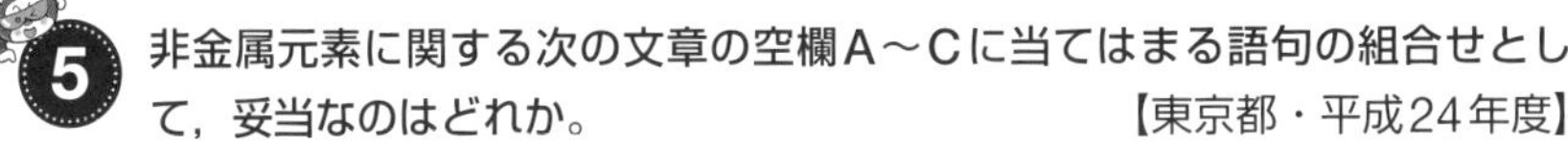

5 非金属元素に関する次の文章の空欄A～Cに当てはまる語句の組合せとして，妥当なのはどれか。 【東京都・平成24年度】

元素の周期表の17族に属する元素を（ A ）といい，7個の価電子を持ち，1価の陰イオンになりやすい。（ A ）のうちフッ素，塩素，臭素，ヨウ素の単体は，いずれも二原子分子で，（ B ）の物質であり，沸点や融点は原子番号が大きいものほど高く，酸化力の強さは原子番号が小さいものほど（ C ）。

	A	B	C
1	ハロゲン	有色・有毒	弱い
2	ハロゲン	有色・有毒	強い
3	ハロゲン	無色・無毒	弱い
4	希ガス	有色・有毒	強い
5	希ガス	無色・無毒	弱い

6 次の文は，セラミックスに関する記述であるが，文中の空所A～Cに該当する語の組合せとして，妥当なのはどれか。

【特別区・平成22年度】

陶磁器・ガラス・セメントのように，無機物の材料を高温処理して得られた固体をセラミックスという。セラミックスをつくる工業は，（ A ）という。窓などのガラスに用いられるソーダ石灰ガラスは，原料の（ B ）・（ C ）・石灰石などを高温で融解してつくる。

	A	B	C
1	製錬（せいれん）	セッコウ	炭酸ナトリウム
2	製錬	セッコウ	酸化アルミニウム
3	製錬	けい砂	炭酸ナトリウム
4	窯業（ようぎょう）	けい砂	酸化アルミニウム
5	窯業	けい砂	炭酸ナトリウム

実戦問題●解説

1 炎色反応につては特別な解法はなく，元素に固有の色は記憶しておくしかない。

1族元素のアルカリ金属，2属元素のアルカリ土類金属，11族元素の銅などの塩化物は炎色反応を示す。これは，熱エネルギーを与えられて外側の電子軌道に移った（これを励起という）電子が元の電子軌道に戻るとき，光としてエネルギーを放出するからである。

いくつかの元素について，炎色反応の色を次に示す。なお，色の表現のしかたについては，文献によって若干の異同があるので注意が必要。

Li：赤（深紅）　Na：黄　K：赤紫　Ca：橙赤

Sr：紅　Ba：黄緑　Cu：青緑

よって，正答は**1**である。

確認しよう ➡炎色反応の色　　**正答 1**

参考 次に示すのは炎色反応の語呂合わせであるが，広く知られているものを修正したものである。

リアカー	なき	K	村,	どう	あがいて	みても	過	大な	馬	力	ストロング	紅
Li 赤	Na 黄	K	赤紫	Cu	青	緑	Ca	橙	Ba	黄緑	Sr	紅

2 ナトリウムの原子価は1であり，陽性が強く，反応性に富む。

A × 誤り。ナトリウムは1族の元素であるが，1族の元素は，水素を除いてアルカリ金属という。また，アルミニウムや亜鉛は両性元素であるが，ナトリウムは両性の性質を有しない。

B × 誤り。ナトリウムは銀白色で，水よりやや軽い（比重0.97）金属であるが，融点は98℃であり，融点が高いとはいえない。また，ナトリウムがステンレスやジュラルミンなどの合金の材料として使われることはない。

C ○ 正しい。ナトリウムはリチウム，カリウム，カルシウムに次いでイオン化傾向が大きい。水とは激しく反応し，空気中の酸素に容易に酸化される，天然には単体として存在しない。空気中の水分と反応して発火するので，単体のナトリウムは石油中に保存される。

D ○ 正しい。炎色反応とは，アルカリ金属，アルカリ土類金属，銅などの金属や塩を炎の中に入れたとき，その金属特有の発色現象をいう。ナトリウムは黄色に発色する。

以上から，CとDが正しく，正答は5である。

確認しよう ➡ナトリウムの性質 正答 5

3 鉄は酸素との化合物として産出される。アルミニウムの原鉱はボーキサイトである。

1 × 誤り。鉄の酸化物である赤鉄鉱や磁鉄鉱などの鉄鉱石を溶鉱炉（高炉）で炭素Cや一酸化炭素COにより還元すると，炭素分が多い銑鉄（せんてつ）が得られる。この銑鉄を転炉で酸素を吹きこんで，炭素の含有量を減らしたものが鋼（こう）（はがね）である。鉄はさびやすく，電線には不向きである。電線として広く用いられているのは銅である。鉄は，フライパン，鍋，鉄瓶などの調理器具に用いられている。

2 × 誤り。アルミニウムAlは，原鉱であるボーキサイトから不純物を除去してアルミナ（酸化アルミニウムAl_2O_3）とした後，熱して溶融し，それを電気分解して得られる（溶融塩電解法）。アルミニウムは軽くて，加工しやすく，飲料缶や家具などさまざまの方面で利用されている。なお，アルマイトはアルミニウムの表面に酸化被膜をつけたものである。

3 × 誤り。トタンは鉄板の表面に亜鉛をめっきしたものである。亜鉛は鉄よりイオン化傾向が大きく，トタン板が傷ついても，先に亜鉛が酸化されて内部を保護するため，鉄の腐食が防げられる。トタン板は雨水が直接当たる屋根などに用いられている。

4 × 誤り。ブリキは鉄板の表面にスズをめっきしたものである。スズは比較的安定な金属で腐食しにくい。ブリキに傷がつくと，スズよりイオン化傾向が大きい鉄が腐食する。トタンに傷がつくと有害な亜鉛イオンが発生するので，缶詰の缶には，トタンではなくブリキが用いられている。

5 ◎ 正しい。鉄とクロムの合金がステンレス鋼である。この合金は硝酸には侵されにくいが，硫酸や塩酸などには侵されやすい。その弱点を補うためにニッケルを加えている。

確認しよう ➡鉄やアルミニウムの精錬，鉄の合金の特質 正答 5

4 アンモニアNH_3の分子量は17である。アンモニアの水溶液は塩基性である。

1 ◎ 正しい。アンモニアは独特の刺激臭を持つ。分子量は17で，空気の仮想分子量28.8より小さいので，空気より軽い。

2 × 誤り。アンモニアNH_3は水と反応し，アンモニウムイオンNH_4^+と水酸化物イオンOH^-を生じる。したがって，水溶液は塩基性を示し，赤色のリトマス紙を青色に変える。

3 × 誤り。アンモニアが水に溶けて電離するのはごくわずかである。したがって，電離度は1よりかなり小さく，弱塩基に分類される。

4 × 誤り。塩化水素HClと反応して塩化アンモニウムNH_4Clの白煙を生じる。

5 × 誤り。窒素原子Nを頂点とする三角すい形である。N–Hの結合において，Nの原子核はHの電子を引き寄せるため，電気的な偏りを生じ，Nは負に，Hは正に帯電する。したがって，アンモニアは極性分子である。

確認しよう ➡アンモニアの性質　　　　**正答 1**

5 17族の元素は，電子を1個獲得すると，最外殻の電子はオクテットとなり，化学的に安定になる。

A：元素の周期表の17族の元素（原子番号の小さい順に，F，Cl，Br，I）をハロゲンという。ハロゲンは最外殻の電子数が7個であり，他から1個の電子を獲得しやすく，獲得すると，最外殻の電子配置は8個となり，化学的に安定する。そして，1個の電子を獲得することにより，1価の陰イオンになる。

B・C：ハロゲンは，いずれも共有結合により，2個の原子が結合して1つの分子をつくる。ハロゲンでは，沸点や融点は原子番号が大きくなるにつれて高くなる。ハロゲンの単体は，いずれも有毒であり，常温・常圧では，フッ素F_2は気体で淡黄色，塩素Cl_2は気体で黄緑色，臭素Br_2は液体で赤褐色，ヨウ素I_2は固体で黒紫色である。また，ハロゲンの酸化力の強さは，F＞Cl＞Br＞Iである。

以上から，Aには「ハロゲン」，Bには「有色・有毒」，Cには「強い」が当てはまる。よって，正答は**2**である。

確認しよう ➡ハロゲン元素の性質

正答 2

6 「製錬」は工業名ではない。セラミックスは，広い意味で陶磁器の一種。

A：窯業が当てはまる。窯業とは，粘土，けい砂，石灰岩などを原料として，陶磁器，ガラス，セメントなどをつくる工業のことである。窯（かま）を用いるので，窯業と呼ばれる。なお，製錬とは，鉱石を還元することにより，金属を取り出す過程をいう。

B・C：けい砂と炭酸ナトリウムが当てはまる。ソーダとは，ナトリウム化合物または炭酸水のことである。けい砂（けいさ，けいしゃ）は石英（二酸化ケイ素SiO_2の結晶）を成分とする砂のことである。セッコウは硫酸カルシウムを主成分とする鉱物であり，セッコウボードは，耐火性に優れており，建築材料として広く用いられている。

以上から，正答は**5**である。

確認しよう ➡セラミックスの概要

正答 5

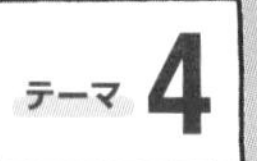

テーマ4 有機化合物

重要問題

三大栄養素に関する記述として最も妥当なのはどれか。

【国家一般職／税務／社会人・令和元年度】

1　炭水化物（糖類）の一つであるコラーゲンの分子の構造は，多数のグルコース分子が直鎖状につながったアミロペクチンと枝分かれが多いアミロースの2種類がある。

2　デンプンは，穀類やいも類に多く含まれる炭水化物であり，体内においてビタミンに分解され，主にエネルギー源として利用される。

3　油脂を構成する脂肪酸は，飽和脂肪酸と不飽和脂肪酸があり，飽和脂肪酸は大豆油などの植物性油脂に，不飽和脂肪酸は豚脂（ラード）などの動物性油脂に，それぞれ多く含まれている。

4　タンパク質は，肉類，魚類，牛乳などに多く含まれ，ヒトの体内では骨と歯のほとんどがタンパク質で出来ている。

5　ヒトのタンパク質は，約20種類のアミノ酸から構成されている。そのうち，体内では合成できないものや，合成できても微量なものを必須アミノ酸という。

解説

三大栄養素とは，糖質（炭水化物，デンプン）・脂質（脂肪）・タンパク質のことである。

1 ×　誤り。コラーゲンは炭水化物ではなくタンパク質の一種である。炭水化物は多数のα-グルコースが鎖状に連なった構造をしている。アミロースとアミロペクチンはデンプン分子の一種で，アミロースは枝分かれの少ない直鎖状の構造をしており，アミロペクチンは枝分かれの多い構造をしている。

2 × 誤り。デンプンは炭水化物の一種で，体内において，酵素のはたらきによりグルコース（ブドウ糖）に分解され，主にエネルギー源として利用される。デンプンはアミロースとアミロペクチンからなる。うるち米のデンプンには約80%のアミロペクチンが含まれる。もち米のデンプンは100%アミロペクチンである。

3 × 誤り。飽和脂肪酸は動物性油脂に多く含まれ，不飽和脂肪酸は植物性油脂に多く含まれる。ただし，カカオバターやヤシ油などのように，植物由来でも多量の飽和脂肪酸を含むものもある。なお，脂肪酸の化学式はRCOOH（Rは炭化水素基）で表されるが，炭化水素基に不飽和結合（二重結合や三重結合）を含むものが不飽和脂肪酸であり，含まないものが飽和脂肪酸である。

4 × 誤り。筋肉や臓器の構成要素の多くはタンパク質であるが，歯や骨では構成比率は約40%であり，ほとんどとは言えない。

5 ◎ 正しい。生体を維持していくためには約20種類のアミノ酸が必要であり，その半分ほどは体内で合成される。体内で合成できないアミノ酸は体外から摂取する必要がある。このようなアミノ酸を必須アミノ酸という。この必須アミノ酸は動物の種類によって異なっており，ヒトの場合は9種類が必須アミノ酸である。なお，乳幼児では，アルギニンは体内で十分合成できないので，これを加えた10種類が必須アミノ酸とされる。

確認しよう ➡ 三大栄養素とそのはたらき

正答 5

FOCUS

「有機化合物」の出題例は比較的少ない。メタンCH_4，エタンC_2H_6，エチレンC_2H_4，アセチレンC_2H_2，メタノールCH_3OH，エタノールC_2H_5OH，ベンゼンC_6H_6などの基礎的な知識を確認しておけば十分かと思われる。しかし，本問のように「化学基礎」を逸脱した内容で出題されることもある。三大栄養素，タンパク質の二重らせん構造，セッケンなどについては押さえておきたい。

要点のまとめ

重要ポイント 1 飽和炭化水素と不飽和炭化水素

分子量の小さいアルカンについては，その名称と，常温・常圧での状態（気体か液体か）は覚えておきたい。

■飽和炭化水素…炭素原子間の結合がすべて単結合である炭化水素。

アルカン（メタン系炭化水素）C_nH_{2n+2}	炭素原子が鎖状につながった構造を持つ鎖式炭化水素。常温・常圧において，$n \leqq 4$のときは気体，$n \geqq 5$のときは液体である。$n=8$までの日本名は順に，メタン，エタン，プロパン，ブタン，ペンタン，ヘキサン，ヘプタン，オクタンである。 アルカンは化学的に安定だが，光を当ててハロゲンと反応させると置換反応を起こし，ハロゲン化アルキルに変わる。
シクロアルカン C_nH_{2n}	炭素原子が環状につながった構造を持つ環式炭化水素。化学的性質はアルカンに似ている。

■不飽和炭化水素…炭素原子間に二重結合や三重結合などの不飽和結合を持つ炭化水素。不飽和結合は反応性に富み，いろいろな原子や原子団を結合させることができる（付加反応）。

アルケン（エチレン系炭化水素）C_nH_{2n}（$n \geqq 2$）	炭素原子間に二重結合を1個持つ鎖式炭化水素。 エチレン（$n=2$）…無色の特有のにおいを持つ気体で，エタノール，アセトアルデヒド，ポリエチレンの原料として重要。
アルキン（アセチレン系炭化水素）C_nH_{2n-2}	炭素原子間に三重結合1個を持つ鎖式炭化水素。 アセチレン（$n=2$）…溶接に使われる。また，塩化ビニルや酢酸ビニルなどの原料になる。

重要ポイント 2 官能基

官能基そのものが問われることはないが，重要な官能基については，その示性式を記憶しておきたい。

■官能基…イオン性を持たない原子や原子団で，有機化合物の物理的，化学的性質を決定する。

化合物	官能基	例
スルホン酸	スルホ基　$-SO_3H$	ベンゼンスルホン酸
カルボン酸	カルボキシル基　$-COOH$	酢酸
フェノール類	ヒドロキシル基　$-OH$	フェノール
アルコール	ヒドロキシル基　$-OH$	エタノール
エーテル	エーテル結合　$-O-$	ジエチルエーテル
アルデヒド	アルデヒド基　$-CHO$	ホルムアルデヒド
ケトン	カルボニル基　$>C=O$	アセトン
エステル	エステル結合　$-O>C=O$	酢酸エチル
ニトロ化合物	ニトロ基　$-NO_2$	ニトロベンゼン
アミン	アミノ基　$-NH_2$	アニリン

重要ポイント 3 鎖式炭化水素の誘導体

炭化水素の誘導体の構造や製法などの出題は少ない。化合物の名称とその主な性質や用途などを覚えておけば十分であろう。

メタノール（メチルアルコール）	有毒な無色の液体。アルコールランプの燃料に使われる。
エタノール（エチルアルコール）	無色の液体。糖類やデンプンを発酵させると生成する。酒類，工業用溶剤，殺菌用などに使われる。
ジエチルエーテル	単にエーテルとも呼ばれる。麻酔性があり，揮発性の高い液体で，引火しやすい。有機溶剤として使われる。

ホルムアルデヒド	無色，刺激性の気体。フェノール樹脂の原料，殺菌剤として使われる。生物標本の防腐剤として使われるホルマリンはホルムアルデヒドの35～38%水溶液である。
アセトン	麻酔性があり，特有のにおいを持つ揮発性の液体。
酢酸	アセトアルデヒドを酸化すると得られる。無色で，特有のにおいを持つ液体で，水とはどんな割合でも混ざる。食酢には酢酸が3～4%含まれている。
エステル	カルボン酸とアルコールの脱水縮合により合成される。分子量の小さいエステルは香料として利用される。
油脂	脂肪酸とグリセリンからできているエステル。動物の皮下脂肪に含まれる脂肪は，高級飽和脂肪酸とグリセリンのエステル。植物油の主成分である脂肪油は高級不飽和脂肪酸とグリセリンのエステル。
セッケン	高級脂肪酸のナトリウム塩。セッケン分子のアルキル基の部分が親油基，カルボキシル基の部分が親水基として働く。水滴に対しては，親水基を中に向け，親油基を外に向けて水滴に吸着されるため，水滴どうしが近寄っても大きな粒になれない。油滴に対しては，親油基を中に向け，親水基を外に向けて油滴に吸着されるため，油滴どうしが近寄っても大きな粒になれない。 　このようにして，水滴，油滴を微細な状態に保つので，全体が乳状を示すのである。このように，水と油の境界面の性質を変える物質を界面活性剤という。 　セッケンを水に溶かすと，加水分解により塩基性を示す。そのため，塩基に弱い羊毛や絹などの動物繊維に対してはセッケンは使用できない。
アミノ酸	カルボキシル基とアミノ基を持つ化合物。特に，同一の炭素原子にこれらの基が結合したアミノ酸はα-アミノ酸と呼ばれる。タンパク質は，α-アミノ酸の縮合により生成する鎖状の高分子化合物である。

重要ポイント4 プラスチック

日用品として身の周りにある合成樹脂や合成繊維の名称や用途はときおり出題されるので記憶しておきたい。

■合成樹脂（プラスチック）…合成高分子化合物を樹脂状にしたもの。繊維にしたものは合成繊維という。

ポリエチレン	熱可塑性。電気や熱の不良導体。半透明。水は通さないが，気体は通す。 用途＝容器，食器類，包装フィルム
ポリプロピレン	ポリエチレンに似た性質を持つ。 用途＝容器，食器類，包装フィルム
ポリスチレン	無色透明。耐水性。有機溶剤に溶けやすい。 用途＝台所用品，文具，家具，テレビのキャビネット
ポリ塩化ビニル	耐水性。耐薬品性。電気絶縁性。熱可塑性。 用途＝電線被覆，水道管，電話機，靴，サンダル，床タイル
アクリル樹脂	透明性。屈折率大。温度変化に強い。 用途＝有機ガラス，レンズ，サングラス，光通信用ケーブル
フッ素樹脂	撥水性。電気絶縁性。耐薬品性。温度変化に強い。 用途＝電気絶縁テープ，フライパンのテフロン加工
ビニロン	化学的安定性。耐水性。 用途＝衣料品，傘，魚網，ロープ，外科用縫合糸
フェノール樹脂	ベークライトともいう。熱や電気の不良導体。熱硬化性。 用途＝電気用品（ソケット，コネクターなど），合板用接着剤
ナイロン66	初めて作られた合成繊維。強度に優れる。耐水性。 用途＝釣り糸，歯ブラシ，ブラシ，衣服，魚網
ポリエステル	化学的安定性。耐水性。 用途＝衣料品，ビデオ用磁気テープ

実戦問題

1 **メタンに関する記述として，妥当なのはどれか。**

【特別区・令和元年度】

1 化学式C_2H_4の有機化合物である。
2 大気中にメタンハイドレートとして多量に存在する。
3 天然ガスの主成分で，燃料として都市ガスに使用される。
4 無色で特有のにおいをもつ可燃性の気体である。
5 温室効果ガスの１つで，空気より重い。

2 **共有結合でできた物質に関する記述として最も妥当なのはどれか。**

【国家一般職／税務／社会人・平成30年度】

1 塩化水素は，黄緑色の無臭の有毒な気体で，空気より軽く，水に非常によく溶ける。２個の原子が直線状に結合しており，極性を互いに打ち消し合っている。

2 ベンゼンは，無色で特有のにおいを持つ液体であり，水に溶けにくい。6個の炭素原子が環状となった正六角形の構造をしており，化学工業製品の原料として利用される。

3 ヨウ素は，無色の液体で，水に溶けやすく，温めると昇華する。ヨウ素の分子は，分子間力が他の共有結合より強いため，固体になると体積が増える。

4 黒鉛は，炭素原子の4個の価電子が他の元素原子と共有結合して正四面体形の立体的な構造を作っており，硬くてもろい。価電子が自由に動くため電気を導く。

5 ポリエチレンは，分子中に二重結合を持つ高分子化合物であり，炭素，酸素，水素が共有結合している。フリース衣料やペットボトルなどに利用される。

3 **芳香族化合物に関する記述として正しいのはどれか。**

【予想問題】

1 ベンゼンは，特有の臭気を持つ液体で，水に溶けにくいが油脂などの有機化合物をよく溶かす。燃焼すると高温の淡青色の炎を出してよく燃える。

2 アニリンは，不快なにおいを持つ液体で，水によく溶けて塩基性を示す。純粋なものは無色であるが，空気中の酸素により酸化されて次第に着色する。

3 トルエンは，ベンゼン環に2個のメチル基が結合しているので，その結合位置の違いにより，オルト，メタ，パラの3種類の異性体が存在する。

4 フェノールは水にわずかに溶け，水溶液は酸性を示すが，その酸性は炭酸よりも弱い。また，フェノールの水溶液に塩化鉄（Ⅲ）の水溶液を加えると，紫色に呈色する。

5 ニトロベンゼンは，ベンゼンに濃硝酸を加えて加熱すると生成される。ベンゼン環に1個のニトロ基が結合した芳香のある淡黄色の液体である。

4 セッケンに関する記述A～Dのうち，妥当なもののみを挙げているものはどれか。 【予想問題】

A：セッケンは強酸と強塩基の塩であり，その水溶液は中性を示す。

B：合成洗剤ABSは強酸と強塩基の塩であり，その水溶液は中性を示す。

C：セッケンは水によく溶け，放置すると均質で透明な水溶液になる。

D：油など水と混じらない物質をセッケン水に入れてよくかき混ぜると，全体が乳状になって2層に分かれない。

1 A，B
2 A，D
3 B，C
4 B，D
5 C，D

実戦問題●解説

1 メタンはアルカン（一般式C_nH_{2n+2}）である。都市ガスには悪臭がつけられている。

1 × 誤り。メタンは有機化合物であるが，その化学式はCH_4である。C_2H_4はエチレンの化学式である。

2 × 誤り。メタンハイドレートは大気中には存在しない。メタンハイドレートは，低温かつ高圧の条件下でメタン分子が水分子に囲まれた網目状の構造をしており，海底に多量に存在している。日本近海にも多量に存在しており，新たなエネルギー源として注目されているが，現在の技術では，まだ商業ベースにはのっていない。

3 ◎ 正しい。天然ガスはメタンを主成分とし，他にエタン，プロパンなどを含む。燃料としてだけでなく，化学工業に重要な原料として，海外から大量に輸入されている。天然ガスは常温・常圧では気体であるが，大量に運搬するため，低温で液化している（LNG：液化天然ガス）。

4 × 誤り。メタンは無色・無臭の可燃性の気体である。都市ガスでは，ガス漏れが容易に検知できるように，わざわざ悪臭をつけている。

5 × 誤り。メタンCH_4の分子量は17であり，空気の仮想分子量28.8より小さいので，空気より軽い。温室効果ガスとして二酸化炭素が注目されることが多いが，メタンや水蒸気なども温室効果をもたらす気体である。

確認しよう ➡メタンの性質

正答 3

2 共有合は水溶液中で電離しない。ベンゼンは代表的な芳香族炭化水素である。昇華とは固体が直接気体になることである。エチレンは酸素原子を構成元素としない。

共有結合とは，結合に関与する原子が最外殻の電子を共有して，最外殻の電子軌道が満員（電子が２個または８個）の状態になる結合である。

1 × 誤り。塩化水素はイオン結合の分子である。塩化水素を塩素と読み替え，次の書き換えを行うと概ね文脈が通る。

空気より軽く ⟶ 空気より重く

水に非常によく溶ける ⟶ 水に少し溶ける

2 ◎ 正しい。ベンゼンはC_6H_6の化学式をもち，構成元素はすべて同一平面上にある正六角形の構造をしている。正六角形の対称な形状のため極性はない。ベンゼンには特有なにおいがあることから，ベンゼン環を含む有機化合物を芳香族炭化水素ということがある。

3 × 誤り。ヨウ素は，常温・常圧下では黒紫色の固体である。ヨウ素は固体になると体積が増える。体積が増えるのは結晶構造による。多くの物質では，液体の状態よりは固体の状態のほうが体積は小さい。ヨウ素や水などのように，固体になると体積が増えるのは例外なのである。なお，昇華とは，液体の状態を経ずに固体から気体に，あるいは気体から液体に状態変化することであり，この点からも，この選択肢が誤りであることがわかる。

4 × 誤り。炭素の同位体には，黒鉛，ダイヤモンド，フラーレン，カーボンナノチューブなどがある。黒鉛は４個の値電子をもつが，各原子が３個の値電子を出し合って共有結合し，六角形の網目構造の層をつくる。この層が弱いファンデルワールス力で結びついているので，外部から強い力を加えると層がはがれる。これを劈開（へきかい）という。結合に関与しない電子は自由に動けるので，黒鉛は電気伝導性をもつ。正四面体構造をもつのはダイヤモンドであり，この構造のため非常に硬い。

5 × 誤り。ポリエチレンは，エチレンC_2H_4の二重結合が開いて，多数の分子が共有結合でつながった構造をもつ高分子化合物である。酸素原子は含まれていない。フリースの素材はポリエステルである。ペットボトルに用いられているのはポリエチレンテレフタラートである。なお，PET（ペット）は動物のペットとは関係なく，ポリエチレンテレフタラート Polyethylene terephthalateの下線部の文字をつなげた造語である。

確認しよう ➡ベンゼン，ポリエチレンなどの特徴　　**正答 2**

3 ベンゼン中の炭素の含有率を考える。トルエンの構造式は？

1 × 誤り。ベンゼンC_6H_6は分子中の炭素Cの含有率が高いので不完全燃焼を起こして多量のすすを出す。ほかの記述は正しい。

2 × 誤り。アニリン$C_6H_5NH_2$は弱塩基性を示すので，塩酸HClと反応し塩酸塩（塩酸アニリン$[C_6H_5NH_3]^+Cl^-$）を作るが，水には溶けにくい。ほかの記述は正しい。

3 × 誤り。トルエンCH_3にはメチル基$-CH_3$は1個しかない。メチル基を2個持ち，オルト(o-)，メタ(m-)，パラ(p-)の3種の異性体を持つのはキシレン$C_6H_4(CH_3)_2$である。

4 ◎ 正しい。フェノールは，かつては消毒に用いられた。誘導体のフェノールフタレインは中和滴定のときの指示薬として用いられる。

5 × 誤り。ニトロベンゼン$C_6H_5NO_2$を作るには濃硝酸だけではなく濃硫酸も加えなくてはならない。ほかの記述は正しい。

確認しよう ➡ベンゼンとその誘導体の性質　　**正答 4**

4 セッケンや合成洗剤の分子は親水基と疎水基とからなる。疎水基は油滴などに吸着する。

A × 誤り。セッケンは，油脂に水酸化ナトリウム水溶液を加えて加熱することにより得られる，高級脂肪酸のナトリウム塩である。水酸化ナトリウム水溶液は強塩基であるが，高級脂肪酸は弱酸であるから，その水溶液は塩基性を示す。

B ○ 正しい。石油系の合成洗剤ABSは，アルキルベンゼン（ベンゼンの1つの水素がアルキル基に置換した化合物）を発煙硫酸でスルホン化してアルキルベンゼンスルホン酸をつくり，これを水酸化ナトリウムで中和して得られる。アルキルベンゼンスルホン酸は強酸，水酸化ナトリウムは強塩基であるから，合成洗剤ABSの水溶液は中性である。

C × 誤り。セッケンは水によく溶けるが，水溶液ではなくコロイドである。セッケン分子はRCOONa（Rはアルキル基）で示される。水中では，100個程度のセッケン分子が，疎水基礎のアルキル基Rを中心方向に，親水基のCOONaを外側に向けて集合し，直径50～60Å（$1Å = 1 \times 10^{-10}m$）の球状態になる。この会合体をミセルといい，この状態のコロイドをミセルコロイドという。

D ○ 正しい。このような状態を乳化という。油をセッケン水に入れてよくかき混ぜると，油滴に対しては，セッケン分子は疎水基（親油基）を油滴の中心のほうに，親水基（疎油基）を外側に向けて球表面に吸着されて，油滴を取り囲み，油滴どうしが吸着することが妨げられる。水滴に対しては，セッケン分子は親水基を水滴の中心のほうに，疎水基を外側に向けて水滴を取り囲み，水滴どうしが吸着されることが妨げられる。この結果，油と水が分離して2層になることがないのである。

よって，正答は**4**である。

確認しよう ➡セッケンや合成洗剤の性質 **正答 4**

第3章

生物

テーマ1　生物体の構造と機能

テーマ2　代謝とエネルギー

テーマ3　生物の反応と調節

テーマ4　生殖と遺伝

テーマ5　生物の集団と歴史

生物体の構造と機能

重要問題

下の図は，植物細胞を電子顕微鏡で観察したものである。ア～オの名称の正しい組合せとして，最も妥当なのはどれか。

【東京消防庁・平成27年度】

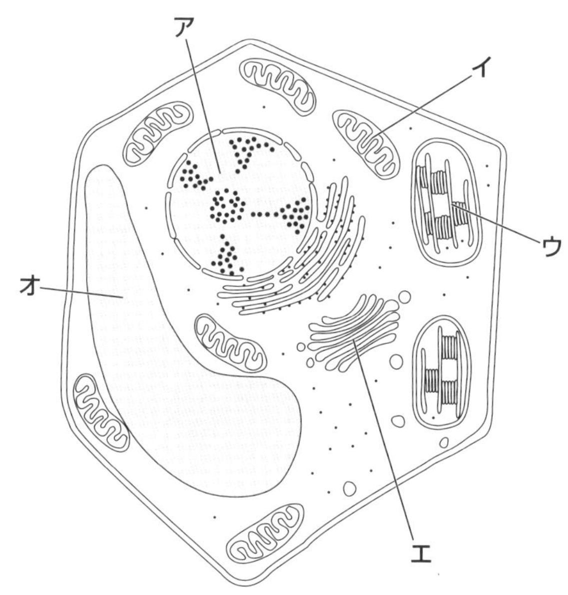

	ア	イ	ウ	エ	オ
1	核	ミトコンドリア	葉緑体	ゴルジ体	液胞
2	核	ゴルジ体	ミトコンドリア	葉緑体	液胞
3	核	ゴルジ体	葉緑体	ミトコンドリア	液胞
4	ゴルジ体	ミトコンドリア	葉緑体	液胞	核
5	ゴルジ体	葉緑体	ミトコンドリア	液胞	核

解説

動物や植物の細胞の模式図は必修事項である。動物の細胞と植物の細胞の構造の違いも理解しておきたい。

ア：核。核膜に包まれた球形の形をしている。内部は核液で満たされ，糸状の染色体（厳密には染色糸）や核小体が浮かんでいる。染色体には遺伝子（DNA）があり，物質の代謝や遺伝にとって重要な役割を果たしている。染色体は，細胞分裂のときには，太く短くなる。核小体は，核内に1～数個ある小球体で，タンパク質とRNA（リボ核酸）が多量に含まれている。

イ：ミトコンドリア。細胞内のエネルギー発生の場で，好気呼吸により，ATP（アデノシン三リン酸）を生成する。

ウ：葉緑体。緑色植物の細胞中にあり，光合成が行われる。

エ：ゴルジ体。数枚の袋が重なった構造で，分泌物質の合成と貯蔵が行われる。かつては，動物細胞特有の構造と考えられていた。

オ：液胞。中に蓄えられている細胞液には，Na^{+}，Ca^{2+}，Cl^{-}などの無機塩類，乳酸，クエン酸などの有機酸，炭水化物，タンパク質，アミノ酸，アントシアニン，アルカロイドなどが含まれている。

以上から，正答は**1**である。

確認しよう ➡細胞の構造と役割　　**正答 1**

テーマ1の分野での出題例は，近年は少ない。動・植物の細胞中の各小器官の名称とはたらき，体細胞分裂について理解ができていれば十分であろう。

要点のまとめ

重要ポイント 1 細胞の微細構造

細胞模式図中の各微細構造の名称，はたらきを関連させて覚えておこう。

■細胞の微細構造

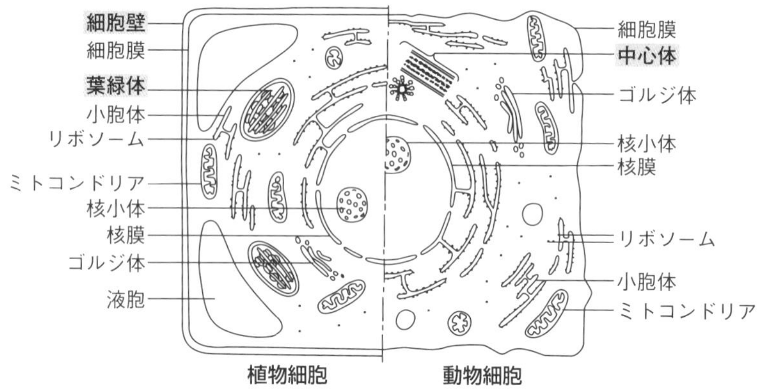

		構造物	主なはたらきや特徴
原形質	核		染色糸・核小体があり，核膜により仕切られる。
原形質	細胞質	ミトコンドリア	好気呼吸（クエン酸回路・水素伝達系）の場。
原形質	細胞質	葉緑体	光合成の場。チラコイドに光合成色素が存在。
原形質	細胞質	ゴルジ体	扁平な袋状構造で，物質の貯蔵，分泌に関係。
原形質	細胞質	小胞体	網目状に分布するすき間で，物質の通路。
原形質	細胞質	リボソーム	RNAを含む粒子，タンパク質合成の場。
原形質	細胞質	中心体	2個の中心粒からなり，細胞分裂に重要。
原形質	細胞質	リソソーム	球状の袋で分解酵素を含み，細胞内消化にはたらく。
原形質	細胞質	細胞膜	選択（的）透過性をもつ薄い膜。
後形質	細胞壁		セルロースやペクチンからなる植物細胞の外壁。
後形質	液胞		植物細胞で発達，アントシアン（色素）等含む。
後形質	細胞含有物		デンプン，脂肪，タンパク質等の粒子。

リボソーム，小胞体，リソソームは電子顕微鏡を用いないと観察できない。

■**動物細胞と植物細胞**…動物細胞で見られる**中心体**は，ラン藻など一部の植物細胞には存在している。葉緑体，細胞壁，発達した液胞は植物細胞で見られる。

重要ポイント 2 体細胞分裂

染色体の本数に注意して，分裂の過程を覚えておこう。

■**体細胞分裂の過程**…分裂の準備段階である**間期**と**分裂期**（前期・中期・後期・終期）からなる。体細胞分裂によって生じる娘細胞の核の内容はもとの細胞とまったく同じ。

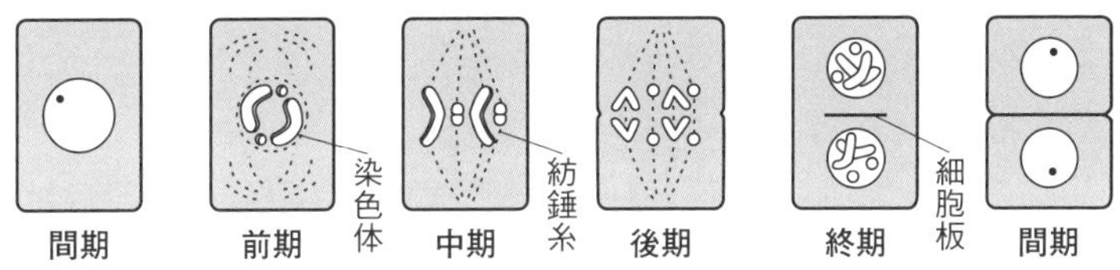

■**各期の特徴**

前期：染色糸が染色体になる。核膜と核小体が消える。

中期：染色体が中央（赤道面）に並ぶ。

後期：染色体が縦裂し，紡錘糸（ぼうすいし）に引かれるように両極へ移動。

終期：染色体がほどけ，核膜と核小体が現れる。細胞質が二分される。

■**動物細胞と植物細胞の違い**…染色体の変化は同じ。終期において，**動物細胞**ではくびれが入り，**植物細胞**では**細胞板が形成**されて，細胞質が二分される。

重要ポイント 3 細胞の成分

生物体の構成成分と構成元素で多いものは何か。

■**構成成分**…**水**が75％。次がタンパク質12％で，原形質の主成分。

■**構成元素**…**酸素O，炭素C，水素H，窒素N**の4種類で95％以上。

ヒトの元素組成

元素記号	重量〔%〕	元素記号	重量〔%〕
酸素 O	65.0	カルシウム Ca	2.0
炭素 C	18.0	リン P	1.1
水素 H	10.0	カリウム K	0.35
窒素 N	3.2	硫黄 S	0.25
計	96.2	計	3.7

変形菌の原形質の化学組成

原形質の成分	重量〔%〕
水	75
タンパク質	12
脂質	5
核酸	3
無機塩類	2
その他	3

重要ポイント④ 原形質分離

半透膜を通して水分子が移動する仕組みと移動方向を理解しよう。

■浸透圧…半透膜を通して水分子が移動することを浸透，その力を浸透圧という。浸透圧の低いほうから浸透圧の高いほうへ移動する。

■動物細胞と浸透現象

5.0％食塩水（高張液）　0.9％食塩水（等張液）　0.5％食塩水（低張液）　蒸留水（さらに低張液）

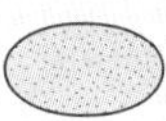

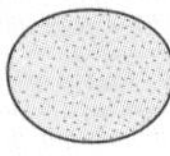

■植物細胞と浸透現象

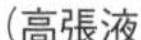

（高張液）　（等張液）　（低張液）　（蒸留水）

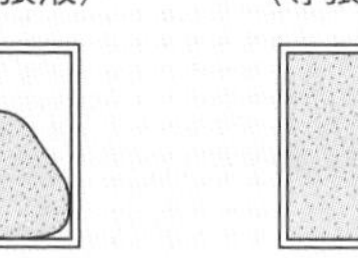

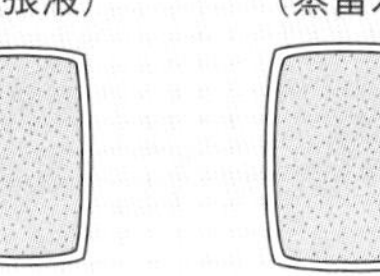

原形質分離…植物細胞を高張液に浸すと，細胞内の水が外に移動し，原形質は小さくなる。しかし，細胞壁はもとの形を保つため，細胞膜が細胞壁の内側から分離する。

重要ポイント⑤ 組織と器官

ヒトの器官について，その主なはたらきを覚えておこう。

胃	消化液（ペプシン）分泌。pH2の強酸性。
すい臓	消化液（トリプシン）分泌。ホルモン（インスリン）分泌。
肝臓	アンモニアを尿素へ（オルニチン回路）。解毒作用。
腎臓	尿の形成。老廃物の排出。再吸収による浸透圧の調節。
肺	肺胞。赤血球中のヘモグロビンが酸素運搬。
心臓	2心房2心室。左心室→大動脈→大静脈→右心房（体循環）。
脳下垂体	間脳の下。内分泌系の中枢。数種の刺激ホルモンを分泌。

実戦問題

1 下の図のア～オは，体細胞分裂における各時期の染色体を模式的に示したものである。ア～オを細胞周期が進む順に正しく並べたものとして，最も妥当なのはどれか。

【東京消防庁・平成27年度】

ア　イ　ウ　エ　オ

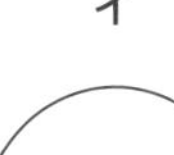

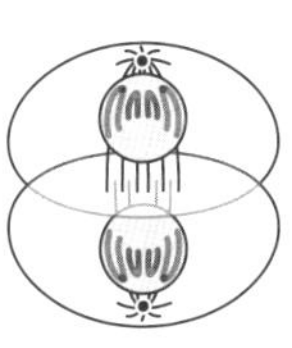

1　イ－オ－ア－ウ－エ
2　イ－オ－ウ－ア－エ
3　イ－オ－エ－ウ－ア
4　オ－イ－ア－ウ－エ
5　オ－イ－ウ－ア－エ

2 種子植物の組織や器官に関する記述として，最も妥当なのはどれか。

【東京消防庁・平成26年度】

1　茎や葉では，表皮細胞どうしが密着していてその上にクチクラ層をともない，内部を保護するとともに，植物体内の水を蒸発させるはたらきをしている。

2　茎や葉では，一部の表皮細胞が孔辺細胞に変化し，気孔を形成しており，根では，一部の表皮組織が根毛を形成している。

3　道管や仮道管は，主に葉でつくられた栄養物質を運ぶ通路である。

4　師管は，根から吸収した水や無機物を運ぶ通路である。

5　表皮系と維管束系を除いた残りの部分は，さく状組織と呼ばれる。

3 栄養素に関する記述として，妥当なのはどれか。

【東京都・平成27年度】

1 炭水化物は，糖質と食物繊維とに分類され，食物繊維は人の消化酵素によって消化されてエネルギー源となる。

2 脂質は，脂肪，リン脂質，コレステロールなどに分類され，食品に含まれる脂質の大部分は脂肪である。

3 たんぱく質は，エネルギー源とはならないが，2種類のアミノ酸が結合したもので，筋肉などの構成成分となる。

4 無機質は，からだをつくる栄養素であり，日本人はナトリウムが不足しがちで，カルシウムが過剰になりがちである。

5 ビタミンは，生理機能の調整に必要な栄養素であり，脂溶性ビタミンであるビタミンCは，牛乳に多く含まれている。

実戦問題●解説

1 体細胞分裂では，核分裂が起こり，次に細胞質分裂が起こる。核分裂では染色体の分裂が起こる。

動物細胞の体細胞分裂は，おおむね次のような過程で進む。

① 体細胞分裂が始まる前は染色体が見えない。→**イ**

② 細胞分裂が始まるとひも状の染色体が現れる。→**オ**

③ 染色体は縦に裂け，核膜と核小体が消失し，紡錘体が出現する。

④ 染色体が赤道面上に並ぶ。→**ウ**

⑤ 染色体は二分し，紡錘糸に引かれるように両極に移動する。→**ア**

⑥ 細胞板が形成され，細胞質分裂が行われる。→**エ**

⑦ 核膜と核小体が出現し，紡錘体が消失する。

よって，正答は**2**である。

確認しよう ➡体細胞分裂の過程

正答 2

② クチクラの主成分はロウである。さく状組織は光合成組織の一つである。

1 × 誤り。クチクラ層はロウを主成分とする物質でできており，植物体の乾燥を防ぐ役割をしている。水分の蒸発は主として気孔で行われる。

2 ◎ 正しい。孔辺細胞は表皮細胞が変化したものであり，根毛は根の表皮細胞が毛のように伸びたものである。なお，表皮細胞には葉緑体はないが，孔辺細胞には葉緑体がある。

3 × 誤り。道管や仮道管は，根から吸収した水や無機物を運ぶ通路である。葉でつくられた栄養物質を運ぶ通路は師管である。

4 × 誤り。師管は，主に葉でつくられた栄養物質を運ぶ通路である。根から吸収した水や無機物を運ぶ通路は道管や仮道管である。

5 × 表皮系と維管束系を除いた残りの部分は，基本組織系という。基本組織系には，光合成組織，分泌組織，貯蔵組織などがある。さく状組織や海綿状組織などは光合成組織に含まれる。

確認しよう ➡種子植物の組織や器官　正答 2

③ 食物繊維は消化されにくく整腸作用がある。アミノ酸は20数種ある。

1 × 誤り。炭水化物は，単糖類，二糖類，多糖類に分類される。体内に摂取した食物のうち，人の消化酵素では消化されない成分を食物繊維という。

2 ◎ 正しい。なお，脂質の分類法は他にもいくつかある。

3 × 誤り。たんぱく質もエネルギー源となる。アミノ酸には20種類ほどあり，それらのうち数種が多数結合した高分子化合物がたんぱく質である。

4 × 誤り。日本の水は概してミネラル分が少ないことから，カルシウムは不足しがちである。ナトリウムは醤油，味噌など多くの食品に含まれており，日本人は過剰に摂取しがちである。

5 × 誤り。ビタミンCは水溶性のビタミンである。また，牛乳にはビタミンCはほとんど含まれない。

確認しよう ➡栄養素のはたらき　正答 2

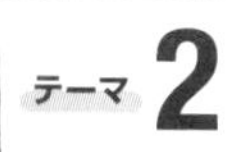

テーマ2 代謝とエネルギー

重要問題

細胞膜における物質の輸送に関する記述として，最も妥当なのはどれか。

【警視庁・平成30年度】

1 ヒトの赤血球における能動輸送では，細胞膜を介して，K^+の濃度が低い側から高い側に水を輸送する。

2 ヒトの赤血球における能動輸送では，細胞膜を介して，Na^+の濃度が低い側から高い側にNa^+を輸送する。

3 ナトリウムポンプのはたらきにより，K^+は細胞膜の外側に，Na^+は細胞膜の内側に多く存在し，濃度差が維持されている。

4 能動輸送に関するタンパク質は細胞膜を貫通していて，細胞外側にはATPをADPに分解するはたらきがあり，この分解で，能動輸送に必要なエネルギーを得ている。

5 特定のイオンの能動輸送を行うイオンチャンネルはすべて，その透過性は変化しない。

解説

神経や筋肉の興奮・伝達・収縮で重要な役割を果たすK^+イオンは，体の各部で必要である。

1 × 誤り。膜を介しての物質の輸送は，濃度の高い側から低い側へと向かって行われる（受動拡散）のが普通である。細胞膜における能動輸送とは，ATP（アデノシン三リン酸）のエネルギーを利用して濃度の低い側から高い側に物質を移動させる現象である。K^+の濃度の低い側から高い側に水が移動するのは浸透であり，移動させるには水に圧力（浸透圧）をかけなくてはならない。

2 ◎ 正しい。赤血球の細胞膜には，ナトリウム/カリウムATPアーゼという酵素が存在する。この酵素のはたらきによりATPが分解されて得られたエネルギーを利用して，濃度勾配に逆らって，細胞膜の内側から外側へNa^+が，外側か内側へK^+が輸送される。この仕組みをナトリウムポンプという。カリウムイオンK^+は，神経や筋肉の興奮・伝達・収縮で重要な役割を果たしている。

3 × 誤り。上記**2**の説明にあるように，ナトリウムポンプのはたらきによりNa^+は内側から外側へ，K^+は外側から内側へ輸送されるので，細胞内ではK^+が高濃度であり，細胞外ではNa^+が高濃度である。

4 × 誤り。細胞外側ではなく細胞内側で，ATPがADPとリン酸に分解され，エネルギーが取り出されている。

5 × 誤り。細胞膜にあって，イオンを透過させる経路（チャンネル）となるタンパク質がイオンチャンネルである。イオンチャンネルには，一種類のイオンのみを透過させるチャンネル（カリウムチャンネル，ナトリウムチャンネルなど）もあれば，多種類の陽イオンを透過させるチャンネルもある。各イオンチャンネルでは，イオンの電荷や大きさによって，特定のイオンを選択的に透過させている。ここでのイオンの輸送の仕方は，濃度の高い方から低い方へ移動する拡散である。ナトリウムチャンネルやカリウムチャンネルは，普段は閉じているが，一定以上の電気的刺激が与えられると，急速にイオンを透過させるようになる。つまり，イオンチャンネルの透過性は変化するのである。

確認しよう ➡細胞膜における物質の輸送　　**正答 2**

参考 本問の選択肢**1**と**2**を比較してみると，わずかな部分を除いて文言が一致している。選択肢から選ぶ問題では，似通った文言の選択肢の一方が正解である可能性が高い。作問者側からするとまず正解の選択肢を作成し，その後フェイクの選択肢を作成するのであるが，その際，正解の選択肢の文言の一部だけを書き換えた選択肢を作成することがある。これは，作問者が横着というわけではなく，受験生への応援メッセージと取れなくもない。正統な解き方とは言えないが，選択肢に悩んだときの一助に頭の片隅に入れておくとよい。

FOCUS

テーマ2の分野の出題頻度はそれほど高くない。「光合成」や「呼吸」を中心に学習をしておきたい。また，各消化酵素のはたらき，その消化酵素が分泌される場所についての知識も必須事項である。

要点のまとめ

重要ポイント❶ 光合成

光合成反応の経路や光－光合成曲線グラフの見方が問われる。

■光合成の反応式

$6CO_2 + 12H_2O +$ 光エネルギー $\longrightarrow C_6H_{12}O_6 + 6O_2 + 6H_2O$

4つの反応からなる。

①光エネルギーの吸収　②水の分解　③ATPの合成　④二酸化炭素の固定

光に影響を受けるのは①，温度に影響を受けるのは酵素反応の④である。

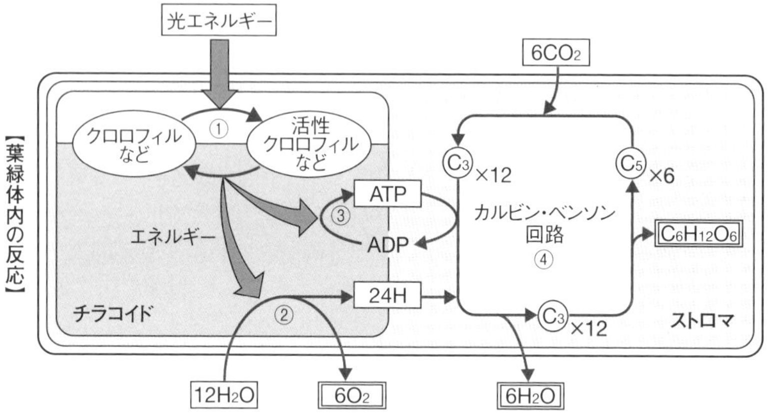

■光－光合成曲線

真の光合成量＝見かけの光合成量＋呼吸量

補償点…光合成量と呼吸量が等しくなり，見かけ上ガスの出入りがない光の強さのこと。陽性植物は，補償点が大きく，光飽和点における光合成速度も大きい。

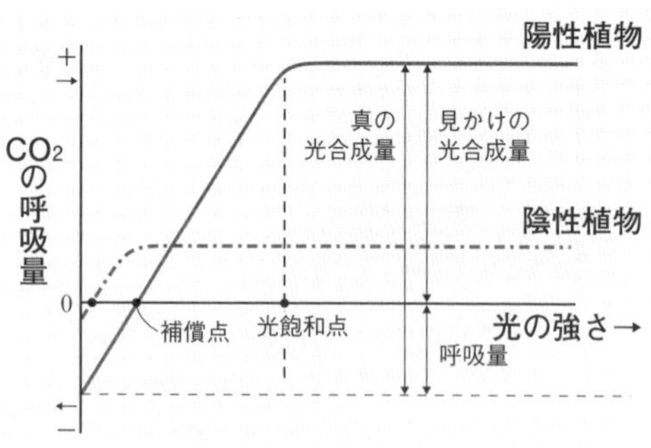

重要ポイント❷ 呼吸

好気呼吸と嫌気呼吸の反応式を覚えよう。

■嫌気呼吸…酸素を使わない方法で，得られるATPは少ない。

アルコール発酵…酵母菌が行い，エタノールと二酸化炭素を生じる。

$$C_6H_{12}O_6 \longrightarrow 2C_2H_5OH + 2CO_2 + 2ATP$$

乳酸発酵…乳酸菌が行い，乳酸を生じる。

$$C_6H_{12}O_6 \longrightarrow 2C_3H_6O_3 + 2ATP$$

解糖…筋肉において酸素の供給が少ないときに，乳酸発酵と同じ反応が起きてATPがつくられるもので，乳酸が蓄積すると筋肉は疲労する。

■好気呼吸…酸素を利用する。3つの反応からなる。

①解糖系　②クエン酸回路　③電子伝達系

$$C_6H_{12}O_6 + 6O_2 + 6H_2O \longrightarrow 6CO_2 + 12H_2O + 38ATP$$

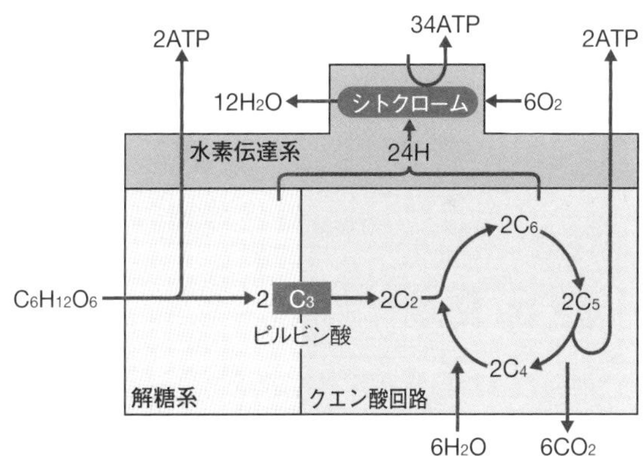

■呼吸器官

皮膚呼吸…体の表面で直接ガス交換を行うもの。両生類も一部行う。

気管呼吸…気門から取り入れた空気を気管により全身に送る。昆虫類，多足類，クモ形類。

えら呼吸…水中生活をする軟体動物，甲殻類，魚類，両生類の幼生など。

肺 呼 吸…発生的には消化器官の前部が膨れて生じる。両生類（成体），ハ虫類，鳥類，ホ乳類。

重要ポイント❸ 酵素

基質特異性・最適pH・最適温度は，酵素の本体がタンパク質であることがポイント。

■**生体触媒**…酵素の本体はタンパク質で，自分自身は変化せず，化学反応の速さを変化させる触媒機能をもち，細胞内でつくられ，細胞内外で作用する。

■**基質特異性**…酵素タンパク質は特異的な立体構造をもち，一致する基質（反応する相手）とのみ反応する。

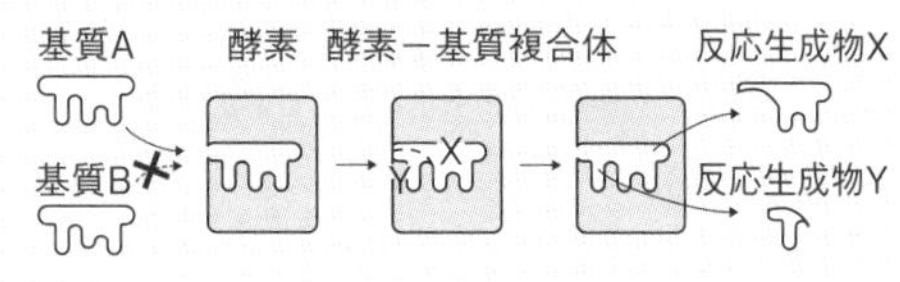

■**最適温度と最適pH**…酵素によって最も適したpHや温度がある。普通は，70℃を超すとタンパク質が熱変性を起こしはたらけなくなり，温度を下げてももとには戻らない。

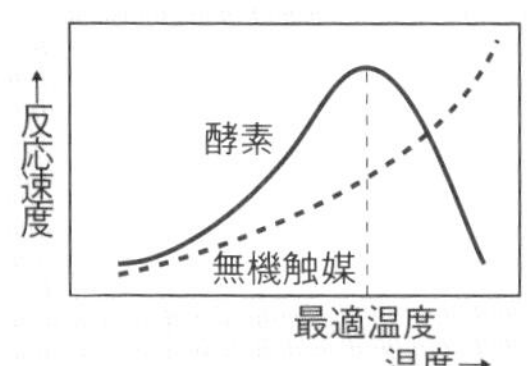

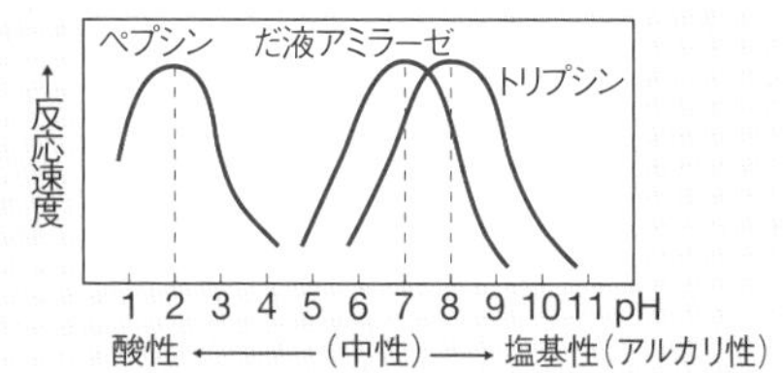

重要ポイント❹ 組織と器官

消化酵素のはたらきと，存在場所を関連づけて覚えること。

だ液	アミラーゼ	デンプン ⟶ マルトース（麦芽糖）
胃液	ペプシン	タンパク質 ⟶ ペプトン
すい液	マルターゼ	マルトース ⟶ グルコース（ブドウ糖）
	トリプシン	ペプトン ⟶ ポリペプチド
	リパーゼ	脂肪 ⟶ 脂肪酸＋グリセリン
腸液	スクラーゼ	スクロース（ショ糖） ⟶ グルコース＋フルクトース（果糖）
	ラクターゼ	ラクトース（乳糖） ⟶ グルコース＋ガラクトース
	ペプチターゼ	ポリペプチド ⟶ アミノ酸

実戦問題

1 ヒトの消化または吸収に関する記述として，妥当なのはどれか。

【東京都・平成18年度】

1 だ液には，ペプシンが含まれ，ペプシンは，口の中でデンプンをヨウ素に分解する。

2 胃液には，アミラーゼが含まれ，アミラーゼは，胃の中で脂肪を脂肪酸およびグリセリンに分解する。

3 胆汁は，タンパク質を分解する消化酵素を含み，胆のうでつくられ，大腸に分泌される。

4 アミノ酸は，リンパ管を通して吸収されて，一部はすい臓にグリコーゲンとして貯蔵される。

5 ブドウ糖は，小腸にある柔毛から吸収されて，毛細血管に入り，肝臓に運ばれる。

2 酵素に関する記述として，最も妥当なのはどれか。

【警視庁・平成29年度】

1 ほとんどの酵素は細胞内でつくられるが，アミラーゼのように細胞外に分泌されてはたらく消化酵素は細胞外でつくられる。

2 酵素ははたらく環境により反応速度がかわるが，温度の上昇する場合にはそれにともなって反応速度は増し続ける。

3 反応する場所に応じて酵素にはそれぞれ最適なpHがあるが，胃液中ではたらくペプシンの最適pHは7付近である。

4 生体内にはさまざまな酵素が存在するが，それぞれの酵素は特定の物質にしか作用しない基質特異性を有する。

5 化学反応を促進する物質を触媒と呼ぶが，触媒としてはたらく酵素は化学反応の前後でそれ自身変化する。

3 植物の光合成を調べるために，葉の一部をアルミニウム箔でおおい，太陽の光を十分に当ててから湯で温めたエタノールで脱色し，よく冷ましてからヨウ素液に浸けると，アルミニウム箔でおおわれていなかった部分だけが着色する。このときに着色した物質はどれか。 【警察官・平成20年度】

1 ショ糖
2 葉緑素
3 デンプン
4 セルロース
5 二酸化炭素

4 光合成に関する記述として，最も妥当なのはどれか。

【東京消防庁・平成20年度】

1 カンアオイやブナのような陰生植物は，呼吸量が少なく補償点が低いので，弱い光でも光合成が呼吸を上回り生存できる。

2 クロロフィルやカロテノイドなどの光合成色素が特異的に吸収する光の色は緑や黄色であり，それ以外の光は吸収しない。

3 光合成細菌はカルビン・ベンソン回路によって二酸化炭素を固定するが，このとき必要な水素は水から得ているため，植物と同様に酸素を放出する。

4 温度を高くしても光合成速度は変化しないが，光を強くすると光合成速度が大きくなる場合，光合成速度は温度によって制限されている。

5 呼吸による二酸化炭素の発生量と，光合成による二酸化炭素の呼吸量がつり合ったときの光の強さを光飽和点という。

5 光合成または呼吸に関する記述として，妥当なのはどれか。

【東京都，令和２年度】

1 植物が光エネルギーを利用して，酸素と水から有機物を合成し，二酸化炭素を発生させる反応を光合成という。

2 植物は，光合成によって，光エネルギーを利用してATPを合成し，ATPの化学エネルギーを使って有機物を合成する。

3 葉緑体やミトコンドリアは，それぞれ光合成と呼吸におけるエネルギー変換を行う場として重要なはたらきをもっており，原核生物は，葉緑体やミトコンドリアをもっているが，真核生物は，これらの細胞小器官をもたない。

4 呼吸とは，細胞内において酸素を用いて有機物を合成し，有機物中に蓄えられている化学エネルギーを取り出すことで，生命活動のエネルギー源となるADPを分解する反応をいう。

5 呼吸の材料となる無機物は，おもにグルコースであり，グルコースは，細胞に取り込まれるとさまざまな酵素のはたらきによって有機物に合成される。

実戦問題●解説

1 だ液アミラーゼは，デンプンをマルトース（麦芽糖）に。

1 × 誤り。だ液には，デンプンを麦芽糖に分解するアミラーゼが含まれる。ヨウ素ヨウ化カリウム溶液は，デンプン検出の試薬である。

2 × 誤り。胃液にはペプシンが含まれ，タンパク質をペプトンに分解する。ペプシンは，強酸性の胃の中で最もよくはたらく性質をもっている。

3 × 誤り。胆汁は，肝臓でつくられ，胆のうに蓄えられる。食物中の脂肪を乳化して細かい粒とし，リパーゼと反応しやすくすることで脂肪の消化吸収に重要な役割を果たすが，消化酵素は含まれない。

4 × 誤り。アミノ酸は，小腸の柔毛から吸収され，毛細血管によって運ばれる。リンパ管にはいるのは脂質である。

5 ◎ 正しい。腸の毛細血管→門脈→肝臓→静脈→心臓→全身へ運ばれる。肝臓では，グリコーゲンとなって蓄えられる。

確認しよう ➡胆汁（胆液）は肝臓でつくられ，胆のうに蓄えられる　**正答 5**

2 タンパク質はリボソームで合成される。タンパク質は，高温では変質する。胃液は強酸である。

1 × 誤り。酵素はタンパク質でできているが，タンパク質の合成はすべて細胞内のリボソームで行われる。多くの酵素は細胞内ではたらくが，消化酵素は細胞外に分泌されてはたらく。

2 × 誤り。酵素は生体内の化学反応において，反応を促進する触媒としてはたらく。化学反応の速度は一般的には温度が高いほど高い。しかし，タンパク質は温度が高くなると変質する性質があり，タンパク質でできている酵素は，温度が高くなるとそのはたらきが鈍化する。酵素種類によって，反応速度が最大になる最適温度は異なる。消化酵素のアミラーゼの最適温度は60℃前後とされるが，一般的には，酵素の最適温度は30℃～40℃くらいである。

3 × 誤り。タンパク質を構成するアミノ酸は，側鎖のアミノ基やカルボキシル基の有無によって，酸・塩基性は異なる。したがって，構成するアミノ酸の種類によって，酵素の酸・塩基性が異なる。このため，各酵素によって最も活発に機能する最適pHは異なる。ヒトの体内で

第3章 生物

は，多くの酵素の最適pHは7前後である。唾液に含まれるアミラーゼの最適pHも7付近であるが，胃液に含まれるペプシンの最適pHは1.5，すい液に含まれるトリプシンの最適pHは8付近である。

4 ◎ 正しい。酵素によって触媒作用を受ける物質を基質という。各酵素は特定の基質にのみ触媒として作用する。これを基質特異性という。例えば，消化酵素マルターゼはマルトースのみに作用し，他の物質には作用しない。

5 × 誤り。反応の前後で触媒は変化しない。そのため，少量の酵素があれば多くの基質に対して作用することができ，化学反応が速やかに進むのである

確認しよう ➡酵素の性質とはたらき

正答 4

3 光合成産物のデンプンがあれば，ヨウ素液で青紫色を呈する。

緑色植物の光合成は，葉緑体で行われる。大気中の二酸化炭素と根から吸収した水よりグルコース(ブドウ糖)を合成する。グルコースはさらに結合してデンプンとなり，一時，葉緑体中に蓄えられる。ヨウ素液(ヨウ素ヨウ化カリウム溶液)は，デンプンと反応して青紫色を呈する試薬である。アルミニウム箔で覆われた部分では，光合成が行われず，デンプンが存在していない。そのため，ヨウ素液には反応せず，色は変わらない。

よって，正答は**3**である。

確認しよう ➡ヨウ素デンプン反応

正答 3

4 陰生植物は，弱い光の下でも同化産物を蓄えることができる。

1 ◎ 正しい。陽生植物は，呼吸量が大きく，補償点・光飽和点ともに高い。陰生植物は，補償点・光飽和点ともに低く，弱い光の所でも光合成産物を蓄積でき，成長することができる。

2 × 誤り。クロロフィルaが吸収する光は，赤色と青色で，緑色はほとんど吸収しない。葉が緑色に見えるのは，緑色の光が使われずに反射して目に届くからである。

3 × 誤り。光合成細菌の一種である紅色硫黄細菌は，バクテリオクロロフィルによって光合成を行うが，水ではなく硫化水素を利用する。そのため，酸素ではなくイオウの粒が生じる。

4 × 誤り。温度を高くしても光合成速度は変化しないが，光を強くすると光合成速度が大きくなるというのは，光によって光合成速度が制限されているということである。これを限定要因という。

5 × 誤り。呼吸による二酸化炭素の発生量と光合成による二酸化炭素の吸収量がつり合ったときの光の強さを補償点という。光飽和点とは，光の強さをそれ以上強くしても二酸化炭素の吸収量が増加しなくなる光の強さのことである。

確認しよう ➡光合成を行うのは，緑色植物と光合成細菌　**正答 1**

5 光合成では，ATPを使って有機物が合成される。呼吸では，酸素を使って有機物を分解し，ATPが得られる。

1 × 誤り。植物が光エネルギーを利用して，二酸化炭素と水などから，有機物を合成する反応を光合成という。光合成の過程で生じるのは，二酸化炭素ではなく，酸素である。

2 ◎ 正しい。光合成色素のクロロフィルが吸収した光エネルギーによってATPが合成される。そのATPを使って，二酸化炭素CO_2が固定されて有機物が合成される。

3 × 誤り。真核生物は葉緑体やミトコンドリアをもっているが，原核生物はもっていない。

4 × 誤り。呼吸では有機物が分解され，最終的には，生命活動のエネルギー源となるアデノシン三リン酸ATPが得られる。

5 × 誤り。呼吸の材料であるグルコースは，無機物ではなく，有機物である。グルコースはさまざまな酵素のはたらきによって，ATP，二酸化炭素，水に分解される。これらは，いずれも無機物である。

確認しよう ➡光合成や呼吸の仕組み　**正答 2**

テーマ 3 生物の反応と調節

重要問題

免疫に関する次の文章の空欄ア～エに当てはまる語句の組合せとして，妥当なのはどれか。　　【東京都・平成27年度】

体内に侵入した病原体を取り除く免疫では，（　ア　）やリンパ系が重要な役割を果たしている。

（　ア　）には，異物を（　イ　）によって細胞内に取り込んで処理する好中球，（　ウ　），樹状細胞などの食細胞や，（　エ　），B細胞などのリンパ球がある。

	ア	イ	ウ	エ
1	赤血球	食作用	マクロファージ	A細胞
2	赤血球	同化作用	免疫グロブリン	A細胞
3	赤血球	同化作用	免疫グロブリン	T細胞
4	白血球	食作用	マクロファージ	T細胞
5	白血球	同化作用	免疫グロブリン	T細胞

解説

血液の固体成分のうち，免疫に関与するのは白血球である。同化作用とは，生物が外界から取り入れた物質から自己に必要な生体内物質を合成することをいう。

血液は，ヒトの体重の約8%を占め，その約45%は有形成分の赤血球，白血球，血小板であり，約55%は液体成分の血しょうである。これらの成分のうち，免疫に関係しているものは白血球と血しょうである。白血球は，好中球，好酸球，好塩基球，単球，リンパ球に分類される(**ア**)。単球は血管外に出るとマクロファージになる。好中球，マクロファージ，樹状細胞（樹状細胞は，外界に触れる皮膚組織・肺・胃などに存在し，表皮に存在する樹状細胞はランゲルハンス細胞と呼ばれる。）は食細胞と呼ばれ，体内に侵入してきた細菌などの微生物を取り込んで処理するはたらきを行う(**ウ**)。このはたらきを食作用（食菌作用）という(**イ**)。

リンパ球は，白血球の約30%を占め，B細胞，T細胞，NT細胞がある。B細胞は抗体グロブリンをつくり細菌を退治する。T細胞には，免疫システムを活性化するヘルパーT細胞，不必要な免疫反応を抑制するサプレッサーT細胞，ウィルスなどの異物を攻撃するキラーT細胞がある。NK細胞はガン細胞などの異物を退治する(**エ**)。

なお，赤血球は，ヘモグロビンを含み，酸素を運搬するはたらきを行う。同化作用とは，簡単な物質から，より複雑な有機物を合成する作用をいう。免疫グロブリンは，B細胞から分化した形質細胞でつくられる抗体である。抗体は，体内に侵入した病原体（抗原）に対して反応を起こす。また，A細胞はすい臓にあるランゲルハンス島を構成する細胞で，血糖値をあげるグルカゴンというホルモンを合成し，分泌する。

以上から，**ア**には「白血球」，**イ**には「食作用」，**ウ**には「マクロファージ」，**エ**には「T細胞」が当てはまる。

よって，正答は**4**である。

確認しよう ➡免疫作用　　**正答 4**

動物では，神経とホルモンに関する出題が中心である。特に「体液と恒常性」はよく出されるテーマなので，十分に学習しておきたい。

要点のまとめ

重要ポイント 1 免疫

抗原抗体反応におけるT細胞とB細胞の関係を覚えよう。

■**免疫**…個体を認識することであり，体内に入った異物に対し，これを攻撃し，排除する機構をいう。細胞性免疫と体液性免疫がある。

■**細胞性免疫**…侵入した異物（**抗原**）に直接反応するもので，胸腺由来リンパ球のT細胞がはたらく。ツベルクリン反応はこの応用。

■**体液性免疫**…抗原に対して，特異的に反応する物質（**抗体**）ができ，抗原を溶解・凝集・無毒化させる。この反応を抗原抗体反応という。

抗体…**免疫グロブリン**と呼ばれるY字型の分子構造のタンパク質で，抗原に結合する特異的な構造をもつ。リンパ球の**B細胞**が産生する。T細胞は，B細胞の抗体産生を誘導するはたらきがある。

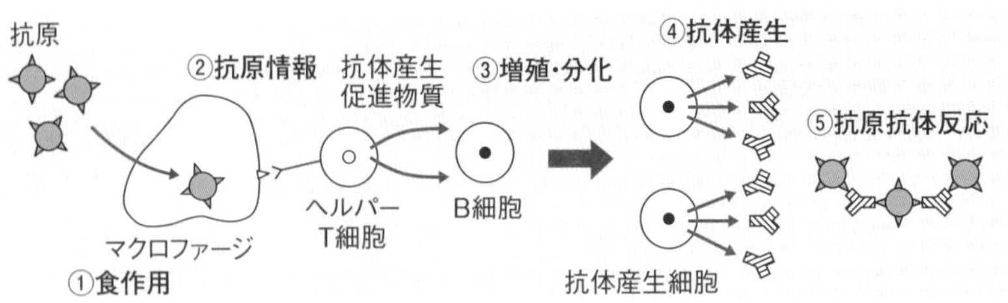

■**エイズ（後天性免疫不全症候群）**…エイズウイルスがT細胞に侵入，これを破壊するため，B細胞から抗体が生産されず，免疫のメカニズムが破壊される。そこで，普通では影響のない細菌やカビなどに侵されてしまう。

重要ポイント 2 神経

ヒトの各脳のはたらきを覚えよう。

■**神経単位**…神経細胞はニューロンまたは神経単位と呼ばれる。**細胞体，樹状突起，軸索（神経突起）**からなる。

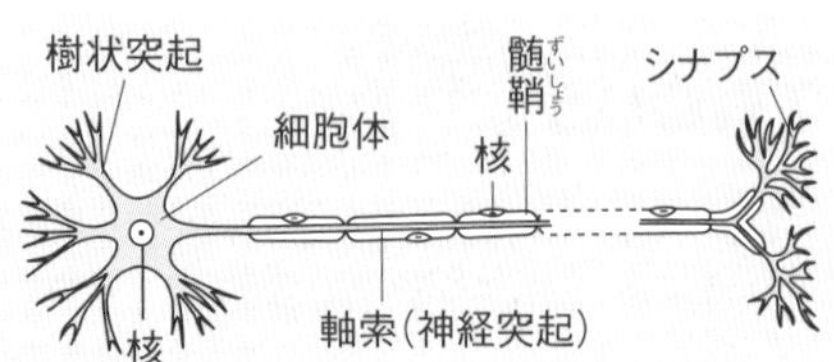

■ヒトの脳

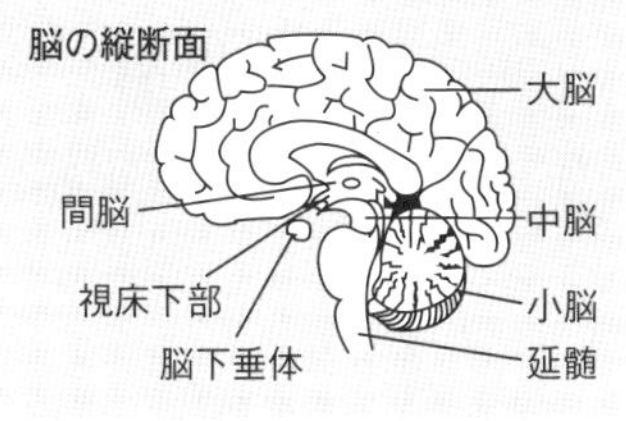

大脳…感覚中枢，各種随意運動の中枢，記憶・判断・創造などの高度の精神作用の中枢，本能行動の中枢，情動・欲求の中枢

間脳…自律神経系の中枢，体温・水分・血圧調節の中枢

中脳…姿勢を保つ中枢，眼球の反射中枢や瞳孔を調節する反射中枢

小脳…運動の調節中枢，平衡を保つ中枢

延髄…呼吸運動・心臓の拍動を調節する中枢，消化管の運動・だ液や涙の分泌を調節

重要ポイント 3 **肝臓と腎臓のはたらき**

再吸収が重要。尿がつくられ，排出される過程を理解しよう。

■肝臓…炭水化物の貯蔵，脂肪の分解，タンパク質の合成，胆液の分泌，解毒作用，オルニチン回路のはたらきでアンモニアを尿素に変える。

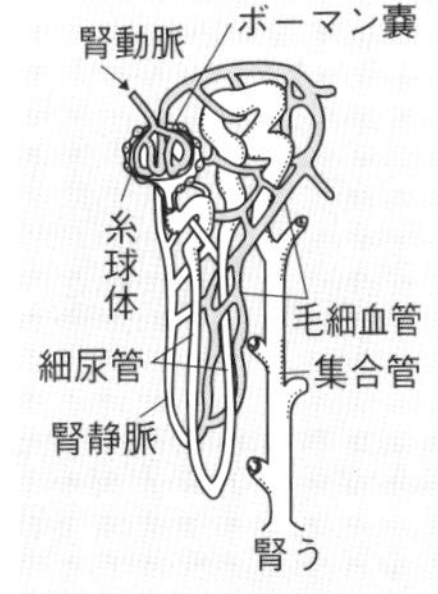

■腎臓…腎単位（ネフロン）がろ過装置。糸球体から押し出された原尿は，ボーマン嚢(のう)から細尿管を移動中に必要に応じて再吸収される。不用な尿素などは，濃縮されて排出される。

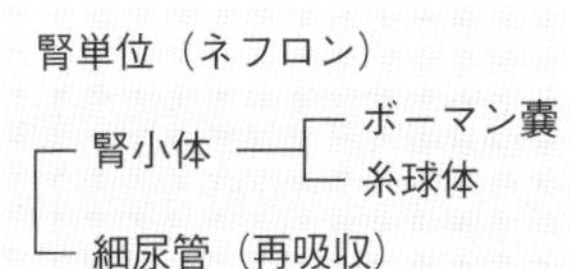

■窒素化合物の排出

タンパク質の分解によって生じるアンモニアNH_3は，細胞にとって有害である。動物の生活様式に応じて，形を変えて排出している。排出器官も，体表，原腎管（プラナリア），腎管（ミミズ），腎臓（脊椎動物）などがある。

NH_3…水中生活をする下等な動物。水生無脊椎動物，硬骨魚類。

尿素…毒性弱く，可溶性。軟骨魚類，両生類，ホ乳類。

尿酸…毒性なし，不溶性。ハ虫類，鳥類，昆虫類。

重要ポイント❹ 血液

血液凝固の仕組みをしっかりと覚えよう。

■血液の成分

有形成分　赤血球…円盤形，無核。酸素の運搬(ヘモグロビン)。
　　　　　白血球…アメーバ運動。食菌作用，感染防御。
　　　　　血小板…血液の凝固。

液体成分　血しょう…栄養素の運搬。老廃物の運搬。

■血液の凝固…血液凝固因子のはたらきで，プロトロンビンが**トロンビン**(酵素)に変化する。トロンビンはフィブリノーゲンを繊維状の**フィブリン**に変え，これが血球と絡み合って**血餅**(けっぺい)となって血液を凝固させる。

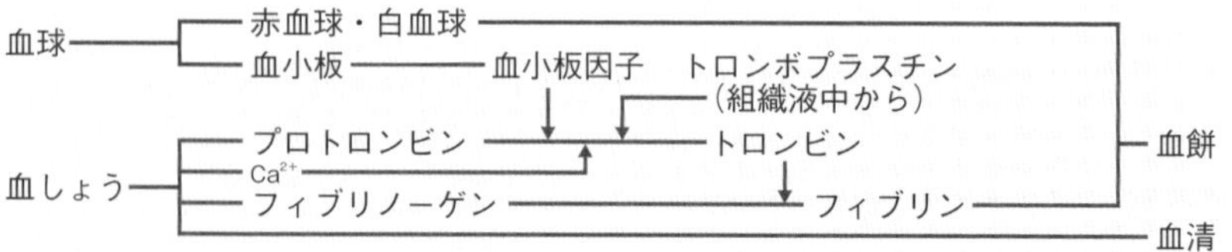

重要ポイント❺ 動物のホルモン

内分泌腺とホルモンやそのはたらきを関連させて覚えよう。

内分泌腺	ホルモン	はたらき
脳下垂体	プロラクチン	黄体ホルモン分泌促進。乳腺発育促進。
	バソプレシン	血圧上昇促進。細尿管で水再吸収促進。
甲状腺	チロキシン	代謝促進。両生類の変態促進。
副甲状腺	パラトルモン	血液中のCa^{2+}量増加。
副腎髄質	アドレナリン	血糖量の増加。
すい臓B細胞	インスリン	血糖量の減少。
A細胞	グルカゴン	グリコーゲンの糖化促進。
精巣	アンドロゲン	二次性徴出現。精子形成促進。
卵巣　ろ胞	エストロゲン	二次性徴出現。排卵促進。子宮発育。
黄体	プロゲステロン	排卵抑制。妊娠の維持。

重要ポイント6 光周性

長日植物と短日植物の花の咲くメカニズムを理解しよう。

日長時間（連続した暗期）の長短によって，花芽の形成が左右される性質。

長日植物…アブラナ，ニンジン，ダイコン，ホウレンソウ。春咲きが多い。

短日植物…キク，アサガオ，コスモス。秋咲きが多い。

中性植物…ナス，トマト，ヒマワリ，ハコベ。四季咲きが多い。

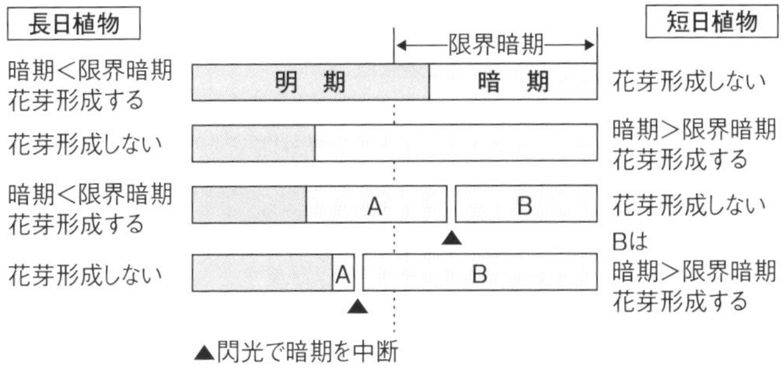

重要ポイント7 動物の行動

各行動様式の特徴と動物の進化を重ねて理解しよう。

■生得的行動…生まれつき備わった行動

走性…刺激に対して方向性のある行動。光走性・流れ走性・化学走性。

反射…刺激に対して，意識とは無関係に起こる反応。脊椎や延髄が中枢。

本能行動…生まれながらの走性や反射がいくつも組み合わさって起こる一定の行動。行動の順序を変えたりはできない。

■習得的行動…経験によって得られる行動

条件反射…反射を起こす刺激と，直接関係のない刺激（条件刺激）を同時に与えると，条件刺激だけで反射が起こるようになる。

学習…動物が経験によって新しい行動ができるようになること。試行錯誤，慣れ，刷り込みなどがある。

知能…経験や学習をもとに未経験のことを洞察する能力。

実戦問題

1 環境の変化や周囲からの刺激に対する植物の反応を屈性と傾性とに分類したとき，傾性に属するものとして，最も妥当なのはどれか。

【警視庁・平成26年度】

1　寝かせて土をかけておいたネギが重力と反対方向に伸びる。
2　ホウセンカの茎の先端が光の差し込んでくるほうへ曲がる。
3　雌しべに付着した花粉から花粉管が子房のほうへ伸びる。
4　オジギソウの葉に触れると小葉が閉じて葉柄が垂れ下がる。
5　アサガオのつるが支柱に触れるとそれに巻きついて伸びる。

2 免疫に関する記述として，妥当なのはどれか。

【特別区・平成28年度】

1　体内に異物が侵入すると，ニューロンや樹状細胞，好中球などが食作用により異物を排除する。
2　自然免疫は，体液中に分泌された抗体による体液性免疫と，細胞が直接抗原を排除する細胞性免疫に分けられる。
3　病気を予防するために，毒性を弱めた病原体を抗原として接種することを予防接種といい，このとき用いられる抗原をワクチンという。
4　自分自身のつくる物質を抗原と認識して，免疫反応を引き起こすことを日和見感染という。
5　抗原抗体反応が過敏に起こることによって生じる生体に不都合な反応を，アレルゲンという。

3 ヒトの肝臓にする記述として，最も妥当なのはどれか。

【東京消防庁・令和元年度】

1　肝臓でつくられた胆汁は，胆管を通って十二指腸に貯蔵される。
2　消化吸収されたグリコーゲンは，グルコースとして肝臓に貯蔵される。
3　肝臓は，肝小葉とよばれる構造が約50万個集まって形成されている。
4　体内でできたアンモニアは，肝臓で毒性の強い尿酸にかえられる。
5　肝臓には，肝静脈のほか肝門脈からも血液が流れ込んでいる。

4 ヒトの体内循環の維持に関する記述として最も妥当なのはどれか。

【国家一般職・令和２年度】

1 肝臓は，血液中のグルコース（ブドウ糖）をグリコーゲンに合成して蓄えたり，グリコーゲンをグルコースに分解して血液中に放出したりすることで，血糖値を調整している。

2 体液の濃度調節において，肝臓は，イオンの濃度や水の排出量を調整し，腎臓は，血しょう中のタンパク質など，主に有機物の濃度を調節している。

3 血しょうに含まれる物質のうち，分子の大きなタンパク質や脂質は，腎臓内でボーマンのうへろ過されて原尿に含まれた後，必要な量だけ血しょう側へと再吸収される。

4 インスリンは，体内でできた有害なアンモニアを毒性の低い尿素に変える際に生成される物質で，肝臓でつくられ，すい臓に胆汁の形で貯蔵・濃縮された後に，体外に排出される。

5 大脳で発生する熱エネルギーは，肝臓や筋肉で発生する熱エネルギーより大きく，体の全熱発生量の約5割を占め，体温の調節に役立っている。

5 血液凝固に関する次の記述でＡ～Ｃに当てはまる語句の組合せとして，最も妥当なのはどれか。ただし，同一の記号には同一の語句が入るものとする。

【東京消防庁・令和元年度】

血管が傷つくと，まず血球成分である（　Ａ　）が傷口に集まって，かたまりとなって傷口をふさぐ。さらに，しばらくすると，血しょう中で（　Ｂ　）とよばれるタンパク質が集まった繊維ができて，これが血球とからみあう。これを血ぺいといい，血ぺいができることによって傷口がふさがれ，出血が止まる。傷口が修復されると，（　Ｂ　）を分解して血ぺいなどを溶かすしくみ（　Ｃ　）がはたらき，傷口をふさいでいた血ぺいが溶かされて取り除かれる。

	Ａ	Ｂ	Ｃ
1	赤血球	フィブリン	溶血
2	血小板	フィブリン	線溶
3	白血球	トロンビン	溶血
4	血小板	トロンビン	線溶
5	白血球	フィブリン	溶血

1 屈性とは，刺激に対して，一定の方向に屈曲する性質である。傾性とは，刺激のくる方向とは無関係に，刺激の強さの変化に反応して一定の方向に屈曲する現象である。

1 × 誤り。植物の根には重力の方向へ，茎には重力とは反対方向に伸びる性質がある。これを重力屈性という。植物体が，刺激のくる方向に屈曲する性質を正（＋）の屈性，刺激のくる方向とは反対の方向に屈曲する性質を負（－）の屈性という。つまり，重力に対し，植物の根は正の屈性を示し，茎は負の屈性を示す。

2 × 誤り。光屈性である。光に対して，葉や茎は正の屈性を示し，根は負の屈性を示す。

3 × 誤り。正の化学屈性である。花粉管は，子房内の胚珠の助細胞から分泌される花粉管誘因タンパク質を感知して，その方向に伸びる。

4 ◎ 正しい。接触傾性という。葉柄や小葉のつけ根にある葉枕（ようちん）というふくらんだ部分は，通常は膨圧が大きく膨らんだ状態であるが，葉が刺激を受けると，葉枕の細胞から水分が抜けて膨圧が小さくなり，葉枕がしぼんで，葉柄が垂れ下がるのである。

5 × 誤り。正の接触性である。つる性植物では，巻きひげが支柱に接触すると，成長を促すオーキシンという植物ホルモンが生成される。オーキシンは接触部と反対側に送られ，その部分の細胞の成長が促進され，接触した側に屈曲する。その結果，つるが支柱に巻きつく。

確認しよう ➡屈性や傾性の性質　　**正答 4**

2 ニューロンは神経系である。白血球は自然免疫系に関与している。日本では，乳幼児の時期にさまざまなワクチンを接種している。日和見感染は免疫力の低下が原因である。花粉やダニの死骸などはアレルゲンである。

1 × 誤り。食作用に関与するのは，マクロファージ，樹状細胞，好中球である。ニューロンは，神経組織を構成する細胞をいう。

2 × 誤り。この記述は自然免疫ではなく獲得免疫に関する記述である。自然免疫とは，生まれつきもっている免疫系のことで，好中球などの顆（か）粒（りゅう）球，単球が変化したマクロファージ，NK細胞などをいう。

3 ◎ 正しい。初めてつくられたワクチンはジェンナーによる天然痘のワクチンである。その後，パスツールによって，培養を通じて病原体を弱毒化し，それを接種すれば免疫が得られることが理論づけられ，応用への道が開かれた。

4 × 誤り。日和見(ひよりみ)感染ではなく自己免疫疾患に関する記述である。日和見感染とは，AIDS（後天性免疫不全症候群）に罹患(りかん)している，高齢化によって体力が減退しているなどが原因で免疫力が低下することにより，通常であればその増殖が抑制されている病原性の低い常在細菌が増殖して，その結果発病する感染症をいう。

5 × 誤り。アレルゲンではなくアレルギーに関する記述である。外部からの抗原に対し免疫反応が起こる疾患をアレルギー疾患という。このアレルギー疾患を引き起こす環境由来抗原をアレルゲンという。アレルギー性鼻炎におけるスギ花粉やホコリなどがアレルゲンの例である。

確認しよう ➡免疫系のはたらき　　**正答 3**

3 十二指腸は消化器官である。グリコーゲンは多数のグルコースが重合したものである。胚小葉は肝細胞から合成される。肝臓では無毒化される。

1 × 誤り。肝臓でつくられた胆汁は，肝管を通って胆のう嚢に貯蔵・濃縮され，食物が摂取されると，胆管を通って十二指腸に排出される。胆汁は黄褐色の液体で，消化酵素は含まず，食物中の脂肪を乳化して細かい粒にして，消化酵素のリパーゼと反応しやすくはたらきをしている。

2 × 誤り。糖質は，消化酵素のはたらきで分解されて最終的にはグルコースなどになる。グルコースは小腸の柔毛の毛細血管から血液中に入って肝臓まで運ばれ，グリコーゲンにつくり変えられて貯蔵される。血液中のグルコースの濃度（血糖値）が低下すると，グリコーゲンはグルコースに変えられて，血液中に送り出される。

3 ◎ 正しい。肝臓は，直径が1 mmほどの六角柱状の肝小葉が50万個集まって形成されている。肝小葉は50万個の幹細胞で構成されている。肝小葉には毛細血管が広がり，さまざまな成分を含んだ血液は幹細胞で処理を受ける。

4 × 誤り。アミノ酸にはアミノ基NH_2-があり，分解されると，人体に有害なアンモニアNH_3を生じる。アンモニアは肝臓のオルニチン回路で尿素$CO(NH_2)_2$につくり変えられて，無毒化され，腎臓から排出される。鳥類や爬(は)虫類の多くの種では，アンモニアは固体の尿酸につくり変えられて排出される。

5 × 誤り。肝静脈は肝臓から流れ出る血液が流れる血管である。肝臓へは，肝動脈と肝門脈を経て血液が流れ込む。肝門脈からは，小腸で吸収されたグルコースを含む血液が流れ込んでいる。

確認しよう ➡肝臓のはたらき

正答 3

4

血糖値が低下するとグルコースが放出される。アルブミンは肝臓で，インスリンはβ細胞でつくられる。

1 ◎ 正しい。血糖値が低下すると，アドレナリンのはたらきでグリコーゲンが分解されてグルコースとなり，その結果血糖値が上昇する。

2 × 誤り。前半は腎臓，後半は肝臓のはたらきである。ヒトの体液はpHが7.5ほどで弱アルカリ性である。腎臓で調節される重炭酸イオンのはたらきで体液が酸性に傾くのを防いでいる。肝臓では血しょう中に含まれるアルブミンなどのタンパク質が合成されている。

3 × 誤り。血しょう中のタンパク質を除く成分がボーマンのう嚢中にろ過され原尿となる。この原尿中のグルコース，約95%の水，必要な無機塩類が血しょう側へと再吸収される。

4 × 誤り。インスリンは膵臓にあるランゲルハンス島のβ細胞でつくられ，血糖値を下げるはたらきがある。アンモニアを尿素に変える際に生じるのはオルニチンである。胆汁は肝臓でつくられ，胆嚢に貯えられる。

5 × 誤り。肝臓や筋肉で発生する熱エネルギーのほうが大きい。体内では，肝臓での代謝や筋肉の収縮などによって，常に熱が発生している。特に筋肉量が多い大腿部での発熱量は大きい。

確認しよう ➡肝臓，腎臓，すい臓のはたらき

正答 1

5 赤血球は酸素の運搬をし，白血球は血液中の異物を捕食する。「線溶」は「線維素溶解」を略したものである。

血小板は血液凝固因子をもっており，血液の凝固に関係する。フィブリンは多数のフィブリン・モノマーが重合した線維素である。肝臓で合成され血しょう中に溶解しているフィブリノゲンからフィブリン・モノマーがつくられる。このとき，触媒のはたらきをするのが酵素トロンビンである。傷口が修復されたあと血ぺいが除去されないと，血管が詰まってしまうため，血ぺいを溶かすしくみが備わっているのである。

線維素を溶かすので，このしくみを「線維素溶解」略して「線溶」と呼ぶのである。

よって，正答は**2**である。

確認しよう ➡血液凝固のしくみ

正答 2

生殖と遺伝

重要問題

生殖細胞形成時の減数分裂に関する記述中のア・イそれぞれの｛　｝内から妥当なものを選んだ組合せはどれか。

【地方初級・平成30年度】

減数分裂は，ア｛a. 受精卵　b. 精子や卵など｝をつくるときに行われ，そのとき生じた娘細胞の染色体の数は減数分裂前と比べて

イ｛a. 変化しない　b. 2分の1になる　c. 4分の1になる｝。

	ア	イ
1	a	a
2	a	b
3	a	c
4	b	b
5	b	c

解説

減数分裂が起こるのは，生殖器官で生殖細胞をつくるときだけである。

ア：bが妥当である。

減数分裂は，動物では，精巣で精子ができるとき，卵巣で卵ができるときに起こる。植物では，胞子嚢（のう）で胞子ができるとき，葯（やく）で花粉四分子ができるとき，胚珠で胚嚢細胞ができるときに起こる。

卵が受精した結果生じた受精卵は，精子と卵からそれぞれn本の染色体受け取っているので，染色体の数は$2n$本になっている。

イ：bが妥当である。

減数分裂では分裂が２回起こる。第一分裂で，１個の細胞から２個の細胞が生じる。第二分裂では，それぞれの細胞から２個の細胞が生じる。

つまり，減数分裂では，１個の母細胞から４個の娘細胞が生じることになる。体細胞分裂でも減数分裂でも，分裂前にはDNAの複製が行われるので，分裂する細胞のDNA量は２倍になる。減数分裂では２回の分裂が起こるので，娘細胞のDNA量と染色体数は，２倍になった量の半分の半分，すなわち，母細胞の半分になる。なお，体細胞分裂では，分裂が１回なので，娘細胞のDNA量と染色体数は母細胞と同じになる。

以上から，正答は**4**である。

確認しよう ➡体細胞分裂と減数分裂の違い　　**正答 4**

メンデルの「優勢の法則」，「分離の法則」，「独立の法則」は必須事項である。一遺伝子雑種や二遺伝種雑種の表現型の分離比の計算については習熟しておきたい。また，DNAやクローンなどについても，理解を深めておきたい。

要点のまとめ

重要ポイント 1 生殖

生殖とは，生物が新個体を形成することである。

■無性生殖…体がちぎれて新個体になる方法。同質の個体が形成される。

分裂…プラナリアやイソギンチャクなどの多細胞生物でも行われる。

出芽…体の一部が膨らみ，離れて新個体となる。コウボ菌やヒドラなど。

栄養生殖…植物の根・茎・葉などの栄養器官から新個体が形成される。

ジャガイモの**塊茎**，サツマイモの**塊根**，ユリの**ムカゴ**など。

胞子生殖…胞子を形成するもの。菌類，藻類，コケ植物，シダ植物。

■有性生殖…特別な細胞（配偶子）の合体で新個体が形成される方法。

受精…配偶子の合体を接合というが，特に**精子**と**卵**の合体を受精という。

重要ポイント 2 減数分裂

染色体数が半分になる点に注目し，分裂の過程を覚えよう。

第一分裂前期…相同染色体が対合し，**二価染色体**となる。

第一分裂後期…二価染色体が相同染色体の対合面で分離して，両極に移動。

第一分裂終期…細胞質が二分し，相同染色体を1本ずつ含む2個の細胞形成。

第二分裂後期…染色体が縦裂し，両極に移動。

第二分裂終期…細胞質が二分し，4個の細胞形成。

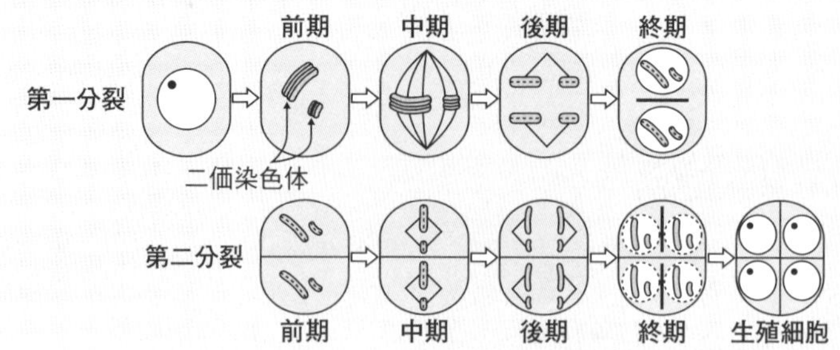

重要ポイント❸ 遺伝

遺伝子の組合せと，そのはたらきを考えよう。

■**ABO式血液型…複対立遺伝子**：A，B，Oの3種類の遺伝子があり，AとBはOに対して優性，AとBは優劣関係がない。A型とB型の両親の場合，遺伝子型が$AO \times BO$とすると，生じる生殖細胞と組合せは表のようになる。

ABはAB型，AOはA型，BOはB型，OOはO型となる。子供には，4つ血液型が生じる可能性がある。

♂＼♀	Ⓐ	Ⓞ
Ⓑ	AB	BO
Ⓞ	AO	OO

■**伴性遺伝**…性染色体上に遺伝子がある場合，雌雄の違いによって形質の現れ方が違う。

黄色ショウジョウバエの眼の色の遺伝…白眼は赤眼に対して劣性であり，その遺伝子はX染色体上にある。雌雄の決定はヒトと同じXY型で，XXは雌，XYは雄である。白眼の遺伝子をgとすると，赤眼の雌 (X^GX^g) と赤眼の雄 (X^GY) の交配では，雌は白眼遺伝子gをもつものもあるが，すべて赤眼となる。雄では赤眼と白眼が1：1に生じる。

♂＼♀	X^G	X^g
X^G	X^GX^G	X^GX^g
Y	X^GY	X^gY

■**二遺伝子雑種**…2組の対立形質に注目すると，遺伝子型$AaBb \times AaBb$では，次の代は表現型$[AB]$：$[Ab]$：$[aB]$：$[ab]$が9：3：3：1の割合となる。

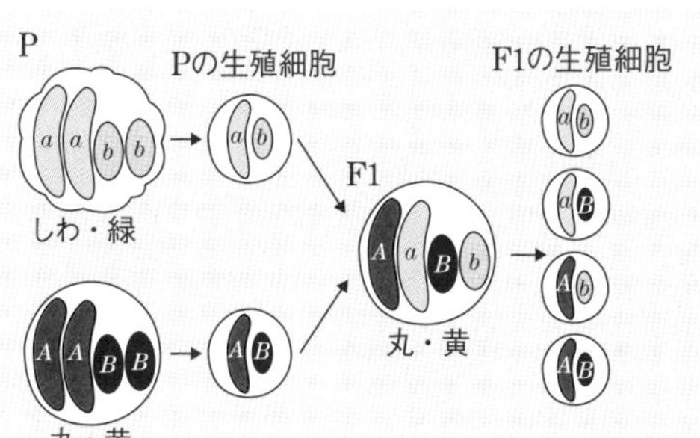

	AB	Ab	aB	ab
AB	$AABB$	$AABb$	$AaBB$	$AaBb$
Ab	$AABb$	$AAbb$	$AaBb$	$Aabb$
aB	$AaBB$	$AaBb$	$aaBB$	$aaBb$
ab	$AaBb$	$Aabb$	$aaBb$	$aabb$

$AABB$	$AAbb$	$aaBB$	$aabb$
$2AABb$	$2Aabb$	$2aaBb$	
$2AaBB$			
$4AaBb$			
$[AB]$	$[Ab]$	$[aB]$	$[ab]$
丸黄	丸緑	しわ黄	しわ緑
9	3	3	1

重要ポイント❹ 遺伝子

遺伝子の本体とはたらきを理解しよう。

■遺伝子の本体…遺伝子の本体はDNA（デオキシリボ核酸）である。肺炎双球菌の形質転換の研究（アベリー）やバクテリオファージの増殖に関する研究（ハーシーとチェイス）により明らかになる。

DNAでは，ヌクレオチドが多数結合した鎖が，二重らせん構造をとる。ヌクレオチド（リン酸－デオキシリボース－塩基）は4種類あり，A（アデニン）－T（チミン），G（グアニン）－C（シトシン）と塩基どうしの結合相手が決まっている。

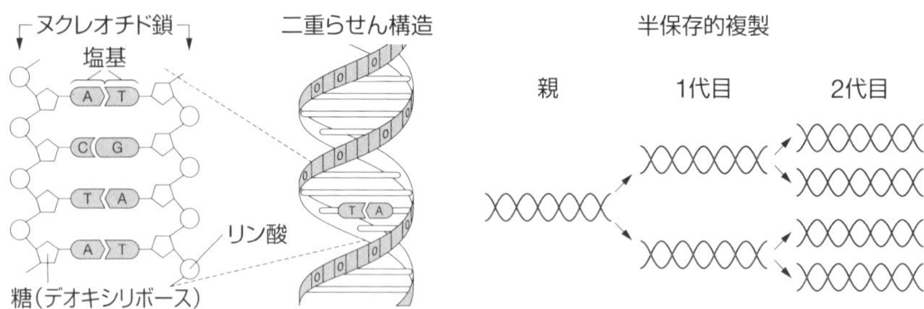

■遺伝子操作

遺伝子組換え…DNAを特定のところで切る制限酵素と，切断部分をつなぐリガーゼという酵素を使い，種の異なる生物間でも，遺伝子を移植することができる。これを応用し，大腸菌などの細菌にヒトのインスリン，成長ホルモン，インターフェロン（制ガン剤）などを大量につくらせることができる。

遺伝子治療…ADA（アデノシンデアミナーゼ）欠損症のヒトのリンパ球に，ADA遺伝子を組み込んだウイルスを感染させ，注射によって戻すと，体内でADAを合成するようになる。

実戦問題

1 有性生殖に関する記述として妥当なのはどれか。

【地方初級・平成29年度】

1 エンドウの花を自家受粉させて種子を得た。
2 チューリップを球根から育て花を咲かせた。
3 ツツジの木の枝を土にさして新しい株を栽培した。
4 イソギンチャクが縦に分裂して2個体になった。
5 核移植をしてクローンヒツジを誕生させた。

2 DNAとRNAに関する記述として，最も妥当なのはどれか。

【東京消防庁・平成29年度】

1 DNAとRNAは，いずれもリン酸，糖，塩基からなるヌクレオチドが多数つながった構造をしているが，糖がリボースであるのがDNAであり，デオキシリボースであるのがRNAである。
2 シャルガフは，DNAの塩基組成は生物の種類によって異なるが，アデニンとチミン，グアニンとシトシンの数の比は，すべての生物で1：1になることを発見した。
3 RNAはDNAと異なり，塩基としてチミンをもち，ウラシルをもっていない。
4 RNAには，mRNA，rRNA，tRNAの3種類があり，これらはタンパク質の分解に重要な役割を果たしている。
5 DNAの塩基配列を写しとる役割を担うRNAを特にtRNAという。

3 ある種のネズミの体色には，灰色，黒色，白色の3種類がある。これらの体色は2対の対立遺伝子C，cとG，gによって支配されており，遺伝子Cは黒色の色素をつくり，遺伝子Gは黒色の色素を灰色に変える。遺伝子cは遺伝子Cに対して劣性，遺伝子gは遺伝子Gに対して劣性で，色素の合成に関与しない。今，遺伝子型CCGGで体色が灰色の個体と，遺伝子型ccggで体色が白色の個体を交配したところ，すべての子(F_1)の体色が灰色であった。このF_1と，遺伝子型CCggで体色が黒色の個体を交配したときの子の表現型の分離比として，最も妥当なのはどれか。

【警視庁・平成25年度】

1 灰色：黒色：白色＝ 9 ： 3 ： 4
2 灰色：黒色：白色＝12 ： 3 ： 1
3 灰色：黒色：白色＝ 1 ： 1 ： 0
4 灰色：黒色：白色＝ 3 ： 1 ： 0
5 灰色：黒色：白色＝ 1 ： 0 ： 0

1 親の固体の一部から新しい個体が生じるのは無性生殖である。

1 ◎ 正しい。エンドウの花の自家受粉では，同一個体の花粉が同一個体のめしべに受粉し，受精が行われるので有性生殖である。

2 × 誤り。球根は，鱗(りん)茎・塊茎・球茎・根茎・塊根・担根体の総称で，栄養器官である地下茎が変化してできたものである。チューリップの球根は鱗茎である。親個体の一部から新しい個体がつくられるので無性生殖である。

3 × 誤り。挿し木は，母株の茎の一部を切り取って土に挿して，個体を人工的に増やす方法であり，無性生殖である。

4 × 誤り。分裂という増え方で，単細胞生物に多く見られるが，イソギンチャクのような多細胞生物でも見られる。雌雄が関係していない無性生殖である。

5 × 誤り。1996年のイギリスで，哺乳類として初めて体細胞クローンであるクローンヒツジが生み出された。雌のヒツジの未受精卵から核を除去し，乳腺から採取した乳腺細胞の核を移植して得られた卵細胞を，代理母であるヒツジに移植することでクローンヒツジは誕生した。雌雄が関係していないので無性生殖である。

確認しよう ➡有性生殖と無性生殖の違い

正答 1

2 アデニンとチミンまたはアデニンとウラシル，グアニンとシトシンが対になる。

1 × 誤り。前半部は正しいが，糖がリボースであるのはRNAであり，デオキシリボースであるのはDNAである。

2 ◎ 正しい。これをシャルガフの法則という。この研究結果は，後のワトソンとクリックによるDNAの二重らせん構造の発見につながる。

3 × 誤り。DNAがもつ塩基は，アデニン，チミン，グアニン，シトシンである。RNAがもつ塩基は，アデニン，ウラシル，グアニン，シトシンである。

4 × 誤り。RNAは，タンパク質の分解ではなく合成に重要な役割を果たしている。RNAには，mRNA，tRNA，rRNAの3種類があり，mRNAはDNAの遺伝情報のうち必要な部分を転写し，tRNAはアミノ酸をリボソームまで運ぶ。また，rRNAは多数のタンパク質とともにリボソームを構成する。

5 × 誤り。DNAの塩基配列を写しとる役割を担うのはmRNAである。

確認しよう ➡DNAとRNAのつくりと役割 **正答 2**

3 **個体が配偶子を形成するときは，対になっている遺伝子は分かれて別々の配偶子にはいる。**

遺伝子型CCGGの親の配偶子はCG，遺伝子型ccggの親の配偶子はcgであるから，その子 (F_1) の遺伝子型はCcGgである。

F_1の配偶子は，CG，Cg，cG，cgの4種類ある。遺伝子型CCggの個体の配偶子はCgである。したがって，F_1と遺伝子型CCggの個体を交配すると，その子の遺伝子型はCCGg，CCgg，CcGg，Ccggの4種類である。

それぞれの表現型は，CCGgでは灰色，CCggでは黒色，CcGgでは灰色，Ccggでは黒色であり，白色は発現しない。

したがって，灰色：黒色：白色＝2：2：0＝1：1：0

よって，正答は**3**である。

確認しよう ➡遺伝子型と表現型 **正答 3**

テーマ5 生物の集団と歴史

重要度

重要問題

生態系に関する記述として最も妥当なのはどれか。

【国家一般職／税務／社会人・平成29年度】

1 光合成を行う植物は，太陽からの光エネルギーを熱エネルギーに変えて有機物中に蓄える。そのエネルギーは，形を変えて生態系の中を循環する。

2 生態系を構成する生物のうち，鳥類やヒトなどは分解者と呼ばれ，呼吸によって有機物を無機物に分解する。

3 生物が，特定の有害物質を体内で濃縮させ，無害の物質にする現象を生物濃縮という。濃縮された物質は，短期間で分解され，体外に排出される。

4 二酸化炭素中の炭素は，植物に吸収され，その植物を動物が食べることで移動するが，最後は遺骸や排出物となり消滅するため，生態系の中を循環しない。

5 生態系において，食物連鎖の各段階を栄養段階といい，栄養段階ごとの生物の個体数は，一般に栄養段階が上がるにつれて少なくなる。

解説

有機物を無機物に分解するのが分解者である。濃縮すると毒性は強まる。一般的には，高次の消費者ほど体が大きい。

1 × 誤り。熱エネルギーではなく化学エネルギーである。光合成では，光エネルギーを利用して二酸化炭素，水などの無機物から有機物をつくり出している。この有機物には，化学結合によるエネルギーが蓄えられている。有機物中に蓄えられた化学エネルギーは，食物連鎖を通じて生態系内を移動するが，最終的には，熱エネルギーとして生態系外へ放出されるため，循環しない。

2 × 誤り。生態系では，光エネルギーを利用して無機物から有機物を合成する植物を生産者といい，生産者が生産した有機物を直接的に，あるいは間接的に利用する動物を消費者という。また，教科書的に言えば，有機物を無機物に分解する生物が分解者であり，土壌中や水中の菌類・細菌類がこれにあたる。ミミズやトビムシなどを分解者とすることもある。鳥類やヒトも体内で有機物を無機物に分解しているので，分解者と言えなくないが，ここでは，一般的な考えにしたがい，分解者としないことにする。

3 × 誤り。特定の物質が，生物体内に外部環境に比べて高濃度に蓄積される現象を生物濃縮という。これは，分解も排出もされにくい物質が体内に蓄積されるために起こる。濃縮されるのだから，当然毒性は強くなる。食物連鎖により，高次の消費者ほど，有害な物質を蓄積することになる。この食物連鎖も含めて生物濃縮ということもある。この生物濃縮によって，かつては重大な健康被害を引き起こした例もある。濃縮される化学物質は，工場排水や農薬などに由来するものもあるが，フグ毒や貝毒など，自然環境で合成されたものもある。

4 × 誤り。遺骸や排出物中の炭素は菌類や細菌などのはたらきで最終的には二酸化炭素になり，大気中や水中に放出される。その二酸化炭素を植物が吸収して利用するので，炭素は生態系を循環することになる。

5 ◎ 正しい。食物連鎖上の，生産者，一次消費者，二次消費者，……という段階を栄養段階という。生産者が生産した有機物や，その有機物に取り込まれているエネルギーは，食物連鎖により，低次から高次へと栄養段階を移動していく。一般的には，高次の段階になるほど，個体数は減少していく。しかし，実際には，個体数が逆転することも多い。例えば，キツネと，それに寄生するダニとの関係では，ダニのほうが個体数が多い。

確認しよう ➡生態系における食物連鎖・物質循環　　**正答 5**

テーマ5の分野では，生態系における食物連鎖，炭素・窒素の循環などが重要事項である。また，生態系から見た環境問題にも留意しておきたい。

要点のまとめ

重要ポイント❶ 生態系

生物群集の役割分担を理解しよう。物質とエネルギーの移動の違いをはっきりさせよう。

■生態系…生物群集と環境とのひとまとまりをいい，生物群集はその役割から，生産者・消費者・分解者に分けられる。

生産者…光合成により無機物から有機物を合成する緑色植物や，化学合成を行う化学合成細菌。

消費者…生産者を直接，間接に食べる植食性動物や肉食性動物。

分解者…生物の遺体や排出物を無機物に分解する菌類やバクテリア。

食物連鎖…食う食われるの関係をいい，実際には複雑なつながりで，網の目のようになっているので食物網と呼ばれる。

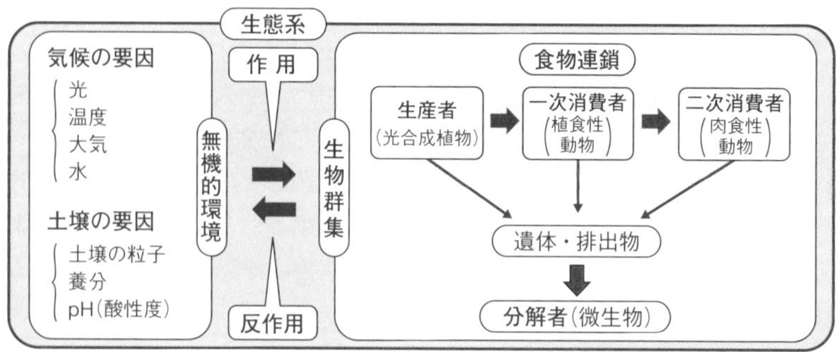

■生態系の物質循環…分解産物は再び生産者に利用され，消費者から分解者へと循環する。

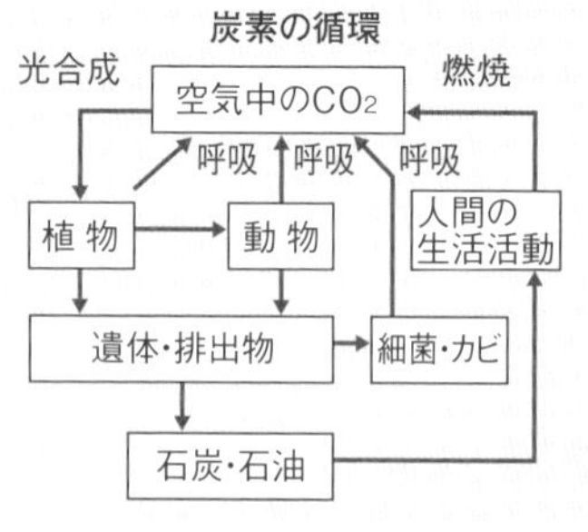

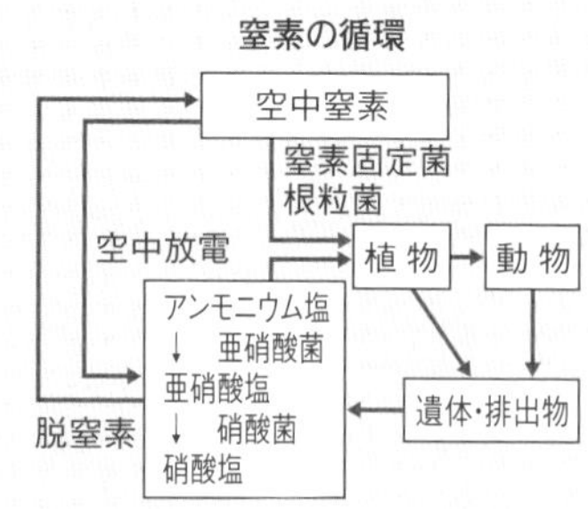

■生態系のエネルギーの流れ…光合成により植物に取り入れられ，生態系の各構成者に利用されるたびにその大半は熱として失われ，循環しない。

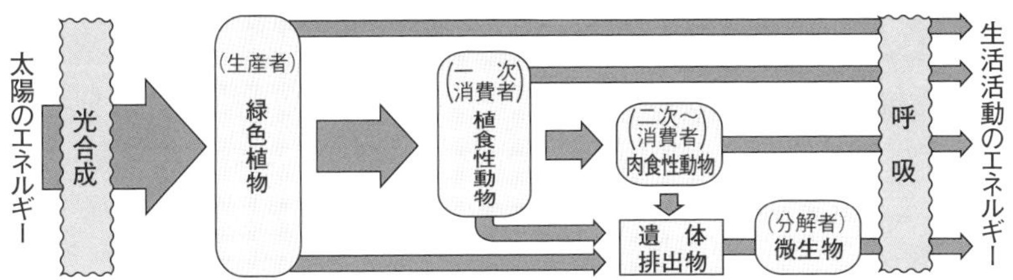

重要ポイント② 進化

進化説と提唱者を覚える。現代の進化説はどう考えているか。

■進化の証拠

化石…進化を直接的に示す証拠。2つの系統をつなぐ中間化石の存在。ある時代に栄え，滅んだ生物の化石（示準化石）は時代の特定に利用。

形態的証拠…ヒトの手，コウモリの翼，鳥の翼，ワニの前足などは，起源は同じだが異なる外観やはたらきをもつ器官で，これらを相同器官という。

発生的証拠…脊椎動物の初期発生を比べると，近縁種ほど類似性が大きいことや，無脊椎動物では近縁種の幼生が似ていることなどがある。

生きている化石…シーラカンス，イチョウ。過去に繁栄した生物が現存。

■進化説

ダーウィン…「自然選択説」生存競争，適者生存によって残り，子孫に形質が伝えられ，新種が形成される。

ラマルク…「用不用説」用いるものは発達，不用なものは退化。その形質が子孫に伝えられる。

ド=フリース…「突然変異説」オオマツヨイグサの研究から突然変異を発見。これが進化の原因とした。

アイマー…「定向進化説」生物は一定の方向に進化する性質をもつ。

現代の進化説…進化は突然変異，自然選択，隔離が原因となり，生物集団の遺伝子構成が変化して起こると考えられている。

重要ポイント❸ 分類

身近な生物を例に，動物なら脊椎動物を，植物分類なら種子植物を押さえておこう。

■植物分類（一部のみを示す。）

細菌類…単細胞生物で，原核細胞である。大腸菌，乳酸菌，亜硝酸菌，硝酸菌，紅色硫黄細菌，根粒菌など。

真菌類…カビやキノコの仲間である。コウボ菌，アオカビ，シイタケなど。

コケ植物…ゼニゴケ，スギゴケなど。

シダ植物…胞子を形成するが，維管束をもち，進化の道筋で陸上に進出したグループと考えられている。ワラビ，ゼンマイ，ウラジロなどがある。

種子植物…種子となる胚珠がむき出しの**裸子植物**と，胚珠が子房に保護された被子植物がある。被子植物は**単子葉類**と**双子葉類**に分かれる。

■動物分類（一部のみを示す。）

原生動物…単細胞。細胞器官の発達したものが多い。ゾウリムシなど。

軟体動物…外とう膜からカルシウムを分泌して殻をつくる。殻が退化したものもある。アサリ，カタツムリ，ナメクジ，イカ，タコなど。

節足動物…体節からなり，キチン質の外骨格をもつ。エビ，カニ，ミジンコ（**甲殻類**）。クモ，ダニ，サソリ，カブトガニ（**クモ形類**）。ヤスデ（**倍脚類**）。ムカデ，ゲジ（**唇脚類**）。バッタ，チョウ，クワガタ（**昆虫類**）。

環形動物…多数の体節からなる。ミミズ，ゴカイ，ヒルなど。

棘皮（きょくひ）動物…ヒトデ，ウニ，ナマコなど。

脊椎動物…発生途中に脊索が生じる。閉鎖血管系で心臓は発達して数室に分かれ，血液はすべてヘモグロビンを含む。

脊椎動物		呼吸器	受精法	繁殖形態	排出物
魚類	コイ，フナ	えら	体外受精	卵生	アンモニア
両生類	カエル，イモリ	肺	体外受精	卵生	尿素
ハ虫類	カメ，ワニ，ヘビ	肺	体内受精	卵生	尿酸
鳥類	ニワトリ，スズメ	肺	体内受精	卵生	尿酸
ホ乳類	ヒト，クジラ	肺	体内受精	胎生	尿素

■**五界説**　ホイッタカーが提唱した，種の多様性による系統分類。

モネラ界…原核生物（細菌類・ラン藻類）

原生生物界…単細胞の真核生物，胚を形成せず組織が未分化な多細胞生物。

植物界…胚を形成する独立栄養生物。組織が分化。

菌界…従属栄養生物。胞子を形成。べん毛を欠く。

動物界…多細胞の従属栄養生物。卵と精子が合体した受精卵から発生する。

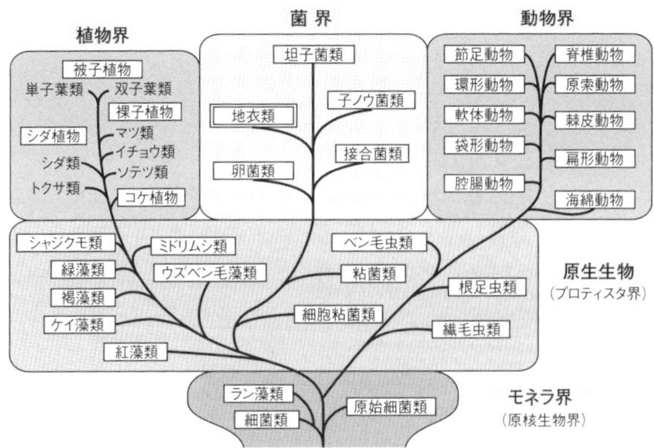

■**3ドメイン説**…ウーズが提唱した，遺伝子の多様性による系統分類。バクテリア（真正細菌），アーキア（古細菌），ユーカリア（真核生物）に大きく分類される。

重要ポイント❹ 環境

人間生活と生態系のバランスに関して，問題点をしっかりと理解しているかどうかが問われる。

酸性雨…排気ガス中の二酸化硫黄・二酸化窒素は，大気中の水と反応し，硫酸や硝酸に変化し，酸性雨の原因となる。

オゾン層の破壊…**フロンガス**は，紫外線により分解され，分離した塩素がオゾン層を破壊し，有害な紫外線が地上に降り注ぎ，生物に有害となる。

生物濃縮…**DDT**や**PCB**など，分解しにくい物質を生物が取り込むと，食物連鎖に従って，次第に蓄積され，体内で濃縮されていく。

環境ホルモン…微量で，ホルモンと同様のはたらきを行い，生物の発生や生殖に重大な影響を与える物質。**ダイオキシン**や**PCB**などがある。

実戦問題

1 **生態系に関する次の記述で，A～Dに当てはまる語句の組合せとして，最も妥当なのはどれか。** 【東京消防庁・平成30年度】

生態系の中の生物は，太陽の光エネルギーを使って無機物である（ A ）や水から有機物をつくり出す（ B ）と，（ B ）のつくった有機物を直接的あるいは間接的に栄養分をとして利用する（ C ）に分けられる。生物の遺体や排出物などの有機物が，無機物に分解される過程にかかわる生物は（ D ）と呼ばれる。（ D ）のはたらきによってできた無機物は，（ B ）のはたらきによって利用され，生態系を循環する。

	A	B	C	D
1	酸素	分解者	生産者	消費者
2	二酸化炭素	生産者	消費者	分解者
3	窒素	生産者	消費者	分解者
4	二酸化炭素	消費者	分解者	生産者
5	酸素	生産者	消費者	分解者

2 **窒素の循環に関する記述として，妥当なのはどれか。** 【特別区・令和2年度】

1 窒素は，生態系には不可欠な元素であり，タンパク質，核酸等の有機物に含まれているが，ATPには含まれていない。

2 植物が土壌中にある硝酸イオンやアンモニウムイオンを根から吸収して，タンパク質や核酸等の有機窒素化合物をつくるはたらきを光合成という。

3 マメ科の植物の根に共生する根粒菌や土壌中に生息するアゾトバクター等の細菌が，大気中の窒素をアンモニウムイオンに変えるはたらきを窒素固定という。

4 動植物の遺骸や排出物等に含まれる窒素は，菌類や細菌によって硝酸イオンに分解され，さらに，硝化菌によってアンモニウムイオンに変えられる。

5 土壌中の一部の硝酸イオンが，脱窒素細菌のはたらきで窒素に変えられ，大気中に戻る作用を窒素同化という。

3 図は，生存曲線と呼ばれるもので，同時期に生まれた総個体数を1,000とし，その後の個体数の減少を時間を追って相対年齢ごとに示している。図中のⅡ型の生存曲線を示す生物やその特徴として適するものを次の①～③からそれぞれ選ぶと，その組合せとして妥当なのはどれか。

【警察官・令和元年度】

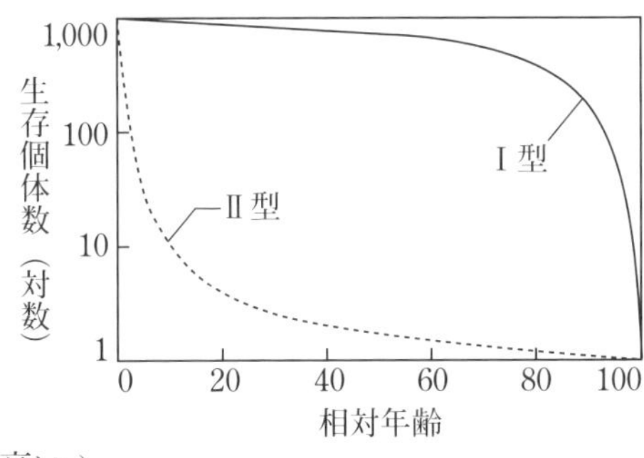

① 生後すぐの死亡率が {a. 高い / b. 低い}。

② 一度の産卵・産子数が {a. 多い / b. 少ない}。

③ 代表的な動物は {a. トラ / b. イワシ} である。

	①	②	③
1	a	a	a
2	a	a	b
3	b	a	a
4	b	b	a
5	b	b	b

4 次の記述に該当するバイオームとして，最も妥当なのはどれか。

【警視庁・平成28年度】

温帯のうち，年平均気温が比較的低い冷温帯に分布し，ブナ，ミズナラ，カエデ類などの落葉広葉樹が優占する。

1 雨緑樹林
2 硬葉樹林
3 照葉樹林
4 夏緑樹林
5 針葉樹林

5 **食物連鎖に関するA～Dの記述のうち，妥当なものを選んだ組合せはどれか。**

【特別区・平成27年度】

A：生産者は，光合成を行う植物などで，水や二酸化炭素などの無機物を取り込んで有機物を合成する。

B：すべての消費者は，動植物の遺体や排出物に含まれる有機物を最終的に無機物にまで分解する。

C：生物量ピラミッドは，栄養段階ごとに生物の個体数を調べて棒グラフに表し，それを横にして栄養段階順に積み重ねたものをいう。

D：生態ピラミッドは，生産者を底辺として，生物の個体数や生物量を栄養段階順に積み重ねたものをいう。

1　A，B
2　A，C
3　A，D
4　B，C
5　B，D

6 **植生等に関する記述として最も妥当なのはどれか。**

【国家一般職／税務／社会人・平成30年度】

1　熱帯多雨林は，年降水量が多く，一年中気温が高い熱帯で発達する。多くの種類の植物が存在し，発達した階層構造をもつ。また，そこに生息する動物の種類も多様である。

2　夏緑樹林は，温帯のうち比較的寒冷な冷温帯で発達する。わが国にも夏緑樹林が分布し，おもにエゾマツやカエデ類などの常緑広葉樹が優占種である。

3　ステップは，地中海沿岸など夏に雨が多く冬に雨が少ない地域で発達する。ステップでは，オリーブなどの落葉広葉樹が生育している。

4　針葉樹林は，年平均気温が−5℃以下となる寒帯で発達し，ミズナラなどの落葉針葉樹が優占種である。針葉樹林に生息する動物の代表例として，トナカイが挙げられる。

5　ツンドラは，年平均降水量が200mm以下の乾燥地域で発達する。ツンドラでは，地衣類やコケ植物のほか，耐乾燥性を有するサボテン類が生息している。

実戦問題●解説

1 植物は光合成によって無機物のCO_2やH_2Oなどから有機物を合成する。動物はその有機物を摂取する。

植物は，光エネルギーを利用して，無機物である二酸化炭素と水から有機物をつくり出していることから生産者と呼ばれる。生産者が生産した有機物を直接あるいは間接に利用するのが消費者である。消費者の遺骸や排出物は菌類や細菌類などによって無機物に分解される。菌類や細菌類は分解者と呼ばれる。分解者によって分解されて無機物は，再び生産者に利用されて，有機物となる。このように，食物連鎖によって，炭素や窒素などの無機物は生態を循環している。

以上から，**A**は二酸化炭素，**B**は生産者，**C**は消費者，**D**は分解者である。

よって，正答は**2**である。

確認しよう ➡食物連鎖　　**正答 2**

2 アミノ基には窒素Nが含まれる。窒素固定ではアンモニアNH_3，窒素同化ではタンパク質などが合成される。

1 × 誤り。ATPは，アミノ基NH_2をもつアデニン，リボース，リン酸が結合したものであり，窒素Nが含まれている。

2 × 誤り。硝酸イオンやアンモニウムイオンなどの無機窒素化合物から，タンパク質，酵素，核酸，ATPなどの有機窒素化合物をつくるはたらきを窒素同化という。

3 ◎ 正しい。生物が空気中の窒素N_2を取り込んで，窒素同化に必要なアンモニアNH_3を合成することを窒素固定という。合成されたNH_3はすぐに酸化されてアンモニウムイオンNH_4^+になる。窒素固定を行う細菌としては，マメ科植物の根に共生する根粒菌や，土壌中に存在するアゾトバクターなどがある。

4 × 誤り。動植物の遺骸や排出物中のタンパク質は，土壌中の腐敗細菌によって分解され，アンモニウムイオンNH_4^+になる。さらに，NH_4^+は硝化菌によって硝酸イオンNO_3^-になる。

5 × 誤り。窒素同化ではなく脱窒素作用である。

確認しよう ➡窒素固定と窒素の循環　　**正答 3**

3 幼児期の死亡率が，Ⅰ型は低く，Ⅱ型は高い。

グラフから，Ⅰ型では，幼児期の死亡率が低く，平均寿命が長いことが読み取れる。このような生存曲線を晩死型という。この型を示すのは，ヒトなどの哺乳類やミツバチなどの，親が子を保護し，育てる生物である。それに対し，Ⅱ型では，幼児期の死亡率が高く，平均寿命が短いことが読み取れる。このような生存曲線を早死型という。この型を示すのは，魚類や昆虫類であり，産卵数が多いため，種としては存続する。

以上から，正答は**2**である。

確認しよう ➡動物の生存曲線　　**正答 2**

4 相観（植物群落の外観上の特徴）をもとに分類した植物群落の分類上の単位をバイオーム（植物群系）という。

1 × 誤り。雨緑樹林は，雨季と乾季のある熱帯や亜熱帯のモンスーン地帯に見られる森林で，雨季には葉が茂り，乾季には落葉する。雨緑樹には，チーク，マホガニー，ラワンなどがある。

2 × 誤り。硬葉樹林は，夏季に雨が少なく，冬に雨が多い地中海式気候の地域で発達する森林である。硬い葉をもつことから，硬葉樹と呼ばれる。硬葉樹には，オリーブ，コルクガシ，ユーカリなどがある。

3 × 誤り。照葉樹林は，夏季に多雨の温帯の地域に見られる常緑広葉樹の森林である。クチクラ層が発達し，葉に照りが見られることから照葉樹の名がある。照葉樹には，カシ，シイ，クスノキなどがある。

4 ◎ 正しい。夏緑樹林は，夏季に雨量が多く，冬季に少雨・低温の冷温帯の地域に見られ，冬季には落葉する落葉広葉樹が優占する森林である。

5 × 誤り。針葉樹林は，寒帯や亜寒帯の地域で発達する森林で，落葉または常緑の針葉樹からなる。針葉樹には，マツ，スギ，ヒノキなどがある。

確認しよう ➡バイオームと環境要因　　**正答 4**

5 有機物を無機物までに分解するのは分解者である。各栄養段階の個体数をグラフにしたものは個体数ピラミッドである。

A ○ 正しい。一般には，いわゆる藻類を含む広い意味での植物で，光合成を行う生物を生産者という。海底のプレート境界やホットプレートなどに存在する熱水噴出孔周辺には，光エネルギーを使わず化学的に有機物を合成する細菌などが知られているが，これも生産者である。

B × 誤り。動植物の遺体や排出物に含まれる有機物を最終的に無機物にまで分解するのは，土中や水中の菌類・細菌類・原生動物であり，分解者と呼ばれる。なお，「すべての」がついているのは，これをとると，一部の消費者には当てはまってしまうからである。消費者であっても，体内で有機物を無機物に分解しているので，分解者と見ることもでき，糞(ふん)虫(フンコロガシなど)のように動物の排出物を利用している生物がいる。

C × 誤り。「生物量ピラミッド」ではなく「個体数ピラミッド」についての記述である。生物量ピラミッドは，生物体量ピラミッドともいわれ，単位面積当たりの生物量を基準にする。一般に，捕食者より被食者のほうが生物量が多いので，他の生態ピラミッドと違い，特殊な例を除いて逆転することはなく，ピラミッド型になる。なお，教科書や参考書によっては「現存量ピラミッド」とするものもあるので，注意が必要である。

D ○ 正しい。個体数をもとに作成したものが個体数ピラミッド，生物量をもとに作成したものが生物量ピラミッド，エネルギー量をもとに作成したものがエネルギーピラミッドである。

以上から，正答は**3**である。

確認しよう ➡食物連鎖と食物網

正答 3

第3章 生物

6

1 ◎ 正しい。熱帯多雨林は，年間を通じて高温多湿の地域に発達する常緑広葉樹の森林で，5～7の発達した階層構造をもつ。密度が高く，樹種が多い。そのため，植物を利用する動物の種類も多様である。太陽の光エネルギーをもとに合成される生産量の大半は，日射量が豊富な最上部の林冠層に集中するため，下部とは異なる生態系が形成される。高密度の樹林にさえぎられて日射量が乏しい地表付近では下草が成長しにくい。また，高温のために有機物がすぐ分解されるので，腐植層は発達しにくい。なお，「熱帯雨林」とも言われるが，これは地理学上の用語で，植物生態学上では「熱帯多雨林」が用いられる。

2 × 誤り。夏緑樹林は，温暖な夏に緑葉をつけて活動し，寒冷な冬に落葉する落葉広葉樹を優占種とする群系で，温帯のうち比較的寒冷な冷温帯で発達する。日本の冷温帯で発達する夏緑樹林の優占種はミズナラ，カエデ，ブナなどである。北海道南部の平地で発達する夏緑樹林は，シラカバが優占種である。エゾマツは，より冷涼な北海道東部地域の亜寒帯での優占種であり，常緑針葉樹である。常緑広葉樹林は，日本ではフォッサマグナ以西の比較的温暖な暖温帯で発達し，そこでの優占種はシイ，カシなどである。

3 × 誤り。ステップは，温帯の年間を通じて雨が少ない乾燥帯，森林が成立しないに地域に広がる平原である。通常，背丈の低いイネ科などの草本が見られるが，樹木はほとんど生育しない。先地中海沿岸は，夏に雨が少なく冬に雨が多い気候である。オリーブは常緑広葉樹である。

4 × 誤り。寒帯の植生はツンドラである。夏には凍土層の表面付近が融けて，コケ植物や地衣類など生育する地域もある。また，コケモモのような灌木が生育する地域もある。ミズナラは落葉広葉樹で，夏緑樹林の優占種である。トナカイは，ヨーロッパのツンドラの代表的な動物であり，北アメリカのツンドラではカリブーと呼ばれる。

5 × 誤り。砂漠は年平均降水量200mm以下の乾燥地域に成立する荒原である。極端な乾燥のため植生は乏しいが，北アメリカの砂漠では多肉植物のサボテンが生育する。

確認しよう ➡気候区分と植生　　**正答 1**

第4章

地学

テーマ1　地球の大気と海洋

テーマ2　天気の変化

テーマ3　太陽系と宇宙

テーマ4　地球の構成と歴史

テーマ 1 地球の大気と海洋

重要度 

重要問題

地球の大気に関する記述として最も妥当なのはどれか。

【国家一般職／税務／社会人・令和２年度】

1　地球の大気の組成（体積比）で最も多いのは酸素で，次いで二酸化炭素である。この二つの気体は，生物の存在に欠かすことができないが，地球以外の太陽系の惑星には，ほとんど存在しない。

2　海面と同じ高さの地点の気圧は平均すると１気圧である。ある地点の気圧は，その地点より上にある大気の重さによって生じるため，高度が上がるほど気圧は低くなる。

3　大気圏の最上部の熱圏にはオゾン濃度が高い層があり，これをオゾン層という。オゾン層は，太陽からの可視光の一部を反射するので，高緯度地域ではオーロラがみられる。

4　雲は，大気中に生じた小さな水滴や氷の粒の集まりである。特に，水蒸気が飽和していない対流圏の大気に下降気流が生じると，凝結が起こり氷晶が生じて，雲が形成されやすい。

5　風は大気の流れである。北半球の場合，低緯度では西風の偏西風が吹き，中緯度ではジェット気流とも呼ばれる東風の季節風が吹き，高緯度では西風の貿易風が吹く。

解説

地表付近の平均の大気圧力が１気圧と定められた。断熱膨張では温度が低下する。日本の上空では偏西風が吹いている。

1 ×　誤り。地球大気は，水蒸気を除いて，その組成比はほぼ一定である。水蒸気を除いた乾燥空気の組成する気体の体積比は，窒素78.08％，酸素20.95％，アルゴン0.93％であり，二酸化炭素は0.032％である。近年は，二酸化炭素の組成比が増加しつつあり，その温室効果による温暖化が問題になっている。窒素はアミノ酸，酸素は呼吸，二酸化炭素は光合成に関与し，生物の存在に欠かすことができない。金星の大気は主として二酸化炭素であり，窒素も存在する。火星の大気は希薄ではあるが，その組成気体は主に二酸化炭素で，窒素も含まれている。

2 ◎ 正しい。ある地点での気圧は，その地点より上にある大気が及ぼす重力の大きさによって決まる。上空ほど，大気の密度が小さくなるので圧力は小さくなる。なお，気圧は，地表付近の平均の大気圧を１気圧として定めたものであるが，SI単位系ではPa（パスカル）であり，気象用語としてはhPa（ヘクトパスカル）が圧力の単位として用いられている。１気圧をhPa単位で表すと1013hPaである。

3 × 誤り。オゾンO_3は酸素O_2の同位体であるが，対流圏の上層の成層圏に多く存在し，オゾン濃度が高い層をオゾン層という。オゾン層には，紫外線，特に生物にとって有害な波長の短い紫外線を吸収する働きがあり，紫外線が地表に大量に降り注ぐのを阻止する役割を果たしている。オーロラは，地球に絶えず吹きつけられる太陽風と呼ばれるプラズマ（超高温のため，気体が電子とイオンに電離した状態）と地球磁場との相互作用により発生する。この現象は，磁場の強い高緯度の極地方で見られる。

4 × 誤り。「下降気流」ではなく「上昇気流」とすれば正しい記述になる。空気は上昇すると圧力が低下するため膨張するが，このとき，エネルギーを放出して温度が低下して露点に達し，空気中の水蒸気が凝縮する

5 × 誤り。北半球では，低緯度地方で北東の貿易風が吹き，中緯度地方で南西の偏西風が吹く。ジェット気流は，上空８～15kmの対流圏上層で吹く帯状の強風で，風速は30～100m/sである。北半球では，北緯40度付近の寒帯ジェット気流と北緯30度付近の亜熱帯ジェット気流があり，航空機の航行に大きな影響を及ぼしている。

確認しよう ➡大気の組成や動き　　**正答 2**

テーマ１の分野の出題頻度はあまり高くない。エルニーニョ現象，ラニーニャ現象，フェーン現象などは比較的よく出題されるので理解を深めておきたい。大気の循環についての知識は，気候や気象に大きな関係があり，必須事項である。オゾン層の働きについても注意が必要である。

要点のまとめ

重要ポイント 1 地球の大気の構造

よく出題される分野である。地球の大気はどのような層構造になっているか，各層の特徴とともに整理して覚えておこう。

■**地球の大気**…地球の大気成分は**窒素**(約78％)，**酸素**(約21％)で全体の99％を占め，残りは**アルゴン**，**二酸化炭素**などである。**水蒸気**は季節や地域によって変動する。

■**大気の構造**…温度変化により以下のように分けられている。

対流圏…上空ほど気温は低い。対流運動が活発で，雲が発生して雨が降るなどの**さまざまな気象現象が発生**している。

成層圏…高さ20～30kmの高さに**オゾン層**が存在して，生物に有害な紫外線を吸収している。

中間圏…上空ほど気温は低く，上部で大気圏中の最低の気温になる。

熱圏…大気成分は希薄，太陽からのX線や紫外線の影響でイオンに電離。電子の密度が高い**電離層**があり地上からの電波を反射する性質がある。

重要ポイント 2 地球の熱収支と大気の大循環

温室効果はねらわれるところなので，地球温暖化と関連づけてしっかり理解しておくこと。

■**地球の熱収支**…地球は**太陽放射**を可視光線の形で受け取っており，地球は赤外線の形で，エネルギーを宇宙に放出している(**地球放射**)。地球が受ける太陽放射と地球放射のエネルギー収支は地球規模ではつりあっている。

■**大気の大循環(恒常風)**…緯度によるエネルギー収支の不均衡を解消するため，低緯度から高緯度へエネルギーが移動している。地球規模の大気の大循環はこのエネルギーの運び手の一つである。

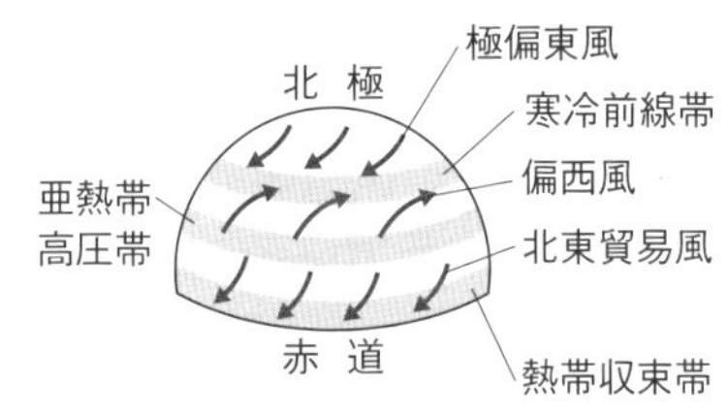

■**温室効果と地球温暖化**

二酸化炭素や水蒸気は地球から放射される赤外線を吸収するため，地球の気温を生物にとって快適な気温に保つ大切な役割をしている。しかし近年，化石燃料の燃焼などにより二酸化炭素が増加傾向にあり，過剰な温室効果によって地球の気温が上昇する**地球温暖化**が問題になっている。

重要ポイント③ 地上で吹く風

高気圧や低気圧の周りでは，どのような風が吹いているのかしっかり理解しておくこと。

■**空気に働く力**…空気には**気圧傾度力**が働き，風は基本的に気圧の高いほうから低いほうへ吹く。実際には地球の自転による**コリオリの力（転向力）**や摩擦力が加わり，**等圧線を斜めに横切る方向**に吹く。

■**高気圧・低気圧での風**…北半球の低気圧や高気圧の周囲では図のような風が吹く。また，低気圧の中心付近では上昇気流が，高気圧の中心付近では下降気流がある。

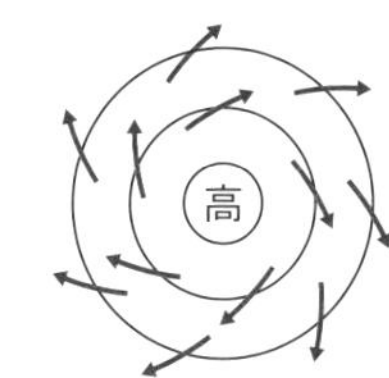

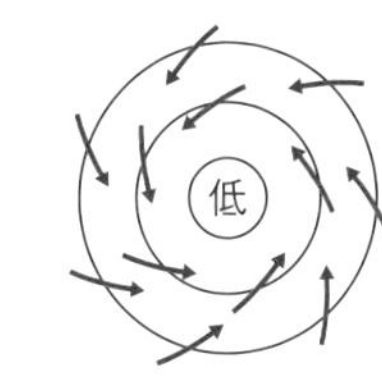

重要ポイント④ 地球の海洋

海面に見られる現象を，原因とともにつかんでおくこと。

■**海流**…海流は海の表層の流れで，主な原因は海面上を一定方向へ吹く風。海流は陸地の気候にも大きな影響を与える。

■**海面に起きるさまざまな現象**

風浪…風域内で，風の影響によって発生する波。不規則な形をする。

うねり…風浪が風域外へ出て，丸い峰をもち，比較的整った波形の波。

津波…地震に伴う**海底の地殻変動**によって起こされる波。

高潮…台風などにより気圧の低下による海面吸い上げ作用や，強風によって海水が湾の奥に吹き寄せられて，海面水位が異常に上昇する現象。

潮汐…月と太陽の引力によって，地球上の海面水位が上下する現象。普通は約半日の周期で昇降を繰り返す。

実戦問題

1 地球の大気に関する記述として，最も妥当なのはどれか。

【警視庁・平成27年度】

1 地表付近の大気の組成は，体積比で酸素約78％，窒素約21％である。

2 大気圏内では，気圧は高度とともに小さくなり，気温は高度とともに下降する。

3 地表から約10kmまでを中間圏といい，雲ができたり雨が降ったりする気象現象はこの範囲で起こる。

4 高度約10～50kmの範囲を対流圏といい，この上層にあるオゾンが多く含まれる層をオゾン層という。

5 高度約80～500kmまでの範囲を熱圏といい，この範囲にある高度100km付近で太陽から放出された電子などの粒子が大気の分子と衝突し，オーロラと呼ばれる現象が起こる。

2 大気または海洋における現象に関する記述として，妥当なのはどれか。

【東京都・平成30年度】

1 フェーン現象は，東部太平洋赤道域で，数年に一度，海面水温が広い範囲にわたって平年よりも高い状態が続く現象のことである。

2 ラニーニャ現象は，東部太平洋赤道域で，数年に一度，海面水温が広い範囲にわたって平年よりも低い状態が続く現象のことである。

3 エルニーニョ現象は，湿った空気が，山を越えるときに雨を降らせて水分を失った後，山を吹き降り，乾燥し高温になる現象のことである。

4 貿易風は，中緯度の地域上空を，南北に大きくうねりながら，東から西に向かって吹く風のことである。

5 偏西風は，低緯度地域で亜熱帯から赤道付近へ，西から東に向かって吹く風のことである。

3 次の文は，高気圧および低気圧に関する記述であるが，文中の空所A～Eに該当する語の組合せとして妥当なのはどれか。 【特別区・平成19年度】

北半球では，地上付近の風は，（　A　）の中心に向かって（　B　）に吹き込み，（　C　）の中心から（　D　）に吹き出す。

北西太平洋または南シナ海で発達した（　E　）のうち，最大風速が17.2m/秒以上になったものを，わが国では台風と呼んでいる。

	A	B	C	D	E
1	低気圧	時計回り	高気圧	反時計回り	熱帯低気圧
2	低気圧	時計回り	高気圧	反時計回り	温帯低気圧
3	低気圧	反時計回り	高気圧	時計回り	熱帯低気圧
4	高気圧	時計回り	低気圧	反時計回り	温帯低気圧
5	高気圧	反時計回り	低気圧	時計回り	熱帯低気圧

実戦問題●解説

1 地球の大気圏は，対流圏（高度：0～約10km），成層圏（約10～50km），中間圏（約50～80km），熱圏（約80～500km）に区分される。

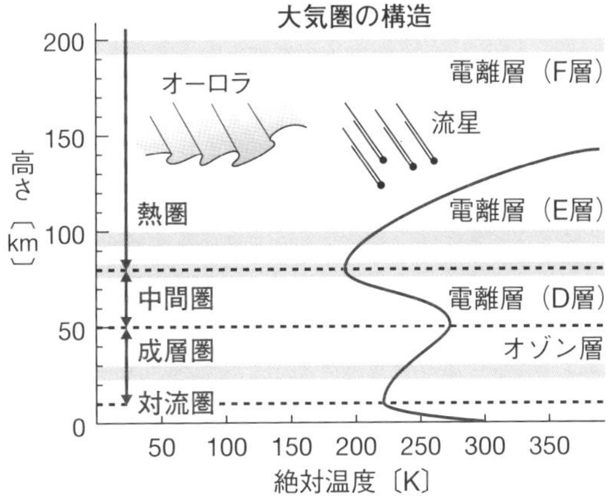

1 × 誤り。窒素が約78％で，酸素が約21％である。大気中には水蒸気が数％あるが，場所や気温によって変動するので，水蒸気を除いた乾燥空気で，組成比が求められている。

2 × 誤り。気圧は高度とともに低下するが，気温は，対流圏・中間圏では高度とともに低下し，成層圏・熱圏では高度とともに上昇する。熱圏では，オゾン以外の物質が紫外線を吸収して，気温は500℃から2000℃超えるまでになる。

3 × 誤り。地表から約10kmまでは対流圏である。大気の成分の半分以上がこの対流圏に存在する。水（水蒸気）の存在比率は上層より高く，気象現象はこの対流圏内で起こる。

4 × 誤り。高度約10～50kmの範囲は成層圏である。オゾン層は，この成層圏の上層部にある。

5 ◎ 正しい。オーロラの発生には地球の磁場が関係しており，磁場が強い北極圏や南極圏の上空で観測される。

確認しよう ➡地球の大気圏の区分

正答 5

2 エルニーニョ現象はペルー沖の海水温の上昇によって，ラニーニャ現象は海水温の下降によって起こる。フェーンは山越えの暖かい風である。

1 × 誤り。フェーン現象ではなく，エルニーニョ現象についての記述である。エルニーニョは太平洋赤道域の日付変更線辺りから南米沿岸にかけて，海面水温が平年より高くなり，その状態が1年ほど続く現象である。この現象は，数年に一度発生し，世界の異常気象の原因となると考えられている。

2 ◎ 正しい。エルニーニョ現象とは反対に，下降気流が発生して風が吹き出し，貿易風を強める。貿易風が強まると北赤道海流の流れが強まり，運ばれる暖かい海水の量が増加する。その結果，黒潮の海水温が上昇し，その影響で日本付近では暖冬になることもある。一方対馬海流の水温も上昇するので，日本海では海水の蒸発が盛んになり，シベリア高気圧の勢力が強いと，日本列島の日本海側では豪雪になることもある。

3 × 誤り。エルニーニョ現象ではなく，フェーン現象についての記述である。空気は上昇すると断熱膨張によって温度が低下する。下降すると断熱圧縮によって温度が上昇する。この温度変化の割合は乾燥した空気のほうが大きい。湿った空気が山腹を上昇して露点に達すると降雨現象が起こり，空気は乾燥する。この乾燥した空気が山越えをして山腹を下降すると，気温が上昇し，ときには40℃ほどに達することある。この高温の乾燥した風のため，大火が引き起こされることもある。

4 × 誤り。貿易風は，中緯度高圧帯から赤道低圧帯へ向かって吹く恒常風である。地球の自転の影響を受けて，北半球では北東貿易風，南半球では南東貿易風となる。赤道付近は日射量が多く，空気が暖められて上昇気流が生じ気圧が低くなり，赤道低圧帯ができる。この上空では，上昇してきた空気のために気圧が高くなるので，より気圧の低い中緯度のほうに向かって空気が流れ出す。その結果，中緯度上空では気圧が高くなり，中緯度高圧帯ができる。高圧帯では下降気流が生じ，気圧の低い赤道低圧帯に向かって風が吹くことになる。これが貿易風である。

5 × 誤り。偏西風ではなく，貿易風に関する記述である。偏西風は，中緯度地方の上空を，南北に大きく蛇行しながら，西から東に向かって吹く風のことである。

確認しよう ➡恒常風，フェーン現象，エルニーニョ現象　　**正答 2**

3 高気圧では下降気流，低気圧では上昇気流が生じる。

周囲より気圧が低い低気圧では，周囲に比べて空気の密度が小さいので周囲から空気が吹きこむ（一般に，気体や液体では，濃度が均質化しようとする性質がある）。この空気の流れが風であるが，地球の自転による影響で大気にはコリオリの力が働き，低気圧の中心に向かって反時計回り方向（等圧線に垂直な方向から見て左斜め向き）に風が吹きこむ。高気圧では周囲より空気の密度が大きく，周囲に向かって風が吹き出す。このとき，コリオリの力の影響で時計回りの方向に風向はずれる。

北西太平洋（赤道の北部で東経180度より西の地域）や南シナ海で発生した低気圧（熱帯低気圧）で，低気圧域内の最大風速が17.2m/秒以上のものを台風という。なお，インド洋上などで発生したものはサイクロン，大西洋上などで発生したものはハリケーンと呼ばれる。

以上から，**A**は「低気圧」，**B**は「反時計回り」，**C**は「高気圧」，**D**は「時計回り」，**E**は「熱帯低気圧」である。よって，正答は**3**である。

確認しよう ➡高気圧・低気圧と風の関係　　**正答 3**

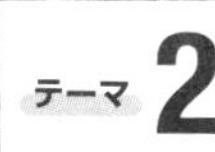

テーマ2 天気の変化

重要問題

次のA～Eの記述中の｛　｝から正しい言葉を選んだ組合せはどれか。

【地方初級・平成17年度】

A：オホーツク海気団は，温度が低く｛湿って　乾いて｝いる。

B：揚子江気団は，温度が高く｛湿って　乾いて｝いる。

C：シベリア気団は，温度が低く｛湿って　乾いて｝いる。

D：小笠原気団は，温度が高く｛湿って　乾いて｝いる。

E：やませは冷害をもたらすが，これは｛太平洋側　日本海側｝で発生する。

	A	B	C	D	E
1	乾いて	湿って	湿って	乾いて	日本海側
2	乾いて	乾いて	湿って	乾いて	日本海側
3	湿って	乾いて	湿って	湿って	太平洋側
4	湿って	湿って	乾いて	湿って	日本海側
5	湿って	乾いて	乾いて	湿って	太平洋側

解説

日本の各季節の天気の特徴を，その天気の特徴をもたらす気団と結びつけて，しっかり整理しておくことが重要である。

気団というのは，ほぼ同じ性質（気温や湿り気など）の空気のかたまりをいう。気団が発生すると大気が安定するので，気団は高気圧にほぼ対応すると考えてよい。また，一般に海上にできる気団は湿っており，大陸上にできる気団は乾いている。気温も，日本の南にできる気団は気温が比較的高く，北にできる気団は気温が比較的低いと考えてよい。

A：**オホーツク海気団**は，梅雨の季節に北海道の北東海上（オホーツク海上）に発生する気団で，**温度が低く湿っている**性質の空気のかたまりである。オホーツク海気団と小笠原気団の境界にできる停滞前線が**梅雨前線**で，日本に梅雨の天候をもたらす。

B：**揚子江気団**は，中国の揚子江流域にできる気団で，**気温は高く乾燥している**。春や秋に，移動性高気圧として日本の天気に影響を及ぼす。なお，長江気団と呼ばれることがある（気象庁では正式にはこちらの名称を使用している）。

C：**シベリア気団**は，冬にシベリア上空にできる**低温で乾燥した気団**である。シベリア気団から吹き出す季節風が，日本海から水蒸気をもらい，冬の日本海側に雪をもたらす。

D：**小笠原気団**は，夏に太平洋上にできる気団で，**高温で湿っている**。日本の暑く湿度の高い夏は，小笠原気団が日本上空に張り出すことによってもたらされる。

E：**やませ（山背）**は，初夏から夏にかけて，オホーツク気団より吹き出す冷たく湿った北東風で，**北海道や東北の太平洋側**に吹き込み，冷害をもたらすことがある。その風は，脊梁山脈を越えると，日本海側には**フェーン現象**をもたらすこともある。

以上より，正答は**5**である。

確認しよう ➡気団，日本の四季の天気の特徴

正答 5

第4章 地学

近年は，テーマ２の分野の出題例は少ないが，油断は禁物である。前線のできかた，台風，天気図の読み取りかたなど基本的な事項は押さえておく必要がある。ゲリラ豪雨（気象用語としては，雨の降り方によって「局地的大雨」などを用いている）についても留意しておきたい。

要点のまとめ

重要ポイント1 気団とその性質

日本の天気に影響を及ぼす4つの気団について，特徴とともに覚えておこう。

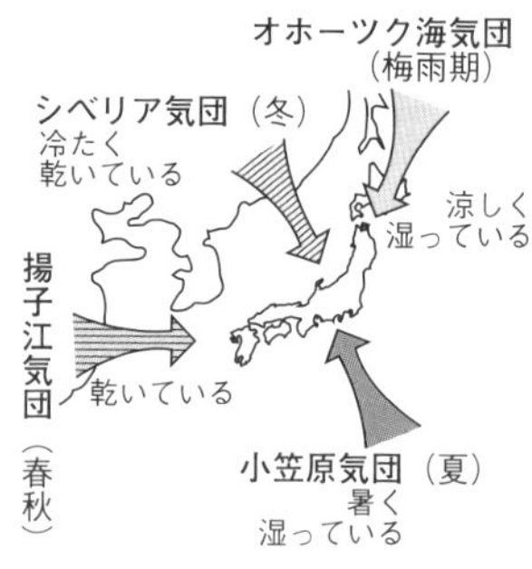

広い地域にわたり，温度や湿度などの性質がほぼ一様な空気の塊を気団という。日本列島の気象に影響を与える気団には右図のようなものがある。

重要ポイント2 天気図と前線

前線の種類と特徴を整理しておくとともに，前線の記号や主要な天気図記号はしっかり覚えておくこと。

気団と気団の境界が前線である。4種類の前線がある。

■寒冷前線 

勢力の優勢な寒気が，暖気の下に潜り込んで発生。積乱雲が発生し，激しい雨が短時間降る。突風や気温の急激な低下を伴うこともある。

寒冷前線　積乱雲
寒気　暖気
にわか雨
約70 km

■温暖前線

勢力の優勢な暖気が，寒気の上に乗り上げて発生。比較的穏やかな雨が長時間降る。

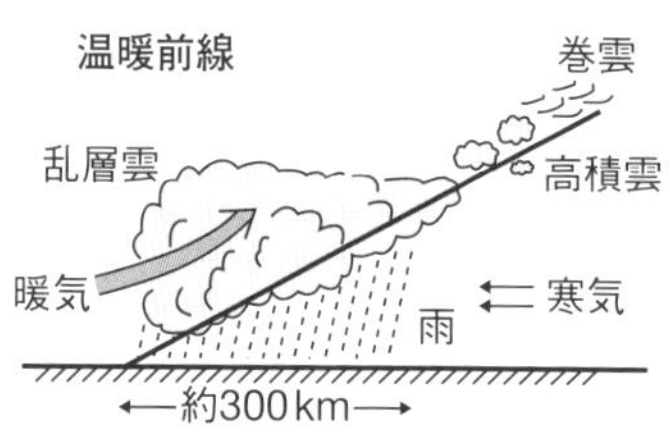

■閉塞（へいそく）前線

寒冷前線が温暖前線に追いついてできる。

■停滞前線

寒気と暖気の勢力が伯仲しているときに発生。同じところに停滞する。梅雨前線や秋雨前線が相当。

■天気図記号

風向と風力（矢羽根の数で示す）を表す。
記号で天気を表す。

主な天気の記号
○快晴　●雨
⦶晴れ　⊗雪
◎曇り

重要ポイント❸ 低気圧と台風

温帯低気圧と熱帯低気圧・台風の違いを押さえておこう。

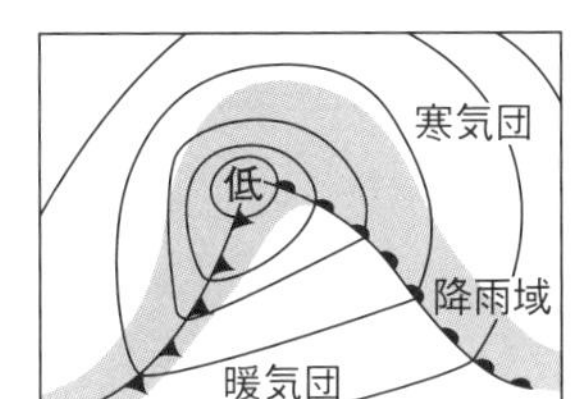

■**温帯低気圧**…温帯や寒帯で発生する低気圧で，日本の毎日の天気に影響を及ぼす。**前方に温暖前線，後方に寒冷前線を伴う**。閉塞前線ができると，次第に衰え，消滅する。

■**熱帯低気圧**…熱帯地方の海上で発生する低気圧を熱帯低気圧という。前線は伴わず，等圧線は同心円状になる。

■**台風**…熱帯低気圧のうち，最大風速が17.2m/sを超えるものを**台風**という。発生場所により，**サイクロン**や**ハリケーン**とも呼ばれる。台風の進行方向右側を危険半円といって，風がより強く，高潮などの被害も発生しやすい。

重要ポイント❹ いろいろな気象現象

フェーン現象は頻出なので，しっかり理解しておくこと。そのほか，過去に出題されたことのある気象現象も整理しておこう。

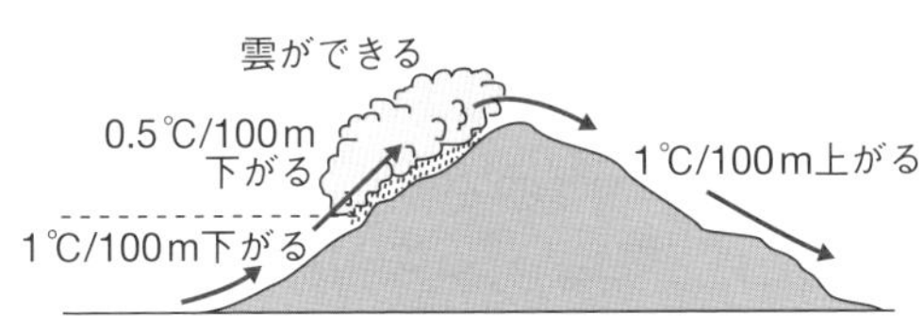

■**フェーン現象**…山を吹き越えた風が，風下側の山麓で異常に高温で乾燥する現象。風が山を昇るときは雲が発生するため気温の下がり方が小さいが，山を降りるときは雲の発生がなく，気温の上がり方が大きくなって起こる。日本では春先に日本海を発達した低気圧が通過するときに，日本海側で発生しやすい。

■**放射冷却**…地表面が空に熱を放出し冷却する現象をいう。風の弱い晴れた夜に発生しやすく，霧や遅霜の原因となる。

■**霧**…地表面付近で無数の小さな水滴が空気中に浮かび，遠くがはっきり見えなくなる現象。放射冷却により，地表付近の空気が冷却されたり，暖かく湿った空気が冷たい海面上を流れるときなどに生じる。

重要ポイント 5 **日本の四季の天気**

日本の四季の典型的な天気の特徴を，その天気図とあわせてしっかり整理して覚えておこう。

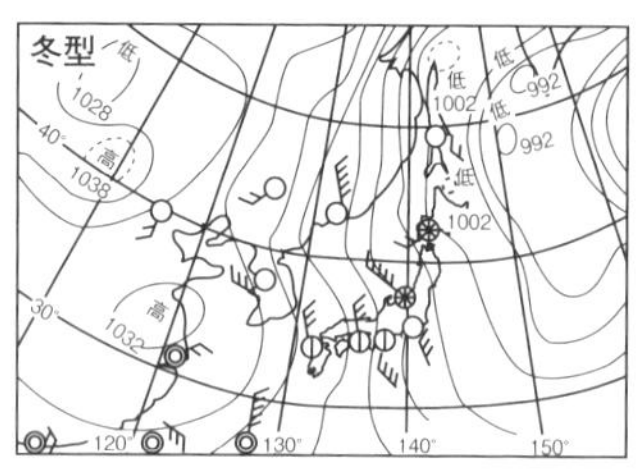

■冬…シベリアに高気圧が発達し，千島・アリューシャン列島近くに低気圧があるという**西高東低型**の気圧配置をとる。等圧線が日本付近で南北に走り，間隔も狭い。全国的に北から**北西の強い季節風**が吹き，**日本海側は雪**，**太平洋側は乾燥した晴天**が続く。

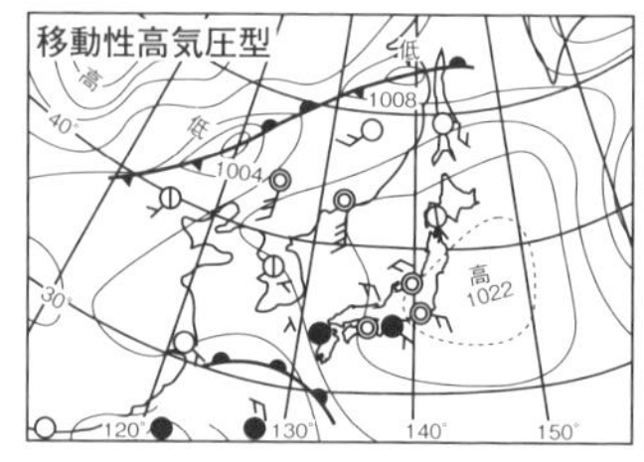

■春…移動性の高気圧と低気圧が日本付近を交互に通過し，天気もそれに伴い周期的に変化する。

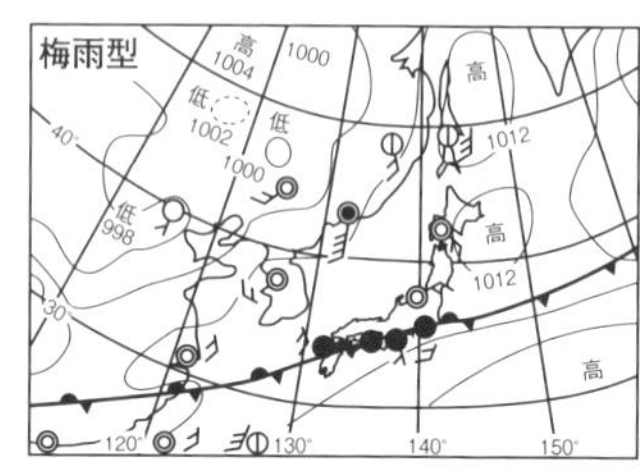

■梅雨…**オホーツク海高気圧と太平洋高気圧**（小笠原高気圧）の境界に停滞前線（梅雨前線）ができ，ぐずついた天気が長期間続く。太平洋高気圧の勢力が強まり，梅雨前線が北上消滅すると梅雨明けとなる。

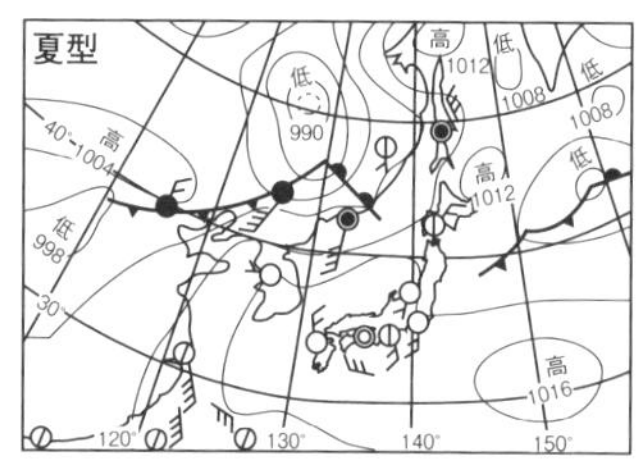

■夏…太平洋高気圧が日本の上空に張り出し，南に高気圧，北に低気圧のある**南高北低型**の気圧配置となる。日本は弱い南よりの風が吹き，蒸し暑い日が続き，局地的な雷雨も発生しやすい。

■秋…9月になると，太平洋高気圧の勢力が弱まり，大陸からの高気圧との境界に秋雨前線ができ，**秋の長雨**（秋霖（しゅうりん））の季節となる。秋の長雨が終わると，春と同じように，周期的に天気が変化するようになる。

実戦問題

1 次の雲の基本形のうち，上層雲に当たるものとして，最も妥当なのはどれか。 【警視庁・平成26年度】

1 巻積雲（うろこ雲）
2 層積雲（うね雲）
3 高層雲（おぼろ雲）
4 層雲（きり雲）
5 高積雲（ひつじ雲）

2 次の文中の空欄A～Cに当てはまる記号の組合せとして正しいものは，次のうちどれか。 【国家Ⅲ種・平成8年度】

北半球においては，図のX地点に近づいている前線の断面図は，（ A ）のようになっていて，X地点の天候は，（ B ）。また，この前線の上空には，（ C ）が発生しやすい。

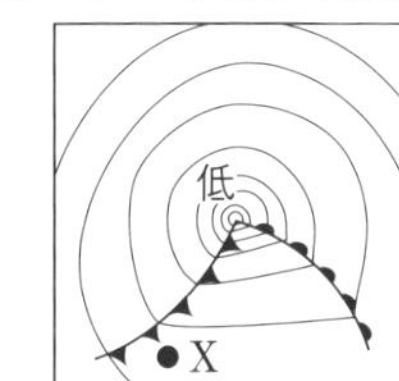

A：ア
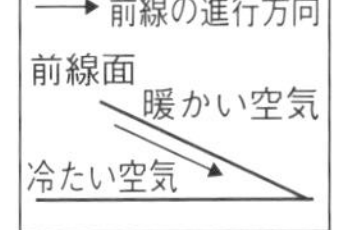

イ
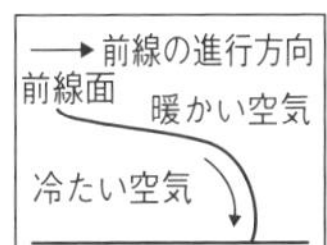

ウ
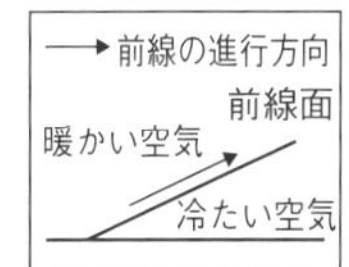

B：ア 今は暖かいが，間もなく風雨が強くなり，気温が下がる。
　イ 今は雨が降って寒いが，これから雨がやみ，気温が下がる。
　ウ 今は雨が降って寒いが，これから暖かくなる。

C：ア 高層雲
　イ 巻雲
　ウ 積乱雲

	A	B	C
1	ア	イ	ウ
2	ア	ウ	イ
3	イ	ア	ウ
4	イ	イ	ア
5	ウ	ア	ア

3 日本付近を通過する温帯低気圧は，普通，低気圧の中心から延びる温暖前線と寒冷前線を伴っているが，これに関する記述として適切なものはどれか。

【警視庁・平成20年度】

1 低気圧の進行方向の前方に延びるのは温暖前線である。
2 高層雲や乱層雲ができるのは寒冷前線である。
3 雨が降るときに狭い範囲で強い雨が降るのは温暖前線である。
4 通過後に気温が上がるのは寒冷前線である。
5 温暖前線と寒冷前線が重なったものが停滞前線である。

4 次は，日本の気象に関する記述であるが，空所A～Dに該当する語句の組合せとして，妥当なものはどれか。 【警視庁・平成18年度】

冬になると，日本付近は（　A　）高気圧の影響をうけ，西高東低の気圧配置となり（　B　）の季節風により（　C　）は雨や雪となる。反対に（　D　）では，空気が乾燥し晴天となることが多い。

	A	B	C	D
1	オホーツク海	北東	太平洋側	日本海側
2	オホーツク海	北西	日本海側	太平洋側
3	オホーツク海	北西	太平洋側	日本海側
4	シベリア	北西	日本海側	太平洋側
5	シベリア	北東	日本海側	太平洋側

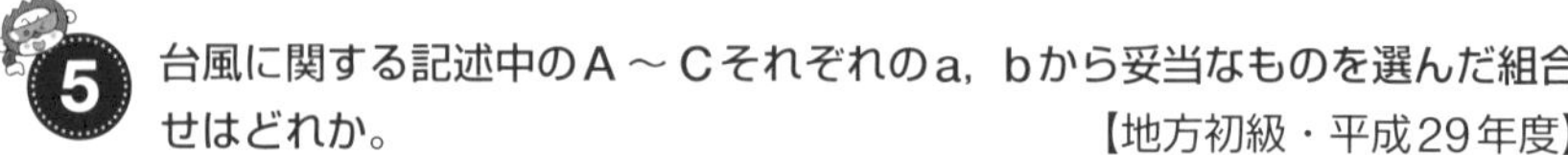

5 台風に関する記述中のA～Cそれぞれのa，bから妥当なものを選んだ組合せはどれか。 【地方初級・平成29年度】

台風は，A{a. ユーラシア大陸南部の陸上　b. 熱帯の太平洋上}で発生する。地上付近で，風はB{a. 中心から外側に　b. 外側から中心に}向かって吹き，前線をC{a. 伴わず，天気図にほぼ円形の等圧線が描かれる。　b. 伴うため，天気図には長い前線が描かれる。}

	A	B	C
1	a	a	b
2	a	b	a
3	b	a	a
4	b	a	b
5	b	b	a

6 わが国の気象に関する記述として，最も妥当なのはどれか。

【警視庁・平成27年度】

1 等圧線に囲まれ，周囲よりも気圧の高い所を高気圧，周囲よりも気圧の低い所を低気圧といい，高気圧，低気圧を決める基準は1000 hPaである。

2 低気圧の地上付近では，周囲の大気が集まって下降気流となり，雲が発生しやすく天気がくずれやすい。

3 地上の風は，北半球では低気圧の中心を左前方に見て吹き込むので，低気圧の中心よりも西では，南からの暖気が強く，寒気の上にはい上がり，温暖前線ができる。

4 北西太平洋海域または南シナ海で発生した熱帯低気圧のうち，最大風速がおよそ17 m/s以上のものを台風という。

5 台風の強さは，台風に伴う風速15 m/s以上の領域の半径を基準にして決められ，猛烈な，非常に強い，強い，表現しない，の4段階で表現される。

7 次の日本の天気図で使用されている記号のうち，A～Dの記号の名称の組合せとして，妥当なのはどれか。

【東京都・平成25年度】

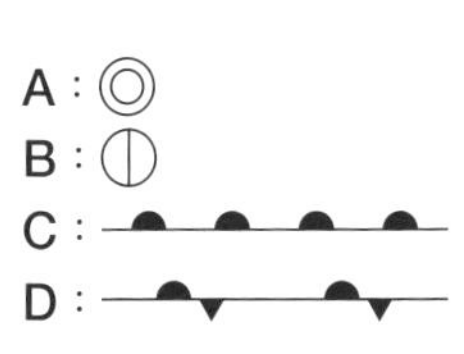

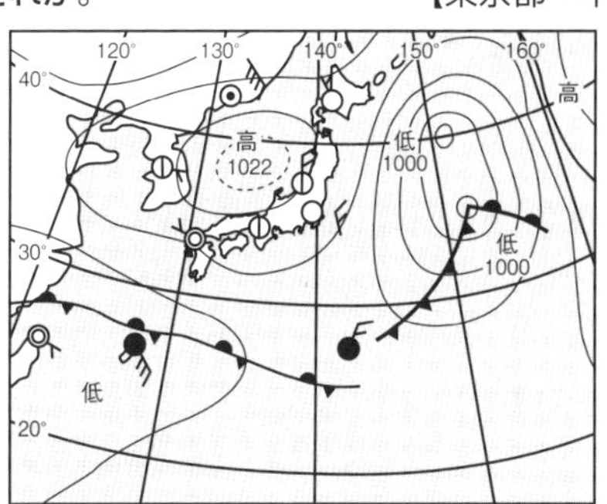

	A	B	C	D
1	晴れ	曇り	温暖前線	閉塞前線
2	晴れ	曇り	寒冷前線	停滞前線
3	晴れ	曇り	温暖前線	停滞前線
4	曇り	晴れ	寒冷前線	閉塞前線
5	曇り	晴れ	温暖前線	停滞前線

実戦問題●解説

1 「高」は中層にある雲の名称の接頭辞であり，「巻」は上層にある雲の名称の接頭辞である。

雲は，その高さと形により10種類に分類されている。

層	高度	名称
高層	5～13km	巻雲（すじ雲） 巻積雲（うろこ雲，さば雲） 巻層雲（うす雲）
中層	2～7km	高積雲（ひつじ雲） 高層雲（おぼろ雲） 乱層雲（雨雲）
下層	地表付近～2km	層積雲（うね雲） 層雲（きり雲） 積雲（わた雲） 積乱雲（入道雲，かなとこ雲）

以上から，正答は**1**である。

確認しよう ➡雲の名称と高度

正答 1

2 温暖前線，寒冷前線の断面，それらに伴う天気の変化を整理しておくことがポイント。

A：北半球の温帯低気圧では，中心から南西方向に寒冷前線，南東方向に温暖前線を伴うのが普通である。低気圧や前線は西から東へ進むので，これからX地点に近づくのは寒冷前線である。寒冷前線は冷たい空気の勢力が強く，冷たい空気が暖かい空気の下に入り込み，暖かい空気を押し上げるものなので，断面は**イ**のようになる。

B：天気図に示されているとき，X地点は暖気の域内にあるので，暖かいと考えられる。しかし，次第に寒冷前線が接近し通過するため，風雨が強まり，前線の通過後は気温が下がる。

C：寒冷前線付近では，強い上昇気流が発生して，鉛直方向に雲が発達し，積乱雲ができやすい。

よって，正答は**3**である。

確認しよう ➡寒冷前線と温暖前線の特徴

正答 3

3 寒冷前線と温暖前線の特徴を比較してきちんと整理しておこう。

1 ◎ 正しい。低気圧の進行方向の前方(低気圧の中心の東側)には温暖前線が，後方(低気圧の中心の西側)には寒冷前線ができるので正しい。これらの前線が逆にできることはない。

2 × 誤り。寒冷前線には主に積乱雲ができるので誤り。主に高層雲や乱層雲ができるのは温暖前線である。

3 × 誤り。雨域が狭いのは寒冷前線であるので誤り。寒冷前線の周辺では，積乱雲により狭い範囲で激しい雨が降り，雷や突風を伴うこともある。温暖前線の周辺では，高層雲や乱層雲により比較的広い範囲で穏やかな雨が降る。

4 × 誤り。通過後に気温が上昇するのは温暖前線である。またその温度変化は穏やかでわかりにくい。寒冷前線が通過すると，急激な気温低下が見られることが多い。

5 × 誤り。温暖前線に寒冷前線が追いついてできるのは閉塞前線なので誤り。停滞前線は，寒気と暖気の勢力がほぼ伯仲して接しているところにできる。

確認しよう ➡前線の特徴，前線の構造

正答 1

4 日本の冬の天気の特徴とそれをもたらす気圧配置を理解しておこう。あわせてそのほかの季節の天気の特徴も整理しておくこと。

冬になると，日本の西側であるシベリア上空にシベリア高気圧(シベリア気団)(**A**)ができ，日本の東の海上に発達した低気圧ができるという西高東低の気圧配置になることが多く，このような気圧配置が典型的な冬型である。冬型の時には，シベリア高気圧から東海上の高気圧に向かって北西の季節風が吹き(**B**)，日本海側は雨や雪のぐずついた天気が続き(**C**)，太平洋側は乾燥した晴天(**D**)となる。

よって，正答は**4**である。

確認しよう ➡シベリア高気圧(気団)，西高東低の気圧配置，日本の四季の天気の特徴

正答 4

第4章 地学

5 熱帯低気圧が発達したものが台風である。

A：bが妥当。台風の発生には水の凝縮熱が関係しており，水分が少ない大陸内部では台風は発生しない。

B：bが妥当。台風は低気圧であり，中心では上昇気流が生じている。そのため周りから中心に向かって反時計回りに風が吹き込む。

C：aが妥当。台風は熱帯低気圧の一種であり，暖かい空気のみで成立するので，冷たい空気との境目である前線は伴わない。ただし，勢力が衰えて温帯低気圧に変わると前線を生じることはある。

よって，正答は**5**である。

確認しよう ➡台風の発生のメカニズム

正答 5

6 中心気圧が1000 hPaを越える低気圧もある。低気圧には周囲から風が吹きこむ。低気圧の西側では北寄りの風が吹く。台風の定義，台風の強さは風速で決まる。

1 × 誤り。高気圧・低気圧は周囲との気圧の相対的な差によって決まり，中心気圧の大きさには関係がない。冬季には，シベリア気団の圏内には，1020 hPaを越す低気圧が見られることもある。

2 × 誤り。下降気流ではなく上昇気流である。水分を含んだ大気が上昇気流で上空に昇ると，断熱膨張により気温が低下して露点に達し，水分が凝結して雲が発生する。

3 × 誤り。低気圧の中心より西側には寒気があり，北寄りの冷たい風が吹く。この寒気が暖気の下にもぐり込むように接する。これが寒冷前線である。もぐり込まれた暖気は急激に上昇するので，積乱雲を発生することも多く，雷をともなった激しい雨を降らせることがある。

4 ◎ 正しい。日本では，勢力圏内で最大風速17.2m/s以上の熱帯低気圧を台風と呼んでいる。なお，「台風」の英訳としてtyphoonと当てられることが多いが，国際的な取り決めでは，最大風速33m/s以上の熱帯低気圧をtyphoonと呼ぶ。

5 × 誤り。風速15m/s以上の半径を用いるのは，台風の大きさである。半径が500～800kmの台風は「大型」，半径が800km以上の台風は「超大型」である。台風の強さは，最大風速により分類され，最大風速が33～44m/sが「強い台風」，44～54m/sが「非常に強い台風」，54m/s以上が「猛烈な台風」である。

確認しよう ➡各種気象用語とその現象　　**正答 4**

7 ◎は快晴ではない。▲は暖気団の進行方向，▲は寒気団の進行方向を表す。

A：曇りを表す天気図記号である。快晴，晴，曇りの区別は，雲量によって決まる。雲量とは，全天に雲で覆われる割合を0～10の11段階の整数値で表したものであり，雲量1以下は快晴，2～8を晴れ，9以上で降雨現象がないときを曇りとする。

B：晴れを表す天気図記号である。なお，快晴の天気記号は○，雨は●，雪は⊗で表される。

C：温暖前線を表す天気図記号である。温暖前線は，暖気団が進んできて寒気団に接するところにできる。暖気団は寒気団の上をゆっくり上昇し，上空で雲が発生し，比較的穏やかな雨を降らせる。前線は記号がない側からある側へと進む。温暖前線が通過した地域では，通過後気温が上昇する。なお，暖気団に寒気団が接近し，寒気団の下に潜り込むと寒冷前線ができる。寒冷前線が接近すると，強い雨が降り，通過後は気温が低下する。

D：停滞前線を表す天気図記号である。暖気団と寒気団の勢力がつり合って，両方の気団が動かない状態であり，長雨が続く。梅雨の時期の停滞前線は梅雨前線といわれる。

以上から，正答は**5**である。

確認しよう ➡天気図記号の意味　　**正答 5**

テーマ3 太陽系と宇宙

重要問題

天体に関する記述として最も妥当なのはどれか。

【国家一般職／税務・平成26年度】

1　太陽は約30億年前に誕生し，現在は主系列星に属する恒星である。太陽を含む約２千個の恒星が円盤状に広がり，銀河系を形成している。

2　太陽系の惑星には，半径が比較的小さく，岩石を主体とする固体の表面をもつ地球型惑星と，半径が比較的大きく，固体の表面をもたない木星型惑星がある。

3　衛星とは惑星の周りを公転している天体をいい，金星や火星には多いが，木星や土星にはない。

4　小惑星は，冥王星などその大きさが直径100 km程度で，太陽の周りを公転するものをいい，その多くが冥王星より外側の軌道に位置するため，太陽系外縁天体とも呼ばれている。

5　彗（すい）星は，木星の軌道の周辺からほぼ一定の周期で地球の軌道の周辺までを周回する天体であり，その周期は３年より短いものがほとんどである。

解説

太陽系の惑星は大きく２種類に分類されている。小惑星のほとんどは小惑星帯にある。彗星は太陽を一つの焦点とする運動をしている。

1 ×　誤り。太陽が誕生したのは約46億年前と考えられている。また，太陽系が属する銀河系には約2,000億個の恒星があるとされている。

2 ◎　正しい。太陽系には８個の惑星があり，公転軌道が太陽に近い順に，水星・金星・地球・火星・木星・土星・天王星・海王星である。このうち，内側の４個が，密度の大きい地球型惑星，外側の４個がガス状で密度が小さい木星型惑星である。

3 × 誤り。衛星をもたない惑星は水星と金星だけであり，火星には2個の衛星しかない。木星と土星には，ともに60個以上の多くの衛星がある。

4 × 誤り。小惑星はほとんどが直径100 kmほどの小天体であるが，中には直径が1,000 km近いものもある。小惑星のほとんどは，火星の公転軌道と木星の公転軌道の間にあるドーナツ状に広がる小惑星帯にあり，太陽の周りを公転している。この小惑星帯にある小惑星は数十万個ともいわれる。なお，太陽系外縁天体とは海王星よりも外側の軌道をもつ天体であり，海王星の外側の軌道をもつ冥王星も太陽系外縁天体の一つである。冥王星は，かつては惑星に分類されていたが，現在では準惑星に分類されている。

5 × 誤り。彗星は，太陽系小天体のうち主に氷や塵でできていて，太陽に近づくと太陽熱のために一時的にコマという大気をつくり，コマの物質が流出した尾（テイル）をもつものをいう。彗星の軌道には，太陽の周りを周回する楕円軌道と，太陽に近づいて飛び去ると再び戻ってこない放物線軌道や双曲線軌道がある。楕円軌道をもつ彗星の周期は，3年程度から数百年以上までさまざまであるが，周期が200年以下の彗星は短周期彗星，200年以上の彗星は長周期彗星と分類される。短周期彗星のほとんどは黄道面（地球などの惑星が公転する面。すべての惑星はほぼ同じ公転軌道面をもつ）を公転するが，長周期彗星の軌道は黄道面とは無関係である。これは，短周期彗星と長周期彗星が誕生する場所が異なるからであると考えられている。

確認しよう ➡太陽系天体の特徴

正答 2

テーマ3の分野の出題は，近年は減少傾向にある。太陽系の惑星，衛星，太陽と月の現象について，基礎的事項を把握しておけば十分であろう。なお，マスコミをにぎわす天体現象や宇宙探査機などについては，普段から気を付けておきたい。

要点のまとめ

重要ポイント 1 地球と月の運動

頻出分野である。地球の自転や公転によって引き起こされるさまざまな現象をしっかり整理しておこう。

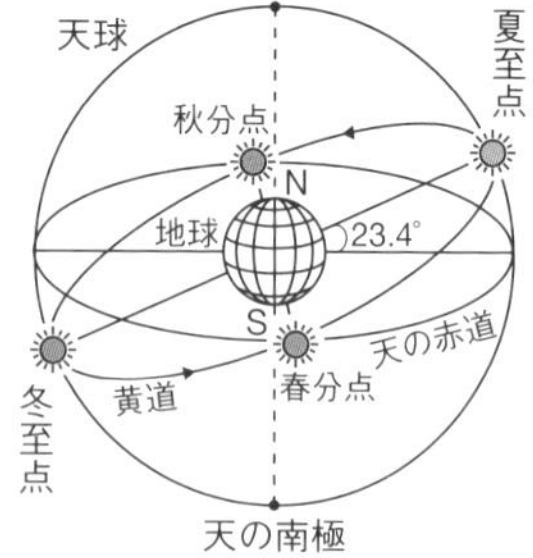

■**地球の自転と天体の日周運動**…地球は北から見ると反時計回りに**自転**している。そのため，太陽や星は東から昇って西へ沈むという運動をし，これを**日周運動**という。星の日周運動の周期は23時間56分で，自転周期に等しい。

■**地球の公転と天体の年周運動**…地球は太陽の周りを**公転**しているため，太陽が1日に1°天球上を西から東へ黄道上を移動しているように見える。そのため，太陽の日周運動の周期は星の日周運動の周期より長く24時間である。

■**地軸の傾きによる現象**…地球の自転軸は公転軌道面の垂線に対して23.4°傾いている。そのため，太陽の日周運動の経路は年間を通して変化している。この太陽高度の変化は，地表の単位面積当たりの受光量に差を生じさせ，季節の気温差を生み出している。

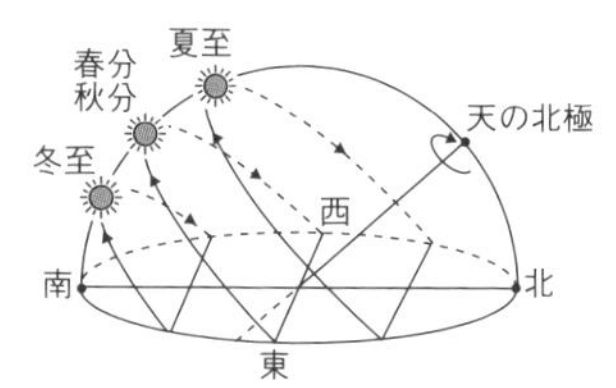

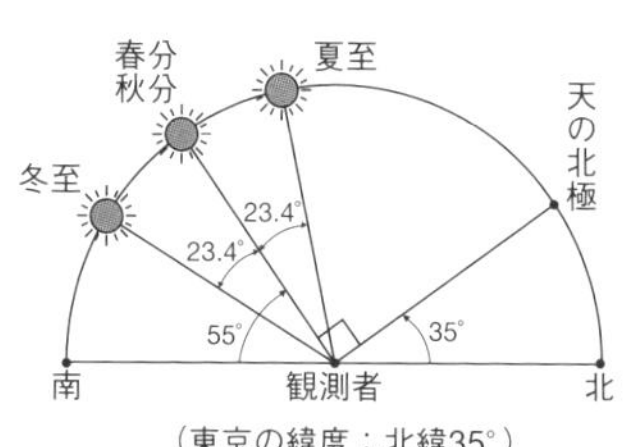

（東京の緯度：北緯35°）

重要ポイント 2 太陽系の天体

太陽系の天体の特徴をしっかり整理しておこう。特に惑星は重要。

■**太陽**…太陽は主に**水素**と**ヘリウム**から構成されている。太陽のエネルギー源は水素原子核が結合してヘリウム原子核になるという**核融合反応**である。太陽の表面温度は，約6,000Kであり，太陽表面には，**黒点**や**プロミ**

ネンス（紅炎），フレアなどの現象が見られる。太陽の周囲には，コロナがあり，皆既日食のときに見ることができる。

■惑星…太陽系の惑星は，地球型惑星と木星型惑星に分類される。

地球型惑星（水星，金星，地球，火星）…木星型に比べ，半径・質量は小さいが平均密度は大きい。表面は岩石からなる。

木星型惑星（木星，土星，天王星，海王星）…地球型惑星に比べ，半径・質量は大きいが平均密度は小さい。表面は，水素やヘリウムの厚い大気に覆われている。環（リング）や多数の衛星をもつ。

（注）なお，木星型惑星のうち，天王星・海王星は，水やメタンなどからなる氷が主体であるという特徴をもっており，天王星型惑星と分類されることもある。

■各惑星の特徴

水星…大気はなく，表面には多数のクレーターがある。

金星…二酸化炭素を主成分とする厚い大気があり，その温室効果のため表面は非常に高温になっている。

地球…太陽からの適度な距離と，適度な大きさのため液体の水が存在し，生命が発生した。

火星…二酸化炭素を主成分とする薄い大気がある。かつて液体の水が存在していた可能性が高い。冬になると極に極冠が見られる。

木星…太陽系最大の惑星。表面には大赤斑という巨大な斑点が見られる。

土星…氷や岩石の破片からなる巨大な環がある。

天王星…自転軸がほぼ横倒しの形で自転している。

海王星…表面に激しく変化するメタンの雲が見られる。

重要ポイント 3 惑星の運動

ケプラーの法則をしっかり理解しておくことがポイントである。

■惑星の運動…太陽系の惑星はケプラーの法則や万有引力の法則に従って，太陽の周りを運動している。次ページの図のように惑星が特別な位置に来ることを惑星現象という。

■ケプラーの法則

第一法則（楕円軌道の法則）…惑星は，太陽を焦点とする楕円軌道上を運行する。

第二法則（面積速度一定の法則）…太陽と惑星を結ぶ線分が，一定時間に通過する面積は常に等しい。

第三法則（調和の法則）…惑星と太陽の平均距離aの３乗と公転周期Tの２乗の比は，惑星によらず一定である。

$$\frac{a^3}{T^2}=\text{一定}$$

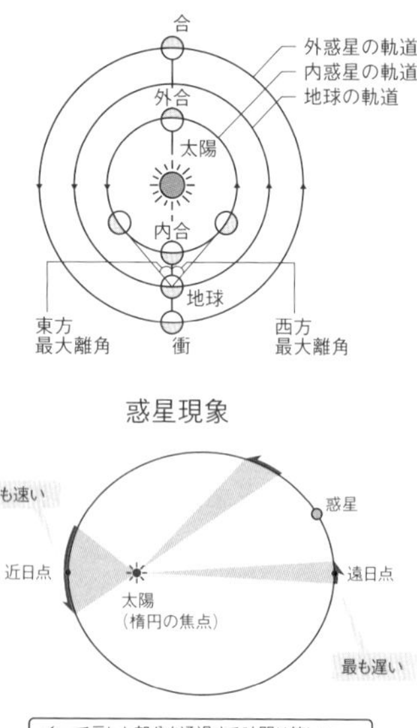

惑星現象

ケプラーの第二法則

重要ポイント４ 恒星の世界

恒星の明るさの表し方が一番のポイント。恒星の色の見え方と表面温度の関係も重要である。

■**恒星の明るさ**…恒星の明るさは等級で表す。１等星は６等星の100倍明るいと定める。したがって，**１等級違うと約2.5倍の光度差**になる。肉眼で見える最も暗い星が６等星である。地球から見たときの恒星の明るさを**見かけの等級**というが，恒星本来の明るさはその星を10パーセク（32.6光年）の距離に置いたと仮定したときの明るさで表し，**絶対等級**という。

■**恒星の色と表面温度**…恒星の表面温度と，放出される最大エネルギーの波長は反比例する。したがって，**表面温度が高いほど放出される光の波長は短くなり，青白く見える**。**表面温度が低いと波長は長くなるため，赤っぽく見える**。

■**恒星の一生**…恒星は原始星として誕生した後，**主系列星→巨星→白色わい星・超新星爆発**，という一生をたどる。

実戦問題

1 次の記述のAおよびBに当てはまる語句の組合せとして最も妥当なのはどれか。

【国家Ⅲ種・平成17年度】

古代ギリシアの天文学では，地球は宇宙の中心にあって静止しており，天が回転しているという考え方が基本にあった。16世紀初め，コペルニクスは宇宙の見方について，それまでの「天動説」に対し，地球も他の惑星とともに太陽の周りを公転しているという「地動説」を提唱した。これにより，当時の天文学者を悩ませていた（　A　）という現象は，地動説で合理的に説明することができた。しかし，地動説の証拠が見出されたのは，18世紀半ば以降であった。地球の公転は，18世紀にブラッドレーが地球に届く光を観測して証明した。また，ティコ＝ブラーエが地動説の決定的な証拠を求めて観測を試みたが，当時の望遠鏡では観測できなかった（　B　）については，精密な測定機器が発明される19世紀まで待たなければならなかった。

	A	B
1	黄道十二宮の星座が1年で天球上を1周する	恒星の年周視差
2	黄道十二宮の星座が1年で天球上を1周する	ブラックホールの存在
3	惑星が天球上を逆行するなど複雑な動きをする	恒星の年周視差
4	惑星が天球上を逆行するなど複雑な動きをする	日食・月食の周期
5	日食・月食が起きる日が計算上とは異なる	ブラックホールの存在

2 天体の見え方に関する記述として妥当なのはどれか。

【地方初級／警察官・平成24年度】

1 赤道上では，太陽はいつも天頂で南中する。
2 北極では，6月には太陽が一日中沈まない日がある。
3 オーストラリアでは，太陽は西から昇る。
4 赤道上では，年間を通じて太陽の日周運動のコースは同じである。
5 オーストラリアでは，北極星は南の空に見える。

3 恒星の性質に関する記述として，最も妥当なのはどれか。

【警視庁・平成25年度】

1 地球から見た天体の明るさを見かけの等級といい，明るい星ほど等級は大きくなる。

2 地球と太陽間の平均距離に対して恒星のなす角を年周視差といい，遠方の恒星ほど大きくなる。

3 恒星までの距離を表す単位にパーセクがあり，1パーセクは光が1年間に進む距離である。

4 すべての恒星を10パーセクの距離において見たと仮定したときの恒星の明るさの等級を絶対等級という。

5 恒星は表面温度の違いによって色が異なり，赤い恒星は青い恒星より表面温度が高い。

4 太陽系の天体に関する記述として最も妥当なのはどれか。

【国家一般職／税務／社会人・令和元年度】

1 太陽系の惑星には，半径は大きいが平均密度が小さく，岩石の表面をもつ地球型惑星と，半径は小さいが平均密度が大きく，気体の表面をもつ木星型惑星があり，土星は地球型惑星である。

2 水星は，太陽系の惑星の中で半径が最も小さく，平均密度も最も小さい。自転周期が公転周期より長いことから，太陽側とその反対側とで表面温度に極端な差がある。

3 火星は，地球と比べて，半径が小さく重力も小さいため，大気は薄く気圧も低い。火星の表面には流水地形や堆積岩地形があり，過去に液体の水が大量にあったと考えられている。

4 木星は，太陽系の惑星の中で半径が最も大きい。その平均密度や組成は地球に違いが，表面付近の気体は主に二酸化炭素で，その温室効果のため表面の温度は約500℃に達する。

5 衛星は，惑星の周りを公転している天体であり，太陽系のすべての惑星は1ないし多数の衛星をもつ。また，大気をもつ衛星や火山活動のある衛星は存在しない。

5 **次のA～Dのうち，太陽と地球の動きに関する記述として妥当なもののみを挙げているのはどれか。** 【国家Ⅲ種・平成20年度】

A：地球上に季節変化をもたらす主因は，地球から太陽までの距離の変動である。

B：赤道上で，太陽が天頂に近づくのは，春分の日と秋分の日である。

C：北緯50度の地点では，どの季節においても1日に1度，太陽が昇る。

D：南半球においても，季節によっては約半分の地域で，天の北極を見ることができる。

1　A，C
2　A，D
3　B，C
4　B，D
5　C，D

6 **次は，月に関する記述であるが，A～Cに当てはまるものの組合せとして最も妥当なのはどれか。** 【社会人・平成24年度】

月は，地球という惑星のまわりを回る衛星である。地球からはいつも月の同じ面しか見えないが，これは，月の公転周期と（　A　）が同じだからである。

また，地球の同じ地点から月を見た場合，新月から次の新月までは約30日であり，月の公転周期27.3日よりも長い。これは，月が公転する間に（　B　）するからである。

太陽と地球と月の関係を考えるとき，月食という現象が起きるのは，（　C　）の順に一直線に並ぶ満月のときである。

	A	B	C
1	地球の公転周期	地球も公転	太陽・地球・月
2	地球の公転周期	地球が自転	太陽・月・地球
3	月の自転周期	地球も公転	太陽・地球・月
4	月の自転周期	地球が自転	太陽・地球・月
5	月の自転周期	地球が自転	太陽・月・地球

7 次の文は，太陽に関する記述であるが，文中の空所A～Cに該当する語の組合せとして，妥当なのはどれか。 【特別区・平成25年度】

太陽系の中の恒星である太陽は高温のガスでできている。太陽の表面には，周囲よりも温度が（ A ）ために黒く見える黒点がある。皆既日食のときには，月に隠された太陽の周りに（ B ）が見られる。また，（ B ）の中に炎のように見えるものが（ C ）である。

	A	B	C
1	低い	コロナ	プロミネンス
2	低い	プロミネンス	コロナ
3	低い	マントル	プロミネンス
4	高い	コロナ	マントル
5	高い	プロミネンス	コロナ

8 次は恒星の明るさに関する記述であるが，A～Cに当てはまるものの組合せとして最も妥当なのはどれか。 【中途採用者・平成23年度】

恒星の明るさは等級であらわす。地球から見た場合の等級を見かけの等級（実視等級）といい，恒星を（ A ）の距離から見た場合の等級を絶対等級という。等級が小さいほど明るくなり，5等級小さくなると，明るさは100倍になる。

太陽は実視等級では-26.7等級であるが，絶対等級は4.8等級であり，北極星は実視等級は2.0等級であるが，絶対等級では-3.4等級であるため，（ B ）では北極星の方が明るい。

また，一般に恒星の明るさは，恒星までの距離の2乗に反比例するため，絶対等級が北極星と同じで，実視等級が7.0等級である恒星αがあった場合，地球から恒星αまでの距離は，地球から北極星までの距離の（ C ）である。

	A	B	C
1	1光年	絶対等級	0.1倍
2	1光年	実視等級	10倍
3	1光年	実視等級	100倍
4	10パーセク	絶対等級	0.1倍
5	10パーセク	絶対等級	10倍

実戦問題●解説

1 天動説であれば，惑星も他の恒星と同じ動きをするはずである。地球が公転しているならば，恒星の見える方角は変化するはずである。

すべての天体が地球の周りを回っているとする天動説では，火星などの惑星が順行や逆行をすること(A)を，明確に説明することができなかった。しかし，地球を含む惑星が太陽の周りを公転するという地動説を採用すると，惑星の不自然な動きを合理的に説明ができる(A)。地球が公転していることは，恒星の見える方角が変化する（年周視差）(B)ことから証明できるが，非常に小さい角度であり，観測機器の発展を待たなくてはならなかったのである。

以上から，正答は**3**である。

確認しよう ➡天動説と地動説　　**正答 3**

2 地軸の傾きのため，太陽の日周運動のコースは変化し，太陽が昇らないことも，沈まないこともある。

1 × 誤り。地軸（地球の自転の軸）は公転面に垂直な方向から23.4°傾いている。そのため，地球の公転にともない，太陽の南中高度は毎日少しずつ移動していく。

2 ◎ 正しい。北緯66.6°より北の地域では，夏至のころには太陽が一日中沈まない日がある。真夜中でも太陽が沈まないか，沈んでも地平線近くにあり，真っ暗にならない夜を白夜（びゃくや）という。

3 × 誤り。地球は西から東の向きに自転しているため，地球上のどの地域でも，太陽は東から昇り，西に沈む。ただし，一日中，太陽が沈まないときは除く。

4 × 誤り。**1**と同じ理由で，太陽の日周運動のコースは移動する。

5 × 誤り。オーストラリアでは，北極星は見えない。北極星はほぼ天の北極にあるので，北極星が見える地域では，北極星は北の方角に見える。

確認しよう ➡地軸の傾きと太陽の日周運動の関係　　**正答 2**

3 全天で最も明るく見える星が１等星とされた。絶対等級は恒星そのものの明るさを表す。青い炎の温度と赤い炎の温度の違いを参考にする。

1 × 誤り。明るい星ほど等級は小さくなる。恒星の明るさを段階的に表す方法は古代ギリシアに始まる。夜空に見える最も明るい星を１等星とし，かろうじて肉眼で見える明るさの星を６等星として，６段階に分けたのである。その後，１等星は６等星の100倍明るいこと，等級が１小さくなると約2.5倍明るくなることが知られている。全天で最も明るい恒星はおおいぬ座のシリウスで，－1.47等である。

2 × 誤り。年周視差は遠方の恒星ほど小さくなる。

3 × 誤り。年周視差が１秒角（3600分の１度）になる距離が１パーセクであり，１パーセク≒3.1×10^{16}mである。なお，光が１年間に進む距離は１光年である。

4 ◎ 正しい。恒星の絶対等級は一般に－10～17等級である。例えば，シリウスは絶対等級では－1.47等であり，太陽は絶対等級では4.83等である。

5 × 誤り。赤い恒星は青い恒星より表面温度は低い。恒星の表面温度と色の関係は次のとおりである。なお，（　）内はおよその表面温度であり，絶対温度で表してある。

赤（3500K）＜橙（4500K）＜黄（5500K）＜白（8500K）
＜青白（15000K）＜青（45000K）

確認しよう ➡恒星までの距離や恒星の明るさの表し方　**正答 4**

4 地球型惑星は固体で，木星型はガスで構成されている。火星には河川跡がある。

1 × 誤り。地球型惑星の水星・金星・地球・火星は，いずれも半径が小さく質量も小さいが，主に岩石や金属で構成されていて平均密度は大きい。木星型惑星の木星・土星・天王星，海王星は，いずれも半径は地球の半径の４倍以上あり，質量も地球の10倍以上あって大質量であるが，平均密度は小さい。これは質量の小さい水素やヘリウムが構成成分として多く含まれているからである。なお，組成の違いから，木星型惑星をさらに木星型惑星（木星と土星）と天王星型惑星（天王星と海王星）に分類する場合もある。

2 × 誤り。水星は地球型惑星であり，平均密度は木星型惑星より大きい。水星の公転周期は約88日である。自転周期は約59日であるが，水星上での見かけの自転周期は約176日である。したがって，水星の表面上では，1年の半分は昼，半分は夜ということになり，太陽側とその反対側とでは表面温度に大きな差ができる。

3 ◎ 正しい。半径は地球の半分ほどで，質量は約10分の1であり，重力は地球の約40％である。重力が小さいことから，大気は希薄である。周回衛星や惑星探査車による調査で，河川跡や水の作用で生成する鉱物などが発見されており，太古（40億～35億年前）の火星に水があったことは確実視されている。

4 × 誤り。木星は太陽系最大の惑星であり，半径は地球の半径の10倍より大きく，質量は地球の質量の300倍を超える。後半の部分は，金星に関する記述である。木星はガスが主成分であり，平均密度は地球の約4分の1である。

5 × 誤り。水星と金星は衛星をもっていない。地球は1個，火星は2個の衛星をもつ。木星型の惑星はいずれも多数の衛星をもつ。土星の衛星タイタンに大気があることは，20世紀半ばに，地上からの観測ですでに知られている。タイタンは太陽系で，大気をもつ唯一の衛星である。また，木星の衛星であるイオなど，火山活動をする衛星は数個知られている。

確認しよう ➡太陽系の惑星や衛星の特徴　　**正答 3**

5 **地球上で観測される太陽の動きは，地球の公転と自転による。**

A × 誤り。季節の変化は，地軸が公転面に対して傾いていることから，地球の公転につれて，単位面積当たりの日射量が変化するからである。

B ○ 正しい。春分の日と秋分の日には，赤道上で太陽が南中する地点は，地球の公転面上にある。そのため，南中時には太陽は天頂付近にある。

C ○ 正しい。地軸が公転面に垂直な方向に対して23.4°傾いていることから，北緯66.6度より北の地域および南緯66.6度より南の地域では，太陽が昇らない日がある。

D × 誤り。公転による地球の位置の変化に関係なく北極星はほぼ地軸の方向（天の北極）にあるので，赤道より南の地域では，季節に関係なく，北極星を見ることができない。

以上から，正答は**3**である。

確認しよう ➡地球の公転による現象 **正答 3**

6 地球と月から離れた位置から見た月の動きと，地球上から見た月の見かけの動きの違いを考慮する。

月の公転周期と自転周期は同じ(A)である。これは，地球が月に及ぼす潮汐力の影響で月の形はごくわずかに楕円体（極端な形ではラグビーボールを想像するとよい）であることから，長径の方向が常に地球のほうを向くようになっていることが原因であるといわれる。なお，火星や木星の衛星にも，公転周期と自転周期が同期しているものがあり，決して珍しい現象ではない。

地球の公転面の上方の離れた位置から見た場合，月の公転の１周期は，地球と月を結ぶ直線が平行になるとき（図のaの位置）である。一方，地球上から見た場合，月の公転の１周期は，太陽・地球・月が同じ位置関係（図のb）に戻るときである。この周期の差は，地球が公転している(B)ことから生じる。

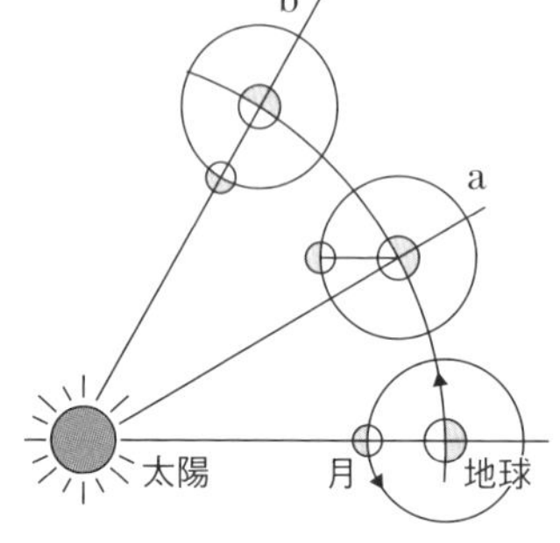

月食は，地球の影に月が入って，月の一部あるいは全部が見えなくなる現象である。したがって，月食が起こるのは，太陽・地球・月(C)の順にほぼ一直線上に並ぶとき，すなわち満月のときである。なお，月の公転面が地球の公転面とはずれていることから，満月のときに必ず月食が起こるというわけではない。

以上から，正答は**3**である。

確認しよう ➡月の運動と現象 **正答 3**

7 黒点は周囲との温度差によって生じる。

太陽の表面温度は約6000Kであるが，黒点の温度は約4000Kであり，周囲より温度が低いので黒く見えるのである。太陽の見かけの縁を形成しているのが光球という層である。光球の表面には，温度が7000～10000Kのプラズマ大気層が厚さ約2000kmでとり巻いている。この大気層を彩層という。彩層の外側には，コロナとよばれる温度が約200万Kのプラズマ大気層が，太陽半径の10倍の距離まで広がっている。皆既日食のとき，月に隠された太陽の周りに見られるのはこのコロナである。また，彩層から磁力線に沿って吹き上がって，コロナにまで達しているのがプロミネンス(紅炎)である。

以上から，Aは「低い」，Bは「コロナ」，Cは「プロミネンス」である。

よって，正答は**1**である。

確認しよう ➡月の運動と現象 **正答 1**

8 見かけの等級でも絶対等級でも数値が小さいほど明るい。

A：体の明るさの比較をするには，一定の距離(10パーセク＝3×10^{14} km＝約32光年)からその天体を見た明るさを用いる。この明るさを絶対等級という。

B：絶対等級の数値は北極星のほうが太陽より小さいので，絶対等級では，北極星のほうが明るい。

C：恒星αまでの距離をd，北極星までの距離をd_0とすると，実視等級が5等級違うから，$\dfrac{1}{d^2}:\dfrac{1}{{d_0}^2}=1:100$が成り立つ。この式から，

$\left(\dfrac{d}{d_0}\right)^2=100$であり，$\dfrac{d}{d_0}=10$〔倍〕となる。

以上から，正答は**5**である。

確認しよう ➡見かけの等級と絶対等級 **正答 5**

テーマ4 地球の構成と歴史

重要問題

火山活動に関する記述として最も妥当なのはどれか。

【国家一般職／税務／社会人・平成30年度】

1　マグマは，周囲の岩石より密度が小さいため，浮力により地下深部から上昇する。周囲の岩石と密度が同じになる深さに達すると上昇をやめ，マグマだまりを形成する。

2　高温で二酸化ケイ素（SiO_2）の量が多い玄武岩質溶岩は粘性が大きく，流れにくい。また，揮発成分が抜けやすいので，穏やかな噴火となり，溶岩ドームが形成されやすい。

3　高温の火山ガスと火山砕屑（せつ）物がゆっくりと山を流れ下る火砕流は，粘性の小さいマグマで起こりやすい。また，火山ガスは主に二酸化硫黄から成るが，二酸化炭素を含むこともある。

4　中央海嶺や弧状列島のようなプレートの境界部には，噴火する火山が広く分布しているが，これらはホットスポットと呼ばれる。ホットスポットは，プレートの動きに連動して移動する。

5　マグマが地下深くでゆっくり冷えて固まった岩石を火山岩といい，急速に冷えてできた岩石を火成岩という。急速に冷えると，大きく粗粒で粒径のそろった結晶ができる。

解説

浮力は物体にかかる圧力差によって生じる。マグマの粘性は，温度や二酸化ケイ素含有量などによって決まる。

1 ◎　正しい。水などのような例外はあるが，一般に，物質は固体より液体のほうが，体積は大きくなり，密度は小さくなる。マグマは，地下深部のマントルの一部が溶融して生じるが，膨張したため周囲から圧力を受けて，圧力の小さな上方へ動かされることになる。これは，広い意味で「浮力が働いている」と考えることができる。

2 × 誤り。溶岩の粘性は，その温度や成分によって異なる。高温になるほど，粘性が小さくなる。また，二酸化ケイ素の含有量が増えると，粘性が大きくなる。玄武岩質溶岩は二酸化ケイ素の含有量が少なく粘性は小さい。このような溶岩が積み重なると，ハワイのキラウエア火山のようになだらかな山体になる。粘性の大きな溶岩は流れにくく，溶岩ドームを形成することもある。昭和新山や雲仙普賢岳などは，その例である。

3 × 誤り。火砕流は，火山砕屑物（さいせつぶつ）と高温の火山ガスが混合して山腹を流れ下る現象である。その速さは，時速数十キロで，時速100キロを超えることもある。火砕流は，粘性の大きなマグマで起こりやすい。また，火山ガスの主成分は水蒸気である。

4 × 誤り。ホットスポットは，地下のマントルが上昇し，一部が溶融して発生したマグマが噴出して火山活動が行われている場所である。ホットスポットのよい例であるハワイ諸島は，太平洋プレートの動きに連動して北西方向に移動しているが，ホットスポット自体は移動しない。ハワイ諸島の北西方向の海底に海山列が存在していることが，そのことを示している。

5 × 誤り。マグマが地下の深いところでゆっくり冷えて固まった岩石が深成岩である。ゆっくり冷えるため，造岩鉱物が大きな結晶に成長し，粒のそろった等粒状組織になる。マグマが急速に冷えて固まった岩石が火山岩である。急速に冷えるため，造岩鉱物が大きな結晶に成長する時間がなく，微粒な基質（石基）の中に小さな結晶（斑晶）が浮いたような斑状組織になる。なお，火成岩とは，マグマが冷えて固まった岩石の総称で，深成岩や火山岩が含まれる。

確認しよう ➡地震とその現象，プレートテクトニクス

正答 1

プレートテクトニクス，地震の発生のしくみ，地震に起因する現象は出題頻度が高く，必修事項である。岩石の種類や構造にも目を通しておきたい。また，地質年代については，示準化石と示相化石について確認しておきたい。

要点のまとめ

重要ポイント 1 地球の構成

地球の内部の層構造を，それを作る物質や状態とともに整理しておくことがポイント。

■**地球の形**…地球は完全な球形ではなく，地球の自転による遠心力のために，赤道方向に膨らんだ**回転楕円体**に近い。これは，緯度差1度に対する子午線の長さが高緯度ほど長いこと，重力の大きさが遠心力の影響を除いても極で大きく赤道で小さいことなどからわかる。

■**地球の内部構造**…地球の内部は，図のような層構造をしている。

地殻…大陸地殻は厚さ30～60km，上部は主に**花こう岩**，下部は主に**玄武岩**からなる。海洋地殻は厚さ5～10km，主に玄武岩からなる。

モホ面（モホロビチッチ不連続面）…地殻とマントルの境界面。

マントル…上部は**カンラン岩質の岩石**からなる。下部は，より高圧で安定な鉱物からなる岩石からできていると考えられている。固体であるが，対流運動があると考えられている。

核…主に鉄からなり，ほかにニッケルが含まれる。液体の外核と固体の内核に分けられる。

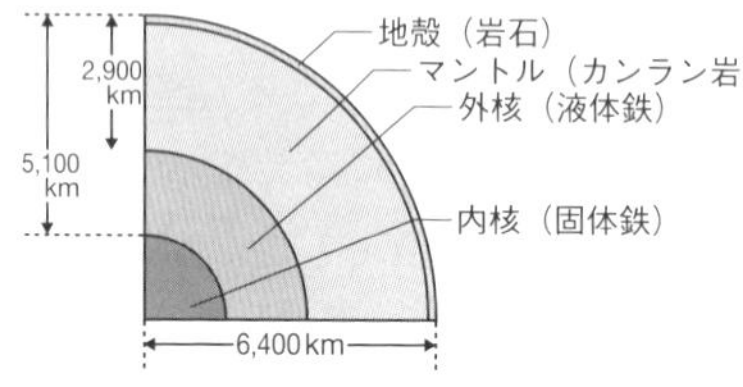

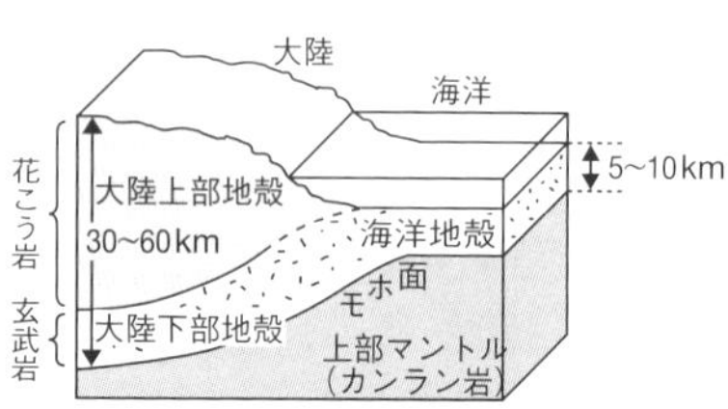

重要ポイント 2 地震

頻出分野。特に，P波とS波の違いやそれぞれの特徴，初期微動については，確実に押さえておこう。

■**地震波**…地震波にはP波とS波がある。**P波は縦波**（疎密波）ですべての物質中を伝わる。**S波は横波**で固体中しか伝わらない。

■**震源と震央**…地震波が最初に発生したところを**震源**といい，その真上の地表の場所を**震央**という。

■**震度とマグニチュード**…地震の揺れの大きさは気象庁による0から7の10

段階（5と6には強と弱がある）の**震度**で表される。地震そのものの規模は**マグニチュード**で表現される。

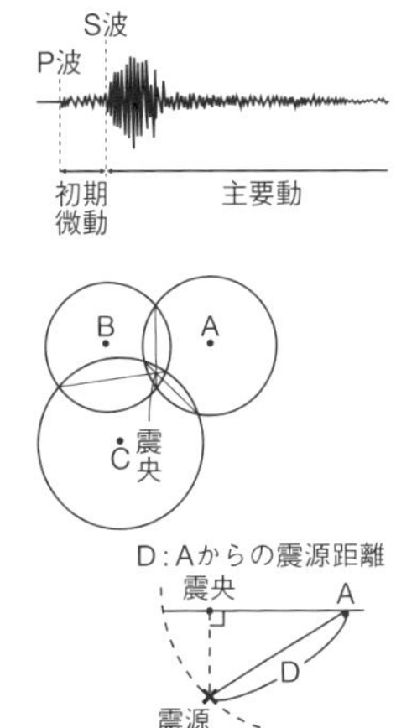

■**初期微動と震源距離**…P波はS波よりも速く進むため先に到着する。P波が到着してからS波が到着するまでの時間を**初期微動継続時間**（**P-S時間**）という。初期微動継続時間から震源までの距離が計算できるので，複数の地点での初期微動継続時間から震源の位置を決めることができる。

■**地震の原因**…地震の大部分は，地下の岩盤にひずみが蓄積し，それが限界に達して，岩盤が急に破壊されるという**断層運動**によって生じる。火山活動によって発生する火山性地震もあるが，巨大地震となることはない。

重要ポイント3 火山と火成岩

火成岩の分類については，しっかり整理して覚えておいたほうがよい。火山の分類とも関連づけておくこと。

■**マグマと火成岩**…岩石が高温でどろどろに溶けたものを**マグマ**といい，マグマが固まってできた岩石を**火成岩**という。火成岩には，マグマが地表に噴出し急冷されて固結した**火山岩**，地下で徐々に冷却され固結した**深成岩**がある。火山岩の組織は細粒の石基中に大きな鉱物の結晶がある**斑状組織**であり，深成岩は鉱物の大粒の結晶が組み合わさった**等粒状組織**である。

■**火成岩の分類**…二酸化ケイ素SiO_2の含有量によって表のように分類されている。

SiO_2含有量〔%〕	約50%	約60%	約70%
火山岩	玄武岩	安山岩	流紋岩
深成岩	斑れい岩	閃緑岩	花こう岩

斑状組織

等粒状組織

■**火山の形とカルデラ**…高温で粘性の低い玄武岩質溶岩からは傾斜の緩やかな**盾状火山**ができる。一方，低温で粘性の高い流紋岩質溶岩からは**溶岩円**

頂丘ができる。安山岩質溶岩からは，溶岩と火山砕せつ物（スコリアや火山灰など）が交互に重なって円錐状の形をした**成層火山**ができやすい。また，大量の溶岩や火山砕せつ物の噴出により，火山の火口付近が陥没してできた地形を**カルデラ**という。

溶岩円頂丘（昭和新山，平成新山など）

盾状火山（ハワイ・キラウエア火山など）

成層火山（富士山，浅間山など）

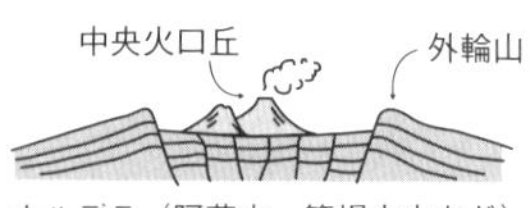

カルデラ（阿蘇山，箱根火山など）

重要ポイント 4 岩石の種類

火成岩以外の岩石の分類や成因も概略をしっかり押さえておこう。

■**堆積岩**…砂泥や生物の殻などの堆積物が固結してできた岩石を**堆積岩**という。泥が固結した**泥岩**，砂が固結した**砂岩**，生物の殻などが固結した**石灰岩**，火山砕せつ物が固結した**凝灰岩**などがある。

■**変成岩**…堆積岩や火成岩が高温高圧下に置かれて変化してできた岩石を**変成岩**という。マグマなどに直接接したときの熱によって変化してできた接触変成岩には，砂岩や泥岩からできた**ホルンフェルス**，石灰岩からできた**結晶質石灰岩**がある。また，造山運動などによる広い地域での高温高圧条件によってできた広域変成岩には，**片麻岩**や**結晶片岩**がある。

重要ポイント 5 プレートテクトニクス

プレートとは何か，そのプレートが地球の活動にどのような影響を与えているのか，ほかの分野とも関連させて理解しておこう。

■**プレート**…地球の表面は，いくつかの硬い岩盤の板で覆われている。これらの板を**プレート**といい，地殻とマントルの上部がプレートに相当する。厚さは，おおむね海洋で30～90 km，大陸で100 kmである。

■**プレートの運動**…地球表面のプレートは，互いに年に数cmの速さで運動している。プレートは，その下のマントルが対流運動をすることで発生している。

■**プレートの生成と消滅**…海洋プレートは**中央海嶺**における火山活動によって生成されている。そしてその海洋プレートは**海溝**で大陸プレートの下に沈み込み，消滅する。

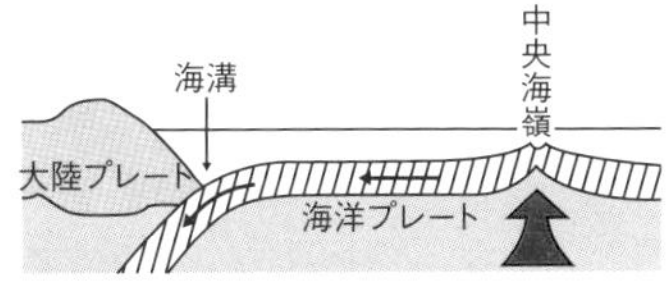

重要ポイント 6 地球の歴史と化石

地質時代の名称と各地質時代の代表的な出来事や示準化石は覚えておく必要がある。

■**示準化石と示相化石**…地層の堆積した時代を推定できる化石を**示準化石**といい，地質時代の区分に用いる。地層の堆積した環境を推定できる化石を**示相化石**といい，造礁サンゴ，生痕化石（住みかなどの化石）などがある。

■**地質時代と代表的示準化石**…地質時代の区分は，生物界の変遷をもとにして行う。古生代は海生無脊椎動物，魚類，両生類の繁栄した時代，中生代はハ虫類の繁栄した時代，新生代はホ乳類の繁栄した時代。

時代		絶対年代	出来事	動物	植物
先カンブリア時代		4600	地球誕生 最古の化石		
古生代	カンブリア紀	540		三葉虫	
	オルドビス紀		最古のセキツイ動物	フデイシ	
	シルル紀		最古の陸上動物		
	デボン紀				
	石炭紀		ハ虫類の出現	フズリナ	シダ植物
	二畳紀（ペルム紀）				
中生代	三畳紀（トリアス紀）	245	ホ乳類の出現	アンモナイト 恐竜類	裸子植物
	ジュラ紀		鳥類の出現		
	白亜紀				
新生代	第三紀	65		カヘイ石	被子植物
	第四紀		人類の出現		

実戦問題

1 **わが国の自然公園などで見られる地形に関する記述として最も妥当なのはどれか。** 【国家一般職／税務／社会人・平成25年度】

1 火山の形は溶岩の粘性によって異なり，一般に粘性の小さい溶岩ほど二酸化ケイ素が多く含まれ，この溶岩で形成される火山は盾状火山と呼ばれる。この代表的な火山として長崎県の雲仙岳がある。

2 川から運搬された土砂が海岸に堆積することで崖をつくることがあり，これが発達した海岸はリアス式海岸と呼ばれる。陸中海岸でこれらの地形が多く見られる。

3 風と雨水の物理的な作用により，凝灰岩の大地が削られ，窪地や洞窟が形成されることがある。この地形はカルスト台地と呼ばれ，伊豆諸島の三宅島で見られる。

4 湖に長年にわたり土砂が堆積すると，三角州や三日月湖が形成されることがある。滋賀県の琵琶湖には，これらの地形が見られ，湖に独特な景観をつくり出している。

5 高山では氷河によって，岩石が削られて，カールなどの独特の氷河地形がつくられることがある。中部地方の北アルプスに，氷河期につくられたこれらの地形が見られる。

2 **地震に関する次の記述のうち，妥当なのはどれか。** 【地方初級・令和元年度】

1 観測地点に到達する地震波は，P波，S波とも同時に到着する。

2 地震の単位で，各地の揺れは震度階級，地震の規模・放出エネルギー量はマグニチュードで表す。

3 震源距離が大きいほど，初期微動継続時間は短くなる。

4 震源から遠い観測地点ほど，地震の規模は大きくなる。

5 P波，S波とも液体中を伝わる。

3 **ある地点で観測したP波の到達時刻が12時59分57秒であり，S波の到達時刻が13時00分11秒であった地震において，ある地点から震源までの距離として，正しいのはどれか。ただしP波の速さを5.5km/s，S波の速さを3.3km/sとする。** 【警視庁・平成25年度】

1 103.0km

2 115.5km

3 128.0km

4 140.5km

5 153.0km

4 **化石に関する記述中の空所A～Cに当てはまる語句の組合せとして，最も妥当なのはどれか。** 【警視庁・平成29年度】

生物には，生息していた期間が短く，広い地域に分布していたものがいる。このような化石が見つかれば，地層はその短い期間に堆積したことが分かる。このような化石を（ A ）といい，例えば，クサリサンゴは（ B ）のよい例である．

一方，地層が堆積した環境を知るのに役立つ化石をといい，例えば，暖かくて浅い海に生息する造礁性サンゴは（ C ）のよい例である。

	A	B	C
1	示準化石	古生代	示相化石
2	示準化石	中生代	示相化石
3	示相化石	古生代	示準化石
4	示相化石	中生代	示準化石
5	示相化石	新生代	示準化石

5 **次の地質断面図から，A層～F層の成立順序として正しいのはどれか。** 【地方初級・平成25年度・改題】

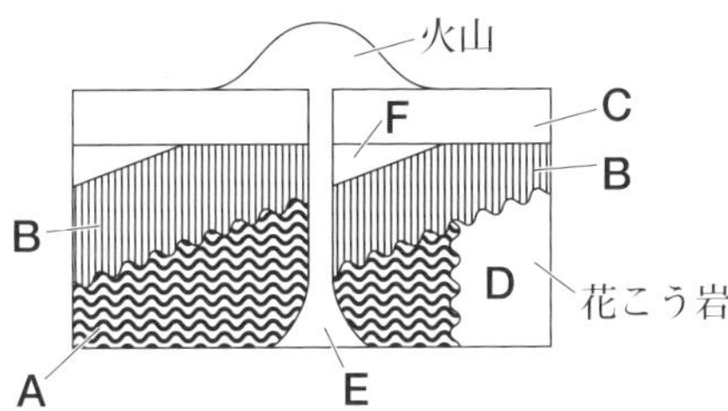

1 A→B→D→F→E→C
2 A→D→B→F→C→E
3 A→D→B→F→E→C
4 D→A→B→F→C→E
5 D→A→B→F→E→C

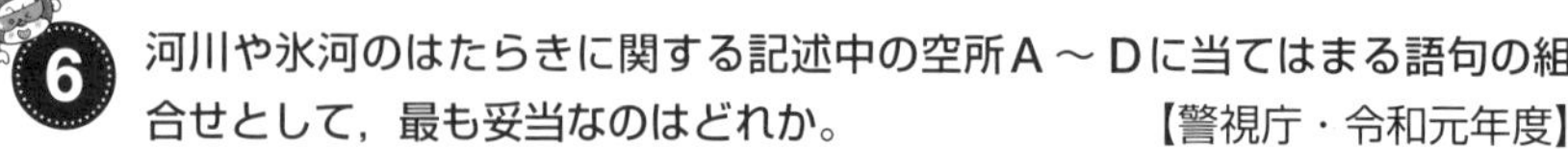

6 **河川や氷河のはたらきに関する記述中の空所A～Dに当てはまる語句の組合せとして，最も妥当なのはどれか。** 【警視庁・令和元年度】

河川による侵食が強くはたらく山地では谷底が深く削られた（ A ）ができ，河川が山地から平地に流れ出るところには粗い砂礫が堆積して（ B ）ができる。

高緯度地方や高山で，万年雪が圧縮されて氷となり，流れ出すようになったものが氷河である。氷河の流れる速さは年に数十～数百m程度であるが，固体である氷の動きによる侵食・運搬作用は大きく，馬蹄形に削られた（ C ）や，U字谷が形成される。氷河によって削り取られ，運ばれた大きさの不揃いな砕屑物は氷河の両側や末端に堆積し，（ D ）となる。

	A	B	C	D
1	V字谷	扇状地	カール	モレーン
2	V字谷	扇状地	モレーン	カール
3	扇状地	谷底平野	カール	モレーン
4	扇状地	谷底平野	モレーン	カール
5	谷底平野	V字谷	カール	モレーン

7 **地球内部の構造に関する記述として，最も妥当なのはどれか。**
【警視庁・平成30年度】

1　マントル上部で1000℃を超えると，マントル物質は柔らかくなり，流れやすくなるが，この流れやすい領域をアセノスフェアという。

2　リソスフェアとは，アセノスフェアより下にあるマントルの部分のことで，温度が低く硬い性質をもつ。

3　地下約1000kmの深さにある，物質が不連続に変化する面のことをモホロビチッチ不連続面という。

4　地球の中心部には外核，内核という核があり，いずれも固体の鉄を主成分としている。

5　大陸の地殻は，玄武岩質岩石の上部地層と花崗岩（かこうがん）質岩石の下部地殻からなっている。

8 **地球表面のプレートに関するA～Dの記述のうち，妥当なものを選んだ組合せはどれか。** 【特別区・平成28年度】

A：日本の位置は，ユーラシアプレートや北アメリカプレートが，太平洋プレートやフィリピン海プレートの下に沈み込むところにあたる。

B：リソスフェアの下には，流れやすくやわらかいアセノスフェアが存在する。

C：プルームとは，2つのプレートがお互いにすれ違う境界のことであり，サンアンドレアス断層などがある。

D：ヒマラヤ山脈やヨーロッパアルプス山脈は，大陸プレートどうしが衝突してできた大山脈である。

1 A，B
2 A，C
3 A，D
4 B，C
5 B，D

9 **地球の歴史に関する記述として妥当なのはどれか。** 【地方初級・平成24年度】

1 先カンブリア代（時代）の海中には，シーラカンスが棲息していた。
2 古生代の海中には，三葉虫や三角貝（トリゴニア）が棲息していた。
3 中生代の海中には，アンモナイトが棲息していた。
4 中生代ジュラ紀は氷河期にあたり，恐竜は絶滅した。
5 中生代白亜紀は，草食動物が生態系の頂点にあった。

実戦問題●解説

1 楯状火山は日本では見られない。リアス式海岸は地殻変動が関係している。カルスト台地の秋吉台の近辺には石灰石の鉱山がある。三日月湖は河川の一部がとり残されたものである。

1 × 誤り。溶岩の粘性は温度と成分による。高温ほど粘性は小さく，二酸化ケイ素の含有量が多いほど粘性は大きくなる。粘性の小さい溶岩は広範囲に広がるので，この溶岩で形成された火山はなだらかな楯状火山になる。世界の大きな火山の多くは楯状火山だが，日本には明確に楯状火山といえる火山はない。かつては霧ヶ峰（長野県）が楯状火山の例とされたが，現在では，成層火山が浸食を受けてなだらかになったと考えられている。なお，雲仙岳は，普賢岳や妙見岳などの溶岩ドームによって形成された複成火山である。溶岩ドームは，粘性の大きい溶岩によってドーム状に形成された火山である。平成２年に始まった普賢岳の噴火では，溶岩ドームの平成新山が形成され，雲仙岳の最高峰となっている。

2 × 誤り。リアス式海岸とは，浸食によって多くの谷が刻まれた山地が，陸地の沈降または海水面の上昇によって複雑に入り組んだ海岸線をいう。川から運搬された堆積物が海岸付近につくる地形には，砂州，砂嘴（さし），海岸段丘などがある。

3 × 誤り。凝灰岩ではなく石灰岩である。石灰岩の主成分の炭酸カルシウムは酸に溶ける性質があり，雨水（空気中の二酸化炭素が溶け込んで炭酸水になっており，弱酸性を示す）に溶けるので，窪地や洞窟が形成されるのである。このような地形はカルスト地形と呼ばれ，秋吉台（山口県）が有名であるが，小笠原諸島の母島や南島にも見られる。

4 × 誤り。湖沼に流入する河川が三角州を形成することがある。琵琶湖では，流入する安曇川（あど）が独特な形状の三角州を形成している。三日月湖は河川の蛇行により形成される地形である。

5 ◎ 正しい。カールは氷河の浸食作用で形成されたお椀状の地形で，北アルプスでは涸沢（からさわ）カール，中央アルプスでは千畳敷カールがある。

☞**確認しよう** ➡さまざまな地形とその形成のしかた　　**正答 5**

2 Pはprimary（初めの），Sはsecondary（二番目の）の頭文字である。ニュースで「地震の規模を表す…」とという放送がある。横波は固体中のみ伝わる。

1 × 誤り。P波はprimary wave（最初の波），S波はsecondary wave（2番目の波）の名称から分かるように．P波のほうが早く到達する。なお，P波が地殻中を伝わる速さは6～8 km/sであり，S波のそれは3～5 km/sである。

2 ◎ 正しい。観測地での揺れを表す震度階級には0～7まであり，元々は8階級であった。現在は，5と6に弱・強があり，全部で10階級になっている。地震の規模を表すマグニチュード（記号はM）は，地震の放出エネルギーを，$\sqrt{1000}$を底とする対数で表したもので，放出エネルギーが1000倍になるとマグニチュードは2大きくなる。マグニチュードが1大きくなると，地震の規模は約32倍になる。

3 × 誤り。観測地点から震源までの距離を，P波の速さを，S波の速さをとすると，P波，S波が観測地点に到達するまでの時間は，それぞれ$\dfrac{d}{V_s}$，$\dfrac{d}{V_p}$であるから，最初のP波が到達してから，最初のS波が到達するまでの時間の差，すなわち初期微動継続時間は，

$$\frac{d}{V_s}-\frac{d}{V_p}=d\left(\frac{1}{V_s}-\frac{1}{V_p}\right)$$

となるから，震源距離が大きいほど，初期微動継続時間は長くなる。

4 × 誤り。地震の規模とは地震が放出するエネルギーを表すものあるから，震源距離とは無関係である。

5 × 誤り。P波は縦波，S波は横波である。縦波はすべての媒質中を伝わるが，横波は固体中のみを伝わる。

確認しよう ➡P波とS波の性質や関係　　**正答 2**

3 P波が到達してからS波が到達するまでの時間を2通りの方法で表す。

初期微動継続時間は，13時00分11秒－12時59分57秒＝14秒

震源から観測地点までの距離を$x$kmとすると，P波が初めて観測地点に到達するまでの時間は$\frac{x}{5.5}$秒であり，S波が初めて観測地点に到達するまでの時間は$\frac{x}{3.3}$秒であるから，次式が成り立つ。

$$\frac{x}{3.3}-\frac{x}{5.5}=14$$

これから，$x=115.5$

よって，正答は**2**である。

確認しよう ➡震源までの距離の求め方

正答 2

4 示準化石は年代を知る手がかりに，示相化石は環境を知る手がかりになる。

ある地層がどの地質年代に堆積したのかを知る手がかりとなる化石を示準化石または標準化石という。示準化石となる生物の要件としては，

・現生しないこと。

・広い範囲に分布し，個体数が多く，発見しやすいこと。

・生存期間が短く，進化速度が速いこと。

などが挙げられる。各地質年代の代表的な示準化石としては，次のようなものがある。

古生代：クサリサンゴ，三葉虫，フズリナ（紡錘虫），フデイシ（筆石）

中生代：アンモナイト，恐竜

新生代：マンモス，ビカリア，カヘイ石

示相化石としては次のようなものがあり，生息環境が推測できる。

造礁性サンゴ…暖かくてきれいな浅い海

シジミ…湖や河口

ブナ…冷涼な気候

以上から，正答は**1**である。

確認しよう ➡示準化石と示相化石の違い

正答 1

5 褶曲などによる地層の逆転がないかぎり下の地層ほど古く堆積したものである。

A, B, C, F層は堆積岩と考えられ，D, E層は火成岩である。AとDの境界を不整合面とみるか否かで2通りの成立順が考えられる。AとDの境界を示す線がBとDの境界を示す線と同じように描かれているので，AとDの境界を不整合面とみて成立順を考える。

次のような成立過程を経たと考えられる。

①花こう岩Dが生成した。
②陸化して侵食を受け，花こう岩が露出した。
③水没し，A層が堆積した。
④陸化した後，褶曲により地層が大きく傾いた。
⑤侵食を受け，不整合面ができた。
⑥水没し，B層，F層の順に堆積した。
⑦A層やB層がずれていることから，断層が生じた。
⑧B，F層が斜めになっていることから，褶曲作用により地層が傾いた。
⑨再び地表に現れて，侵食を受けた。（厳密に言えば，BとC，FとCの間には不整合面がなくてはならない。）
⑩水没し，Cが堆積した。
⑪陸化した。（厳密に言えば，Cの上部には不整合面がなくてはならない。）
⑫断層の裂け目をマグマが上昇し，噴火により火山が形成された。このときEが形成された。

以上から，D→A→B→F→C→Eの順に成立したと考えられる。

よって，正答は**4**である。

確認しよう ➡地質断面図の読み取り方　　**正答 4**

(注) AとDの境界が不整合面でなければ，A層にDが貫入した後に陸化し，褶曲によって地層が傾き，その後侵食を受けた，と考えられる。その場合，成立順はA→D→B→F→C→Eとなり，正答は**2**となる。

第4章 地学

6 流れが急であると侵食・運搬作用が大きい。中央アルプスには千畳敷カールという大きな凹地がある。

A：流れが急であると鉛直方向への侵食力が大きく，ゆるやかになると水平方向への侵食力が大きくなる。流れが急な山地では，川底が深く削られてV字谷ができる。なお，谷底平野とは，上流から運ばれた土砂が山間部に堆積してできた，細長い平坦な土地をいう。

B：河川が山間部から平地に流れ出るところでは，傾斜がゆるやかになるため流水の運搬力が小さくなり，砂礫が堆積して扇状地が形成される。扇状地では，流水は地表を流れず，地下を流れず伏流水となる。この伏流水が地表に現れたのが泉である。

C：山岳地帯では，氷河が山の斜面を侵食するが，気候が温暖化して氷や雪が融けると，スプーンでえぐったような馬蹄形の地形が現れることがある。この地形がカール（圏谷）である。日本では大きな氷河はなかったが，カールは，北海道の日高地方や中部地方の日本アルプスなどで見られる。なお，U字谷に海水が流れ込んだのが，北欧に見られるフィヨルドであり，水深が深いので天然の良港になっているところもある。

D：氷河によって運ばれた岩屑や土砂によって形成された地形がモレーンである。

以上から正答は**1**である。

確認しよう ➡河川や氷河の働き　　**正答 1**

7 アセノスフェアは地殻とマントル最上部で構成されている。地殻の厚さは，大陸部で数十km，海洋底では5～10kmである。花崗岩より玄武岩のほうが平均密度は大きい。

1 ◎ 正しい。アセノスフェアは，リソスフェアの下にある層のことである。この層では，高温のためにマントルが数％部分融解するか，あるいはそれに近い軟弱な状態と考えられている。

2 × 誤り。リソスフェアは，地殻と上部マントルの最上部で構成されており比較的硬い層を指す。アセノスフェアは，リソスフェアの下にあって相対的に柔らかく流動性に富んだ層のことである。

3 × 誤り。モホロビチッチ不連続面とは，大陸部では平均して約30～

40km，海洋底では5～10kmの深さで地震波の速度が不連続に変化する面のことである。この面が地殻とマントルの境界であり，密度は2.7～3.0g/cmから3.3g/cmに急激に変化する。なお，この不連続面は，クロアチアの地震学者モホロビチッチによって，地震波の速度が不連続に変わることから発見されたことに因んでモホロビチッチ不連続面と名付けられ，略してモホ面と呼ばれることもある。

4 × 誤り。外殻は液体の鉄でできていて，内核は固体の鉄でできていると推測されている。内核の大きさは月の大きさの3分の2ほどあり，今も少しずつ大きくなっているということである。

参考 外殻の液体の鉄の対流によって，地球の磁場がつくられているが，対流の変化に伴い磁場にも変化が起きている。数十万年前には，磁極の位置が現在とは逆転していたことが，古地磁気学によって示されている。

5 × 誤り。大陸地殻の上部はおもに花崗岩質岩石でできており，下部は玄武岩質岩石でできている。花崗岩は深成岩，玄武岩は火山岩であることから，この上下関係は不思議に感じられるかもしれないが，長いスパンで見れば，固体にも流動性があり，平均密度が小さい方の花崗岩が上にくるのである。なお，海洋地殻はおもに玄武岩質岩石でできている。

確認しよう ➡地球内部の構造 **正答 1**

8 あまり馴染(なじ)みのない用語が出てくるが，既知の知識で判断できる事項の可否の組合せから選択肢を選べばよい。

A × 誤り。海洋プレートの方が大陸プレートより密度が大きいので，海溝のところで海洋プレートが大陸プレートの下に沈み込む。ユーラシアプレートや北アメリカプレートは大陸プレートであり，太平洋プレートやフィリピンプレートは海洋プレートであるので，沈み方の上下が反対である。

B ○ 正しい。マントル最上部の固い岩盤と地殻とを合わせてリソスフェア（岩石圏）という。リソスフェアの下が流動的なアセノスフェアである。

C × 誤り。2つのプレートがすれ違う境界における断層はトランスフォーム断層という。サンアンドレアス断層は，アメリカ合衆国の太平洋岸

第4章 地学

にある。

D○ 正しい。ヨーロッパアルプス山脈は，アフリカ大陸がヨーロッパ大陸に衝突したことで隆起してできた褶曲山脈である。また，ヒマラヤ山脈は，インド半島（かつてはインド大陸）がアジア大陸に衝突したことで隆起してできた褶曲山脈である。

以上から，正答は**5**である。

確認しよう ➡プレートテクトニクス　**正答 5**

（注）この問題は**A**の記述が誤りであり，**D**の記述が正しいことがわかれば解くことができる。

9 地質時代は，古い方から，先カンブリア代（原生代），古生代，中生代，新生代に大きく区分される。

1× 誤り。魚類が初めて出現したのは古生代である。シーラカンスは現生種が生息しており，古代魚の形態がほとんど変化していないことから，「生きた化石」と呼ばれている。

2× 誤り。三葉虫は古生代の示準化石であり，古生代に広範囲に棲息していた。三角貝は中生代に栄えた二枚貝であり，中生代の重要な示準化石になっている。

3◎ 正しい。アンモナイトは中生代に栄えた。各時代によって特有の特徴があるので，古生代のデボン紀から中生代の白亜紀までの地質年代を特定する示準化石として用いられている。アンモナイトの形状は巻貝に似ているが，タコやイカなどの軟体動物頭足類の仲間と考えられている。

4× 誤り。中生代は，三畳紀・ジュラ紀・白亜紀と小区分されるが，全体を通して温暖な気候であり，恐竜は大繁栄していた。白亜紀の末期に巨大隕石が地球に落下し，その影響で気候が寒冷化して氷河期になり，恐竜が絶滅したとも考えられている。

5× 誤り。白亜紀にも肉食の恐竜は存在しており，草食動物が生態系の頂点にあったとは言えない。

確認しよう ➡地質年代区分と示準化石　**正答 3**

第5章

数学

テーマ1　式と計算

テーマ2　図形

テーマ3　式とグラフ

テーマ4　微分・積分・個数の処理

テーマ 1 式と計算

重要問題

$ab-b-a+1$を因数分解したものとして，最も妥当なのはどれか。

【東京消防庁・令和2年度】

1 $(a+1)(b-1)$
2 $(ab+1)(a-b)$
3 $(a-1)(b+1)$
4 $(a-1)(b-1)$
5 $(a-1)(a+b)$

解説

因数分解では，次数が最も低い文字について整理することが常道である。

Step 1 特定の文字について式の整理をする。

与式はaについてもbについても1次式なので，どちらの文字について整理してもよいが，ここではaについて整理することにする。

$$ab-b-a+1=a(b-1)-(b-1)$$

Step 2 分配法則の逆を用いて共通因数をくくり出す。

共通因数の$b-1$をくくり出すと，

$$a(b-1)-(b-1)=(a-1)(b-1)$$

すなわち　$ab-b-a+1=(a-1)(b-1)$

よって，正答は**4**である。

☞確認しよう ➡文字式の整理の仕方と因数分解

正答 4

参考 次のような便法もある。
ある文字についての式が一般的に成り立つのなら，その文字に特定の値を代入しても式は成り立つことを利用する。例えば，$a=3$，$b=2$（**1**～**5**の式の値が0にならない値になっていることに注意）としてみると，与式では2であるが，選択肢でこの値になるのは**4**だけである。なお，選択肢の中に同じ値を持つものが複数個あるときは，他の数値で試してみる必要がある。

因数分解についての補足
本問の場合，a，bのどちらについて式を整理しても，手間は変わらない。
しかし，$P=x^2y+3xy-2x-6$のような式ではどうだろうか。
Pをxについて整理すると，

$$P=yx^2+(3y-2)x-6$$

たすきがけを使って因数分解するにしても組み合わせが多く，煩雑になってしまい手間取ってしまう。
それに対し，yについて整理すると，

$$P=(x^2+3x)y-2(x+3)$$

$$=x(x+3)y-2(x+3)$$

容易に，共通因数 $x+3$ が見つかる。
一般に，次数の低い文字につて整理したほうが，計算が楽に進められることが多い。

テーマ1の分野では，因数分解は頻出である。しかし，因数分解に手間取るようであれば，因数分解にこだわる必要はなく，選択肢の式を展開して調べることができる。その際，展開すべき式を絞り込むとよい。

本問の場合，実は，展開することなく解が得られてしまう。

与式がaとbについての1次式であること，定数項が1であることに着目する。選択肢の**2**と**5**は，ともに2次式であり，**1**と**3**は展開式の定数項がともに-1である。したがって，消去法により，正答が**4**であることがわかる。

試験では，一つの解法にこだわらず，柔軟に対処することも必要であることは肝に銘じておきたい。

要点のまとめ

重要ポイント 1 式と計算の基本法則

ここで学習する内容は，数学の基礎となる重要な項目であるから，しっかり覚えておこう。

■指数法則

m, n を正の整数とすると	$a^m a^n = a^{m+n}$

■乗法公式と因数分解

左の式を展開すると右の式に，また右の式を因数分解すると左の式になる。

$(a+b)^2$	$=$	$a^2+2ab+b^2$
$(a-b)^2$	$=$	$a^2-2ab+b^2$
$(a+b)(a-b)$	$=$	a^2-b^2
$(x+a)(x+b)$	$=$	$x^2+(a+b)x+ab$
$(ax+b)(cx+d)$	$=$	$acx^2+(ad+bc)x+bd$
$(a+b)^3$	$=$	$a^3+3a^2b+3ab^2+b^3$
$(a-b)^3$	$=$	$a^3-3a^2b+3ab^2-b^3$
$(a+b)(a^2-ab+b^2)$	$=$	a^3+b^3
$(a-b)(a^2+ab+b^2)$	$=$	a^3-b^3
$(a+b+c)^2$	$=$	$a^2+b^2+c^2+2ab+2bc+2ca$

■整式の除法

x の整式 $f(x)$ を，整式 $p(x)$ で割ったときの商を $q(x)$，余りを $r(x)$ とすると，$f(x)=p(x)q(x)+r(x)$ で表せる。

剰余定理	整式 $f(x)$ を $x-a$ で割ったときの余り r は，	$\boldsymbol{r=f(a)}$
因数定理	整式 $f(x)$ が $x-a$ で割り切れるときは，	$\boldsymbol{f(a)=0}$

重要ポイント❷ 方程式

2次方程式の解と係数に関するものや，判別式を利用する問題が多い。2次方程式の解をα，βとしたとき，$\alpha+\beta$，$\alpha\beta$や判別式Dがどのような式または数値で表せるか整理しておこう。

■1次方程式

$ax=b$ $(a \neq 0)$の解は	$x=\frac{b}{a}$ (aが0でないことに注意しよう)

■2次方程式の解き方

2次方程式$ax^2+bx+c=0(a \neq 0)$の解を求める方法。

因数分解して求める方法	$a(x-\alpha)(x-\beta)=0$として$x=\alpha$，βを求める。
解の公式を利用する方法	$x=\frac{-b \pm \sqrt{b^2-4ac}}{2a}$

■解の判別（判別式D）

実数を係数とする2次方程式$ax^2+bx+c=0(a \neq 0)$の解を判別する方法。

$D=b^2-4ac$の符号	$ax^2+bx+c=0$ $(a \neq 0)$の解
$D>0$	方程式は異なる2つの実数解を持つ。
$D=0$	方程式は1つの実数解（重解）を持つ。
$D<0$	方程式は実数解を持たない (異なる2つの虚数解を持つ)。

■2次方程式の解と係数の関係

2次方程式$ax^2+bx+c=0(a \neq 0)$の2つの解をα，βとすると，

$\alpha+\beta=-\frac{b}{a}$　$\alpha\beta=\frac{c}{a}$となる。

重要ポイント❸ 不等式

2つの数の大小を比較するときの基本を理解しておこう。$a>b$が成り立っても$a^2>b^2$は必ずしも成り立たない。たとえば$a=3$, $b=-5$のとき$a>b$は成り立つが，$a^2=9$, $b^2=25$なので，$a^2<b^2$となる。数が文字で表されているときには注意しよう。

■大小関係の性質(1)

$a>b,\ b>c$ ならば	$a>c$
$a>b$ ならば	任意のcについて$a+c>b+c$
$a>b,\ c>0$ ならば	$ac>bc$
$a>b,\ c<0$ ならば	$ac<bc$(不等号の向きに注意)
$a>b>0,\ c>d>0$ ならば	$ac>bd$
$a\geqq b$ ならば	$a-b\geqq 0$
$a-b\geqq 0$ ならば	$a\geqq b$

■大小関係の性質(2)

$a>0,\ b>0$のとき，

$a>b$ ならば	$a^2>b^2,\ \sqrt{a}>\sqrt{b}$

■2次不等式の解

$ax^2+bx+c=0(a>0)$の2つの実数解がα，βで，$\alpha<\beta$のとき，

$ax^2+bx+c>0$の解の範囲は	$x<\alpha,\ \beta<x$ *1
$ax^2+bx+c<0$の解の範囲は	$\alpha<x<\beta$ *2

＊1と＊2のどちらを使えばよいかあいまいになってしまったら，下の例のように簡単な場合を考えて確かめよう。

〈例〉 $(x+1)(x-3)<0$のときxの範囲を求めるには，$x=-1$，3の間の数，たとえば$x=0$のとき不等式が成り立つかどうか考えてみる。

$x=0$のとき$(0+1)(0-3)=-3<0$となるからxの範囲は$-1<x<3$となる。

重要ポイント 4 2次関数の計算

関数の最大値，最小値を求める問題が多い。

■2次関数の式の変形

2次関数$y=ax^2+bx+c(a \fallingdotseq 0)$とすると，

$a>0$ のとき	2次関数のグラフは下に凸
$a<0$ のとき	2次関数のグラフは上に凸

2次関数の式を変形して，

$y=a\left(x+\dfrac{b}{2a}\right)^2-\dfrac{b^2-4ac}{4a}$ とすると，

2次関数のグラフの対称軸は	$x=-\dfrac{b}{2a}$
2次関数のグラフの頂点は	$\left(-\dfrac{b}{2a},\ -\dfrac{b^2-4ac}{4a}\right)$

■2次関数の最大・最小

2次関数$y=ax^2+bx+c(a \fallingdotseq 0)$の最大値，最小値は，

aの符号	最大値	最小値	グラフの概形
$a>0$	なし	$-\dfrac{b^2-4ac}{4a}$	x 最小値
$a<0$	$-\dfrac{b^2-4ac}{4a}$	なし	最大値 x

実戦問題

1 $x=2-\sqrt{3}$ のとき，x^2+3x+7 の値として，最も妥当なのはどれか。

【東京消防庁・平成27年度】

1 $8-\sqrt{3}$
2 $13-\sqrt{3}$
3 $20-7\sqrt{3}$
4 $26-7\sqrt{3}$
5 $30-\sqrt{3}$

2 式 $x^2-6x-4y^2-8y+5$ を因数分解したものとして，正しいのはどれか。

【警視庁・平成25年度】

1 $(x+2y-1)(x-2y-5)$
2 $(x+2y-1)(x-2y+5)$
3 $(x-2y+1)(x-2y-5)$
4 $(x-2y+1)(x+2y+5)$
5 $(x+2y-1)(x+2y-5)$

3 2次方程式 $x^2-10x+m=0$ の一つの解が他の解の4倍であるとき，定数 m の値はいくらか。　【国家一般職／税務／社会人・平成27年度】

1 0
2 2
3 4
4 8
5 16

次の絶対値を含む方程式の解の和として妥当なのはどれか。

【地方初級・平成30年度】

$|2x-1|=x+7$

1 3
2 4
3 6
4 8
5 9

5 次の連立不等式の解として正しいのはどれか。

【国家一般職／税務／社会人・令和元年度】

$$\begin{cases} 5x+2 \leqq 2(x+4) \\ x-6 < 3x+4 \end{cases}$$

1 $x < -5$
2 $-5 < x \leqq 2$
3 $-4 < x \leqq 2$
4 $x \leqq 2$
5 $x \geqq 5$

6 $x+2y=6$の関係が成り立つとき，x^2+2y^2の最小値はいくらか。

【国家一般職／税務／社会人・令和2年度】

1 3
2 6
3 9
4 12
5 15

実戦問題●解説

1 できるだけ無理数を含まない計算となるように工夫をする。

Step 1　$x=2-\sqrt{3}$ の右辺の2を左辺に移項し，無理数をなくすために両辺を平方する。

$x=2-\sqrt{3}$ より，$x-2=-\sqrt{3}$

両辺を平方（2乗）し，左辺を展開すると，$x^2-4x+4=3$

Step 2　x^2 を x の1次式で表し，与えられた式を x の1次式にする。

Step 1で求めた式より，$x^2=4x-1$

与えられた式は，次のように変形できる。

$x^2+3x+7=(4x-1)+3x+7=7x+6$

Step 3　x の値を代入し，式の値を求める。

与式$=7(2-\sqrt{3})+6=14-7\sqrt{3}+6=20-7\sqrt{3}$

よって，正答は**3**である。

確認しよう ➡無理数の計算を簡単にする工夫　　**正答 3**

2 2文字以上の多項式では，1つの文字についての多項式と考えて，式を整理する。

Step 1　文字 x について式を整理する。

2文字以上の式では，次数の低い文字について整理するとよい。次数が同じときは，最高次数の係数が簡単なほうの文字について整理する。ここでは，x^2 の係数は1，y^2 の係数は-4なので，x について整理する。

与式$=x^2-6x-(4y^2+8y-5)$

Step 2　文字 y についての多項式を因数分解する。

与式$=x^2-6x-(2y-1)(2y+5)$

Step 3　x について乗法公式を適用して，因数分解をする。

和が-6，積が$-(2y-1)(2y+5)$になる組合せを考える。

$(2y-1)-(2y+5)=-6$　　であるから，

与式$=\{x+(2y-1)\}\{x-(2y+5)\}=(x+2y-1)(x-2y-5)$

よって，正答は**1**である。

確認しよう ➡2文字以上の多項式の因数分解のしかた　　**正答 1**

③ 2次方程式の解と係数の関係を利用する。

Step 1 2つの解の和と積を求める。

2次方程式$x^2-10x+m=0$の1つの解をαと置くと，他の解は4αと置ける。

2次方程式の解と係数の関係より，

和について，$\alpha+4\alpha=10$ …①

積について，$\alpha\cdot 4\alpha=m$ …②

Step 2 αを求め，mを求める。

①より

$5\alpha=10$

$\alpha=2$

これを②に代入すると，

$m=2\times(4\times 2)=16$

よって，正答は**5**である。

確認しよう ➡2次方程式の解と係数の関係　**正答 5**

【発展】3次方程式にも解と係数の関係がある。

3次方程式$ax^3+bx^2+cx+d=0$において，両辺を$a(a\neq 0)$で割ると，

$$x^3+\frac{b}{a}x^2+\frac{c}{a}x+\frac{d}{a}=0$$

この方程式の3つの解をα，β，γとすると，方程式の左辺は，

$$x^3+\frac{b}{a}x^2+\frac{c}{a}x+\frac{d}{a}=(x-\alpha)(x-\beta)(x-\gamma)$$

と因数分解されるのは明白であろう。この右辺を展開すると，

$$x^3-(\alpha+\beta+\gamma)x^2+(\alpha\beta+\beta\gamma+\gamma\alpha)x-\alpha\beta\gamma$$

したがって，各項の係数を比較することにより，

$$\alpha+\beta+\gamma=-\frac{b}{a},\ \alpha\beta+\beta\gamma+\gamma\alpha=\frac{c}{a},\ \alpha\beta\gamma=-\frac{d}{a}$$

3次方程式が出題される頻度は高くはないが，記憶しておくとよい。

4 絶対値の中の数値や式が正のときはそのまま，負のときは符号を反対にして絶対値記号を外す。

Step 1　絶対値の中の式が正として，絶対値記号を外して方程式を解く。

$2x-1 \geqq 0$　すなわち　$x \geqq \dfrac{1}{2}$のとき，与方程式は，

$2x-1=x+7$

これを解いて，$x=8$

これは$x \geqq \dfrac{1}{2}$を満たす。

Step 2　絶対値の中の式が負として，絶対値記号を外して方程式を解く。

$2x-1<0$　すなわち　$x<\dfrac{1}{2}$のとき，与方程式は，

$-(2x-1)=x+7$

これを解いて，$x=-2$

これは$x<\dfrac{1}{2}$を満たす。

以上から，2つの解は，$x=8$，$x=-2$

したがって，2つの解の和は，

$8+(-2)=6$

よって，正答は**3**である。

確認しよう ➡絶対値記号の外しかた　　**正答 3**

5 両辺を負の数で乗除すると，不等号の向きが変わる。

Step 1　不等式を解く。

$5x+2 \leqq 2(x+4)$　…①

$x-6<3x+4$　…②

①より，

$5x+2 \leqq 2x+8$

$5x-2x \leqq 8-2$

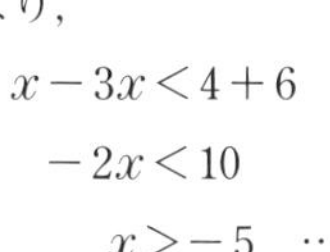

$$3x \leqq 6$$

$$x \leqq 2 \quad \cdots③$$

②より，

$$x - 3x < 4 + 6$$

$$-2x < 10$$

$$x > -5 \quad \cdots④$$

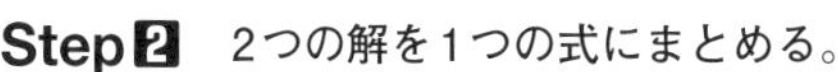

Step 2　2つの解を1つの式にまとめる。

③，④より，

$$-5 < x \leqq 2$$

よって，正答は**2**である。

☞確認しよう ➡不等号の性質　　**正答 2**

6 xまたはyの一文字だけの式に変形する。

Step 1　$x^2 + 2y^2$をyだけの式にする。

$x + 2y = 6$より，$x = 6 - 2y$

これを，与式に代入すると，

$$\begin{aligned} x^2 + 2y^2 &= (6 - 2y)^2 + 2y^2 \\ &= 36 - 24y + 4y^2 + 2y^2 \\ &= 6y^2 - 24y + 36 \end{aligned}$$

これを$f(y)$と置く。

Step 2　標準形に変形し，最小値を求める。

$$\begin{aligned} f(y) &= 6y^2 - 24y + 36 \\ &= 6(y^2 - 4y + 4 - 4) + 36 \\ &= 6(y - 2)^2 - 6 \cdot 4 + 36 \\ &= 6(y - 2)^2 + 12 \end{aligned}$$

$\underline{y^2 - 4y + 4}\,\underline{\underline{-4}}$
標準形　標準形にするために足した4を引いておくのを忘れずに

したがって，$f(y)$は$y = 2$のとき最小値12をとる。

よって，正答は**4**である。

☞確認しよう ➡2次関数の標準形　　**正答 4**

第5章 数学

図形

重要度

重要問題

図のような各辺の長さが13，14，15の三角形**ABC**がある。このとき，**cosB**の値はいくらか。【国家一般職／税務／社会人・平成29年度】

1 $\frac{4}{13}$

2 $\frac{5}{14}$

3 $\frac{5}{13}$

4 $\frac{3}{7}$

5 $\frac{6}{13}$

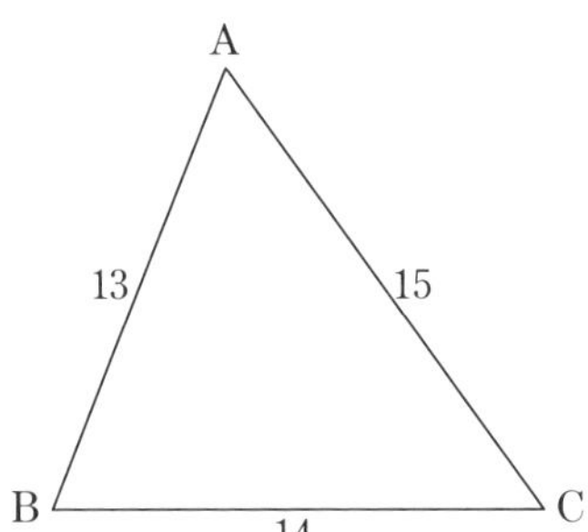

解説

余弦定理を適用する。

Step❶　余弦定理に数値を代入する。

余弦定理　$b^2 = c^2 + a^2 - 2ca\cos\mathrm{B}$ に数値を代入する。

$$15^2 = 13^2 + 14^2 - 2 \cdot 13 \cdot 14\cos\mathrm{B} \quad \cdots①$$

Step❷　cosBの値を求める。

①より，

$$\cos\mathrm{B} = \frac{169 + 196 - 225}{2 \cdot 13 \cdot 14}$$ （あえて分母の計算をしていないことに注意）

$$= \frac{140}{2 \cdot 13 \cdot 14} = \frac{5}{13}$$

よって，正答は**3**である。

確認しよう ➡余弦定理　　　　**正答 3**

【別解】余弦定理を用いずとも，次のように解ける。

頂点Aから辺BCに垂線AHを下ろし，2つの直角三角形，△ABH，△AHCに三平方の定理を適用することにより，

BH＝xとして，次式が成り立つ。

$$13^2-x^2=15^2-(14-x)^2$$

これを解いて，$x=5$

したがって，$\cos B=\dfrac{5}{13}$

【発展】△ABCの面積を求めてみよう。

$\sin^2 B+\cos^2 B=1$の関係があるから，

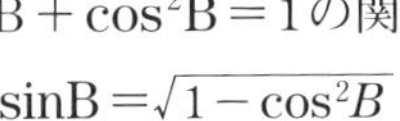

$$\sin B=\sqrt{1-\cos^2 B}$$

（$0°<B<180°$であるから$\sin B>0$である）

$$=\sqrt{1-\left(\frac{5}{13}\right)^2}=\frac{12}{13}$$

△ABCの面積Sは，$S=\dfrac{1}{2}AB\cdot BC\sin B$で与えられるから，

$$S=\frac{1}{2}\cdot 13\cdot 14\cdot\frac{12}{13}=84$$

なお，３辺の長さが整数値で与えられているときは，ヘロンの公式を用いるほうが得策である。

※ヘロンの公式

三角形の３辺の長さがa，b，cのとき，$s=\dfrac{a+b+c}{2}$とすると，

三角形の面積Sは次式で与えられる。

$$S=\sqrt{s(s-a)(s-b)(s-c)}$$

数値を代入して，$S=84$となることを確認してほしい。

近年，図形に関する出題例は少なく，出題される問題は余弦定理を適用する問題が主である。したがって，余弦定理は確実に適用できるようにしておきたい。また，正弦定理も必須であり，三角形の面積，三角形の外心・内心・重心の性質なども押さえておきたい。

第5章 数学

要点のまとめ

重要ポイント1 平面図形の基本性質

平面図形の基本性質に関する出題が多いので，以下のことはしっかり理解しておこう。

■直角三角形の性質

三平方の定理　　$c^2 = a^2 + b^2$
（ピタゴラスの定理）　（$\angle C = 90°$）

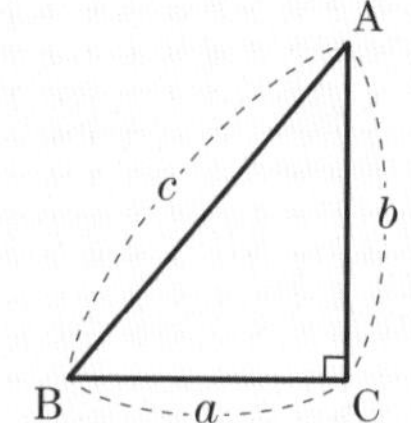

■三角形の合同条件

3辺がそれぞれ等しい2つの三角形は合同。

2辺とその挟む角がそれぞれ等しい2つの三角形は合同。

1辺とその両端の角がそれぞれ等しい2つの三角形は合同。

■三角形の内角と外角

三角形の内角の和は180°　　$A + B + C = 180°$

三角形の2つの内角の和は
残りの角の外角に等しい。　　$D = A + C$

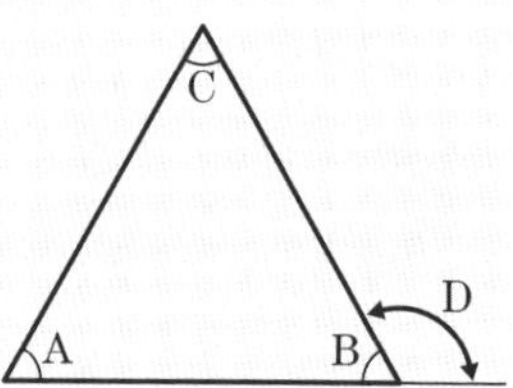

■平行四辺形

向かい合う辺は平行で，その長さは等しい。

向かい合う角の大きさは等しい。

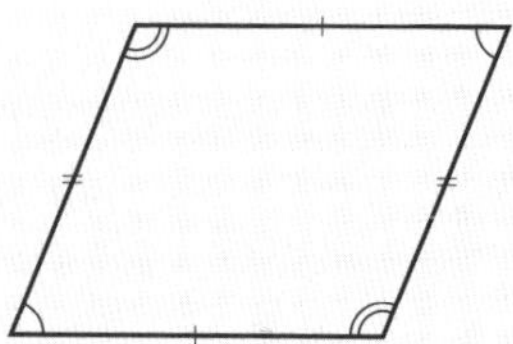

■円とその接線

円の接線は，接点を通る半径と垂直に交わる。

円外の点から，この円に引いた2つの接線の，点から接点までの長さは等しい。

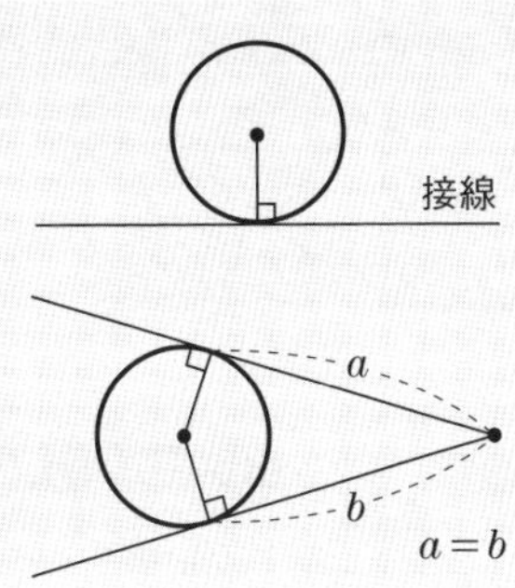

■円周角と中心角

弧**AB**に対する円周角は，弧**AB**に対する中心角の半分である。

等しい弧に対する円周角は等しい。

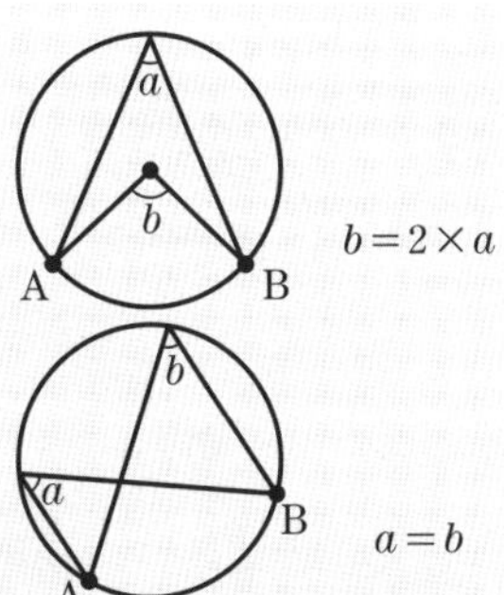

重要ポイント 2 **空間図形**

空間図形の中の平面図形を考えて，三平方の定理を適用したり，三角比，辺の長さ，面積を求める。

■平面と直線の位置関係…次の3つの場合がある。

交わる	平行（交わらない）	平面上にある

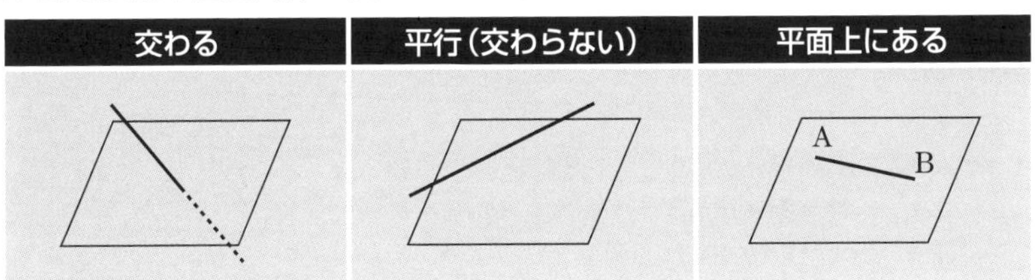

■2直線の位置関係…次の3つの場合がある。

交わる	平行	ねじれの位置
l m	l m	m l

重要ポイント❸ 三角比の計算

三角比の出題は，ほとんどが三角形がらみである。正弦定理や余弦定理は必修事項。なお，$\sin^2\theta+\cos^2\theta=1$の関係式は覚えておくこと。

■三角比の定義

$$\sin A=\frac{a}{b}\quad \cos A=\frac{c}{b}\quad \tan A=\frac{a}{c}$$

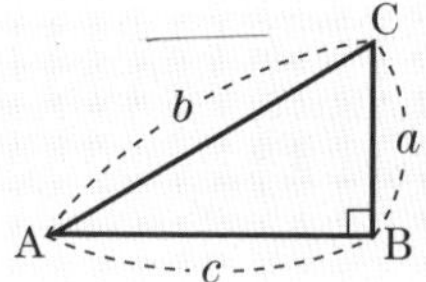

■三角比の相互関係

$$\tan\theta=\frac{\sin\theta}{\cos\theta}\quad \sin^2\theta+\cos^2\theta=1\quad (\sin\theta+\cos\theta)^2=1+2\sin\theta\cos\theta$$

$(\theta\fallingdotseq 90^\circ)$

■正弦定理

$$\frac{a}{\sin A}=\frac{b}{\sin B}=\frac{c}{\sin C}=2R$$

（Rは△ABCの外接円の半径）

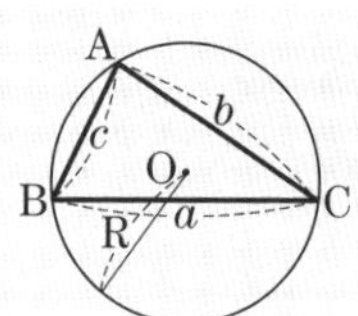

■余弦定理

$$a^2=b^2+c^2-2bc\cos A$$
$$b^2=c^2+a^2-2ca\cos B$$
$$c^2=a^2+b^2-2ab\cos C$$

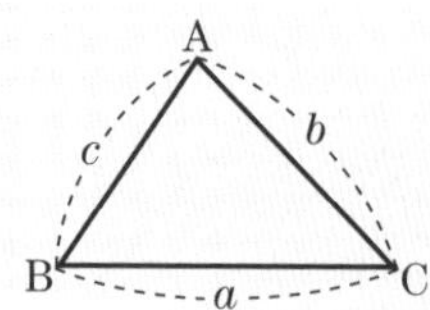

■三角形の面積

$$S=\frac{1}{2}bc\sin A=\frac{1}{2}ca\sin B=\frac{1}{2}ab\sin C$$

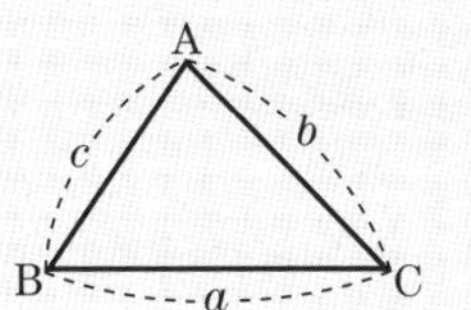

重要ポイント 4 ベクトル

ベクトルの出題は比較的少ないが，与えられたベクトルを用いてある点の位置ベクトルを表す問題が出題されることがある。ベクトルの基本的な加法・減法は理解しておきたい。

■ベクトルの加減法

加法

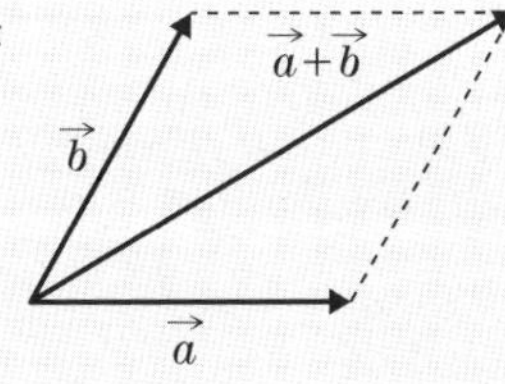

減法

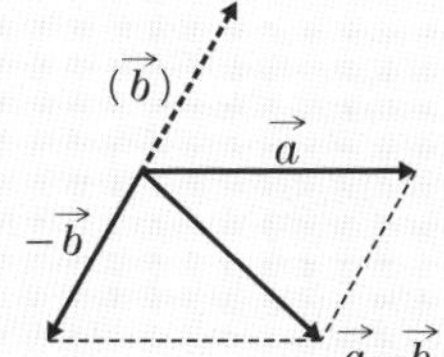

■ベクトルの成分

$\vec{a}$ が右図のようになるとき
$\vec{a}$ の成分は，
$(a_1,\ a_2)$ と表せる。

$\vec{a}$，$\vec{b}$ が右図のようになるとき
$\vec{a}+\vec{b}$ の成分は，
$(a_1+a_2,\ b_1+b_2)$ と表せる。

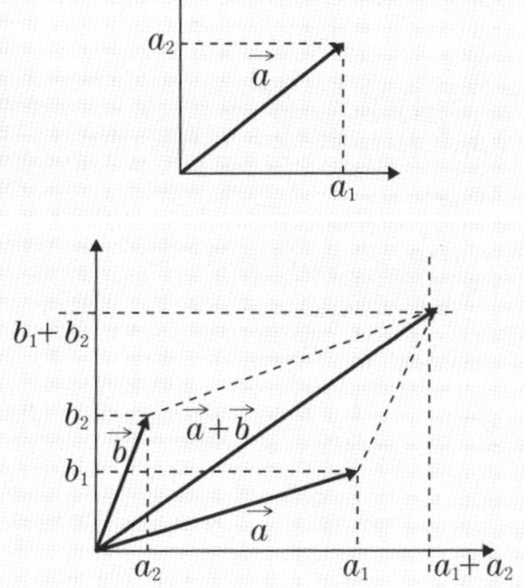

第5章 数学

実戦問題

1 図の点Aは，点B，C，Dから等距離にある点である。∠CAD＝84°であるとき，∠CBDはいくらか。　【国家Ⅲ種・平成23年度】

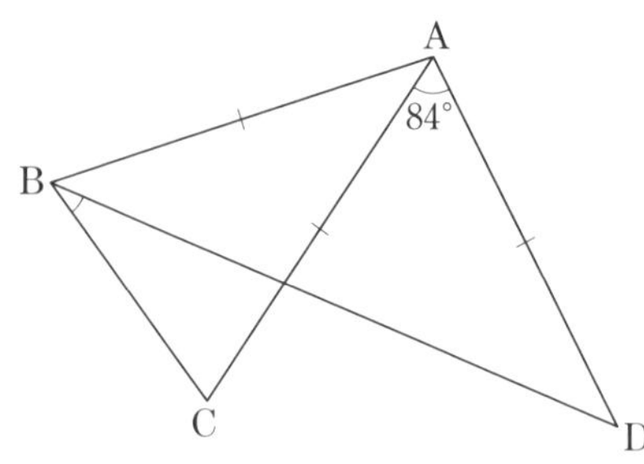

1　28°
2　36°
3　40°
4　42°
5　48°

2 ∠A＝90°，∠B＝60°の三角形ABCの頂点AからBCに垂線を引き，その交点をDとするとき，三角形ABCと三角形ADCの面積比として，最も妥当なのはどれか。　【東京消防庁・平成27年度】

1　3：2
2　4：3
3　5：3
4　5：4
5　7：5

3 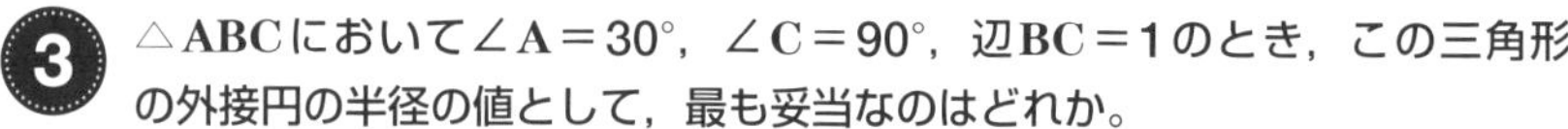
△ABCにおいて∠A＝30°，∠C＝90°，辺BC＝1のとき，この三角形の外接円の半径の値として，最も妥当なのはどれか。
【東京消防庁・平成23年度】

1　0.5
2　1.0
3　1.41
4　1.73
5　2.0

4 △ABCにおいて，$b=3$，$c=2$，$A=60^\circ$のとき，aの値として，最も妥当なのはどれか。

【東京消防庁・平成29年度】

1 $\sqrt{7}$
2 $\sqrt{6}$
3 $6\sqrt{3}$
4 3
5 7

5 辺AB＝4，辺BC＝5，対角線AC＝6である平行四辺形ABCDにおいて，CDの中点をEとし，BEとACの交点をFとするとき，三角形CEFと平行四辺形ABCDの面積の比はいくらか。

【国家Ⅲ種・中途採用者・平成22年度】

1 1：6
2 2：13
3 1：9
4 2：21
5 1：12

6 図のような三角形と正八角形の面積の組合せとして正しいのはどれか。

【社会人・平成24年度】

	三角形	正八角形
1	2	$\frac{3}{2}$
2	2	$\frac{3\sqrt{2}}{2}$
3	2	$\frac{3\sqrt{3}}{2}$
4	$2\sqrt{3}$	$\frac{3\sqrt{2}}{2}$
5	$2\sqrt{3}$	$\frac{3\sqrt{3}}{2}$

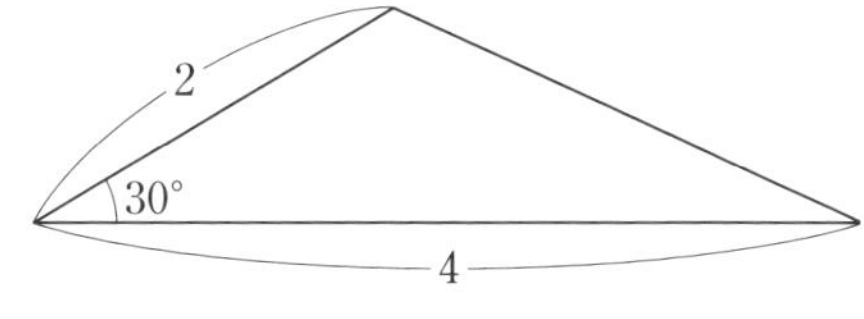

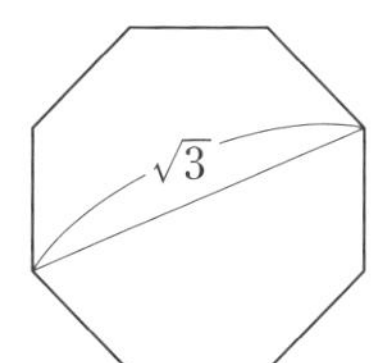

実戦問題●解説

1 **AB＝AC＝ADであることに注意する。**

Step 1　**点A，B，C，Dの位置関係を調べる。**

AB＝AC＝ADであるから，点B，C，Dは点Aを中心とし，ABの長さを半径とする円周上にある。

Step 2　**円周角の定理を適用する。**

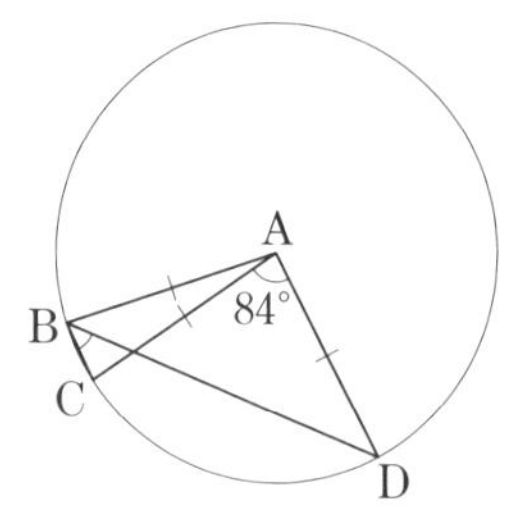

円Aにおいて，∠CADは弧CDに対する中心角，∠CBDは弧CDに対する円周角である。

円周角の大きさは中心角の半分であるから，

$$\angle CBD=\frac{1}{2}\angle CAD=\frac{1}{2}\times 84^\circ=42^\circ$$

よって，正答は**4**である。

正答 4

2 **頂角の大きさが30°，60°，90°の三角形の3辺の比は1：2：$\sqrt{3}$である。**

Step 1　**辺ABの長さを1として，各辺の値を求める。**

頂角の大きさが30°，60°，90°の直角三角形の辺の比は1：2：$\sqrt{3}$であるから，AB＝1，BC＝2，CA＝$\sqrt{3}$として一般性を失わない。このとき，

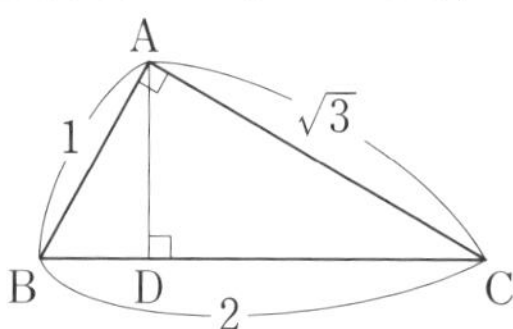

$$AD=CA\sin 30^\circ=\sqrt{3}\times\frac{1}{2}=\frac{\sqrt{3}}{2}$$

$$CD=CA\cos 30^\circ=\sqrt{3}\times\frac{\sqrt{3}}{2}=\frac{3}{2}$$

Step 2　**△ABC，△ADCの面積を求め，その比をとる。**

△ABC，△ADCの面積S_1，S_2はそれぞれ，

$$S_1=1\times\sqrt{3}\times\frac{1}{2}=\frac{\sqrt{3}}{2}\qquad S_2=\frac{3}{2}\times\frac{\sqrt{3}}{2}\times\frac{1}{2}=\frac{3\sqrt{3}}{8}$$

したがって，$S_1:S_2=\frac{\sqrt{3}}{2}:\frac{3\sqrt{3}}{8}=4:3$

よって，正答は**2**である。

確認しよう ➡頂角の大きさが30°，60°，90°の三角形の3辺の比

正答 2

【別解】相似比と面積比の関係を用いる。

2つの相似な図形の相似比が$m:n$であるとき，その面積比は$m^2:n^2$になる。△ABC∽△DACであり，その相似比は，頂角の大きさが30°，60°，90°の三角形の3辺の比が$1:2:\sqrt{3}$であることから，

$$BC:AC=2:\sqrt{3}$$

したがって，面積比は，$2^2:(\sqrt{3})^2=4:3$

3 正弦定理の適用

Step 1 正弦定理を適用して，数値を代入する。

△ABCの外接円の半径をRとする。

正弦定理により，$\dfrac{BC}{\sin A}=2R$であるから，

$$2R=\frac{1}{\sin 30^\circ} \quad \cdots ①$$

Step 2 外接円の半径Rの値を計算する。

①より，$2R=1\div\dfrac{1}{2}=2$

したがって，$R=2\times\dfrac{1}{2}=1$

よって，正答は**2**である。

確認しよう ➡正弦定理

正答 2

4 余弦定理を適用する。

△ABCにおいて，余弦定理$a^2=b^2+c^2-2bc\cos A$が成り立つ。

b，c，∠Aの値を代入すると，

$$a^2=3^2+2^2-2\cdot3\cdot2\cos 60^\circ$$
$$=9+4-12\cdot\frac{1}{2}$$
$$=7$$

$a>0$であるから，$a=\sqrt{7}$

よって，正答は**1**である。

(注) 本問は△ABCの図示もなく，a，b，cがそれぞれどこを指しているのか明示されていないが，aは辺BC，bは辺CA，cは辺ABを指していると見るのが妥当であろう。このように暗黙の了解を求められていることがあるので注意しておきたい。

確認しよう ➡余弦定理

正答 1

第5章 数学

5 高さが共通な三角形の面積の比は，底辺の長さの比に等しい。

Step 1 問題文の内容を図示する。

図形の問題では，図形を正しく図示することで，角や辺などの関係が明確になる。

図示すると，下の図のようになる。

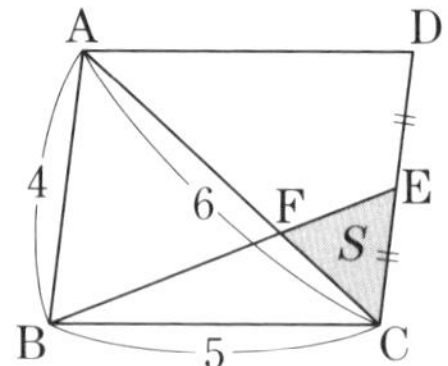

Step 2 △CEFの面積をSとする。

△CEFの面積をSとする。

容易にわかるように，△CEF∽△ABFであり，相似比は，

CE：AB＝2：4＝1：2

高さが共通な2つの三角形の面積の比は底辺の比と等しいから，

△BCF：△CEF＝EF：FB＝1：2

したがって，△BCF＝2△CEF＝2S

また，△BCF：△ABC＝CF：CA＝1：(1＋2)＝1：3より，

△ABC＝3△BCF＝6S

平行四辺形は対角線によって2つの合同な三角形に分割されるから，

平行四辺形ABCD＝2△ABC＝12S

したがって，△CEF：平行四辺形ABCD＝S：12S＝1：12

よって，正答は**5**である。

確認しよう ➡三角形の辺の比と面積比　　**正答 5**

6 2辺の長さとその間の角を用いた三角形の面積の公式を用いる。

Step 1 三角形の面積を求める。

2辺の長さがa，b，その間の角がθである三角形の面積Sは，

$$S=\frac{1}{2}ab\sin\theta$$

で求められるから，図の三角形の面積は，

$$\frac{1}{2}\times 2\times 4\times \sin 30^\circ=4\times\frac{1}{2}=2$$

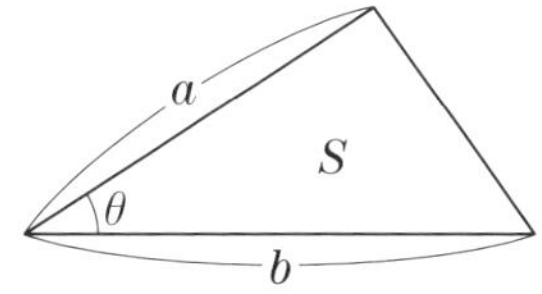

Step 2 正八角形の面積を求める。

右の図のような対角線で，正八角形は8個の合同な二等辺三角形に分けられる。

1つの二等辺三角形の等辺の長さは$\frac{\sqrt{3}}{2}$，

頂角の大きさは$360^\circ\div 8=45^\circ$であるから，

正八角形の面積は，

$$\left(\frac{1}{2}\times\frac{\sqrt{3}}{2}\times\frac{\sqrt{3}}{2}\times\sin 45^\circ\right)\times 8$$

$$=\frac{3}{8}\times\frac{\sqrt{2}}{2}\times 8=\frac{3\sqrt{2}}{2}$$

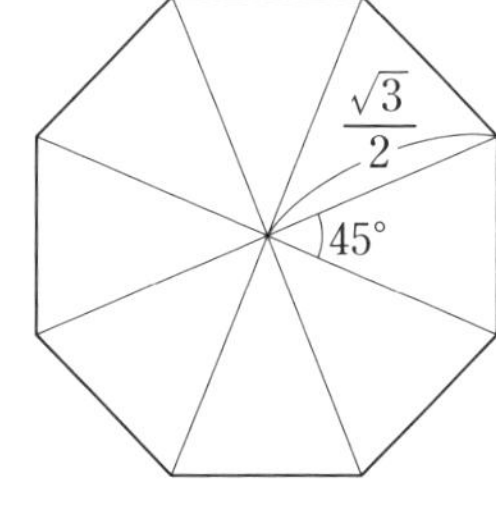

よって，正答は**2**である。

確認しよう ➡三角形の面積の求め方

正答 2

テーマ 3 式とグラフ

重要問題

$y=\dfrac{1}{2}x+1$のグラフを直線$y=3$を軸として対称移動できる直線のグラフとx軸との交点のx座標は次のうちどれか。

【地方初級・令和元年度】

1 6
2 8
3 10
4 12
5 14

解説

$y=\dfrac{1}{2}x+1$上の点Pと，その対称移動点Qの中点は直線$y=3$上にある。

Step 1 対称移動してできる直線の方程式をつくる。

$y=\dfrac{1}{2}x+1$上の点P$(x,\ y)$が対称移動によって点Q$(X,\ Y)$に移ったとすると，PとQの中点は直線$y=3$上にある。このとき，x座標とy座標について，それぞれ次の関係がある。

$x=X$ …①

$\dfrac{y+Y}{2}=3$ …②

②より，$y=6-Y$ …③

①と③を$y=\dfrac{1}{2}x+1$に代入すると，

$6-Y=\dfrac{1}{2}X+1$

これをYについて解くと，

$Y=-\dfrac{1}{2}X+5$

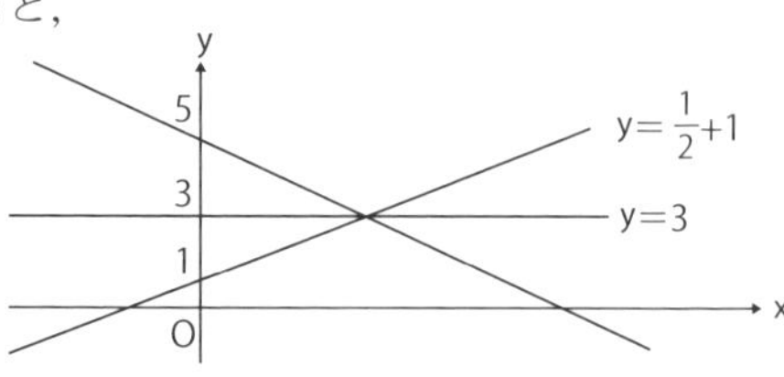

変数X, Yをx, yに取り替えると,

$$y=-\frac{1}{2}x+5 \qquad \cdots ④$$

これが，対称移動した式である。

Step 2　x軸との交点のx座標を求める。

④において，$y=0$とすると，

$-\frac{1}{2}x+5=0$の　これを解いて，$x=10$

よって，正答は**3**である。

確認しよう ➡対称移動による式の作り方　　**正答 3**

直線の式は次のようにしても求められる。

対称移動によって直線の傾きの符号が変わるから，対称移動した直線の式は，次のように置くことができる。

$$y=-\frac{1}{2}x+m \quad \cdots ①$$

直線$y=\frac{1}{2}x+1$と直線 $y=3$ との交点を求めると$(4,\ 3)$であるが，①はこの点を通るので，$x=4$，$y=3$を代入して，

$-\frac{1}{2}\times 4+m=3$　　これを解いて，$m=5$

したがって，求める直線の式は,

$$y=-\frac{1}{2}x+5$$

なお, 本問には次のような解法もあり, 本番の試験ではこちらの解法の方がベターであろう。直線 $y=-\frac{1}{2}x+1$ と直線 $y=3$ との交点は$(4,\ 3)$であり，直線 $x=4$ 上にある。図示してみると容易にわかるように，対称移動による直線ともとの直線は，この直線 $x=4$ に関して対称である。したがって, 直線 $y=-\frac{1}{2}x+1$とx軸との交点$(-2,\ 0)$を直線 $x=4$ に関して対称移動すればよいことになる。対称移動した点を$(X,\ 0)$とすると，次式が成り立つ。

$\frac{X+(-2)}{2}=4$　　これを解くと，$X=10$

テーマ3の分野では，式や点の，平行移動，線対称移動，点対称移動に関する問題よく出題される。移動のしかたには習熟しておきたい。

2次関数の標準形への変形は必須であり，変域や最大値・最小値などに関する問題が出題されるが，グラフを図示すると容易にわかることが多いので，グラフの図示を心がけるとよい。

要点のまとめ

重要ポイント 1 点や図形の移動

点や図形の変換は必ずしも出題頻度が高いわけではないが，平行移動，対称移動の基本的な計算のしかたは覚えておきたい。

■平行移動

点A$(x,\ y)$を，
x軸の正方向にα，y軸の正方向にβ，
平行移動した点Bは，
$(x+\alpha,\ y+\beta)$と表せる。

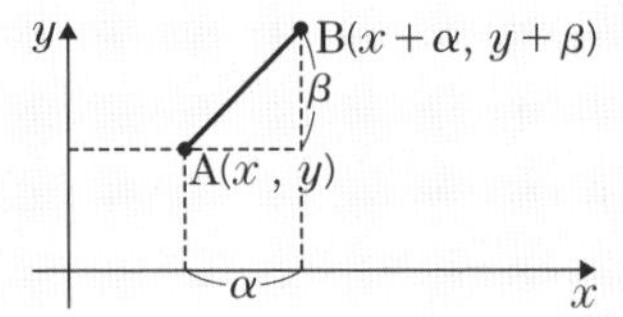

$y=f(x)$のグラフを，
x軸の正方向にα，y軸の正方向にβ，
平行移動すると$y-\beta=f(x-\alpha)$，
すなわち$y=f(x-\alpha)+\beta$

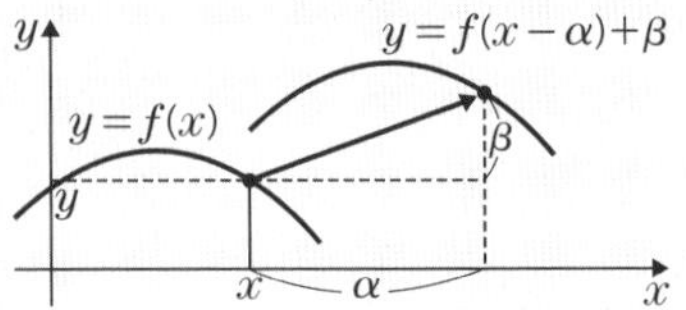

■対称移動

x軸に関して 線対称移動	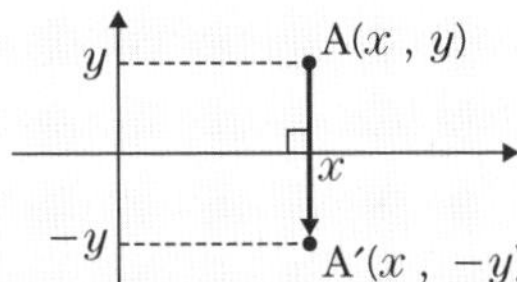	$y=f(x)$ $\Rightarrow -y=f(x)$ $y=-f(x)$
y軸に関して 線対称移動	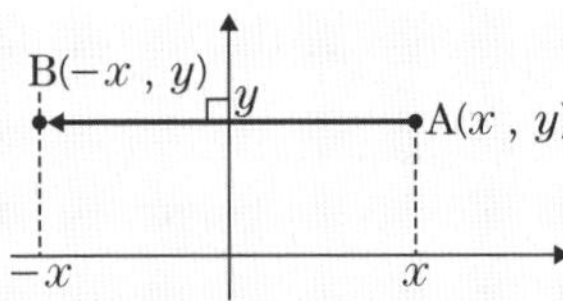	$y=f(x)$ $\Rightarrow y=f(-x)$
直線$y=x$に関して 線対称移動	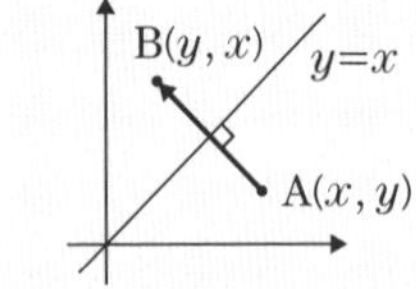	$y=f(x)$ $\Rightarrow x=f(y)$
原点に関して 点対称移動	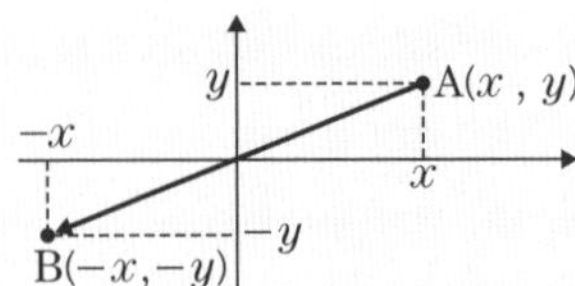	$y=f(x)$ $\Rightarrow -y=f(-x)$ $y=-f(-x)$

重要ポイント 2 図形と方程式

1次関数や2次関数のグラフに関する問題は出題頻度が高い。2次関数の標準形への変形には習熟しておく必要がある。

■座標平面上の点

2点A，B間の距離	$AB=\sqrt{(x_1-x_2)^2+(y_1-y_2)^2}$	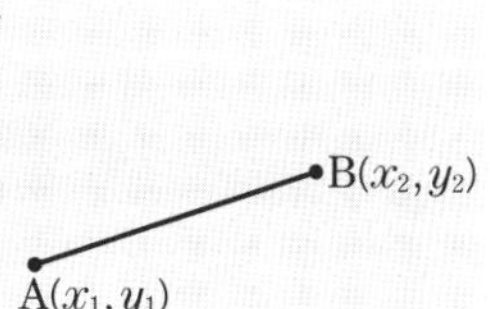
線分ABを$m:n$に分ける点P	$P=\left(\dfrac{nx_1+mx_2}{m+n}, \dfrac{ny_1+my_2}{m+n}\right)$ PがABの中点のときは $P=\left(\dfrac{x_1+x_2}{2}, \dfrac{y_1+y_2}{2}\right)$	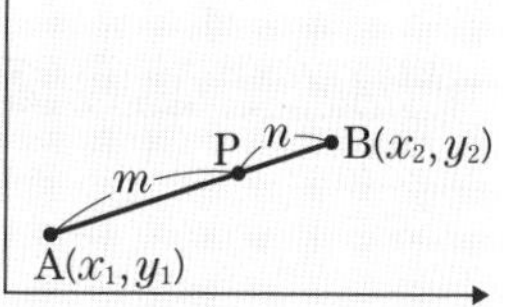
△ABCの重心G	$G=\left(\dfrac{x_1+x_2+x_3}{3}, \dfrac{y_1+y_2+y_3}{3}\right)$	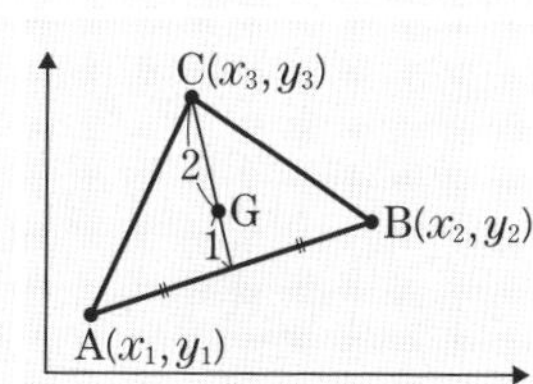

■直線の方程式

傾きm，y切片nの直線の方程式	$y=mx+n$	
2点(x_1, y_1)，(x_2, y_2)を通る直線の方程式	$y=\dfrac{y_2-y_1}{x_2-x_1}(x-x_1)+y_1$	

■2直線の関係

2直線$y=mx+n$，$y=m'x+n'$の関係

互いに平行なとき	$m=m'$ さらに$n=n'$のときは，2直線は重なる	$y=mx+n$ $y=m'x+n'$
互いに垂直	$mm'=-1$	$y=mx+n$ $y=m'x+n'$

■2次関数とグラフ

2次関数の標準形	**グラフの概形**	
$y=ax^2+bx+c$ $=a\left(x+\dfrac{b}{2a}\right)^2+\dfrac{4ca-b^2}{4a}$	対称軸：$x=-\dfrac{b}{2a}$ 頂点$\left(-\dfrac{b}{2a},\ \dfrac{4ca-b^2}{4a}\right)$ $a>0$のときグラフは下に凸 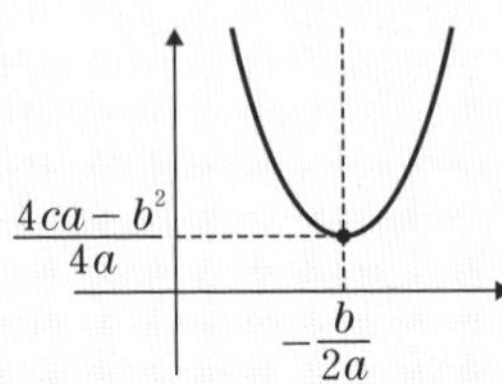 	$a<0$のときグラフは上に凸 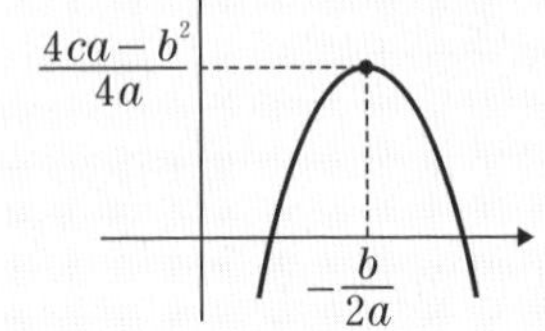

■円の方程式

中心がC$(a,\ b)$，半径がrの円の方程式	$(x-a)^2+(y-b)^2=r^2$	r C(a,b)
円周上の点A$(x_1,\ y_1)$における接線の方程式	$(x_1-a)(x-a)+(y_1-b)(y-b)=r^2$	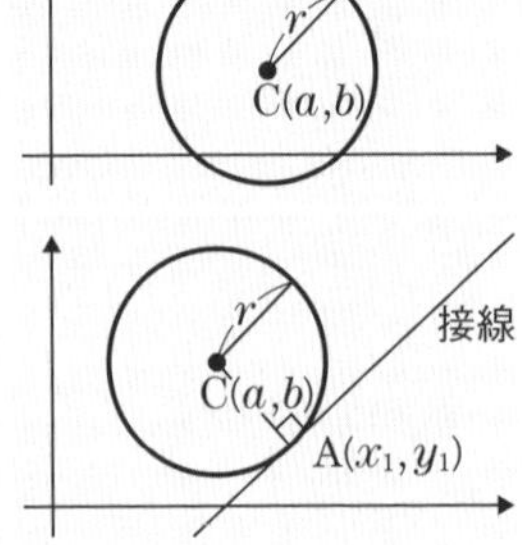

重要ポイント 3 不等式と領域

不等式の表す領域の面積を求めたり，領域を利用して最大値や最小値を求める問題には慣れておきたい。

■不等式の表す領域

$y \geqq f(x)$ の表す範囲は右図のアの部分。
等号がついていないときは，$y=f(x)$ の線は含まない。
$y \leqq f(x)$ の表す範囲は右図のイの部分。

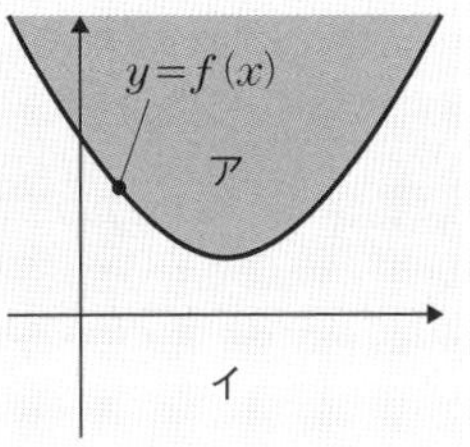

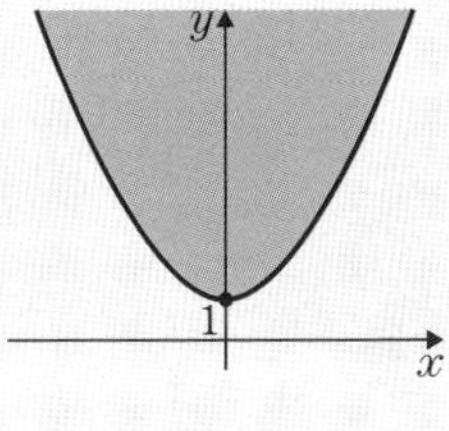

(例) $y \geqq x^2+1$ の表す範囲

■最大値と最小値

$y=f(x)$ の $a \leqq x \leqq b$ の最大値と最小値

〔注意〕
右図の例のように，$y=f(x)$ が2次関数の場合，x の領域とグラフの軸の位置関係に注目しよう。

右図の場合は，
最大値　$f(a)$
最小値　$f(b)$

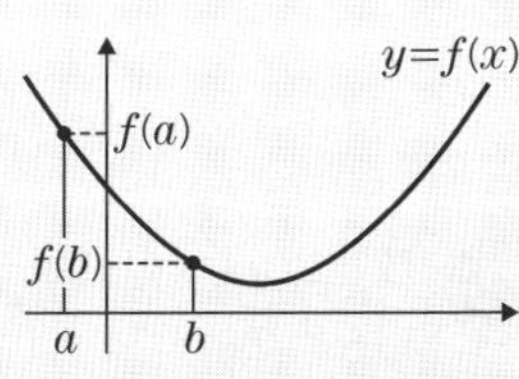

右図の場合は，
最大値　$f(b)$
最小値　$f(c)$

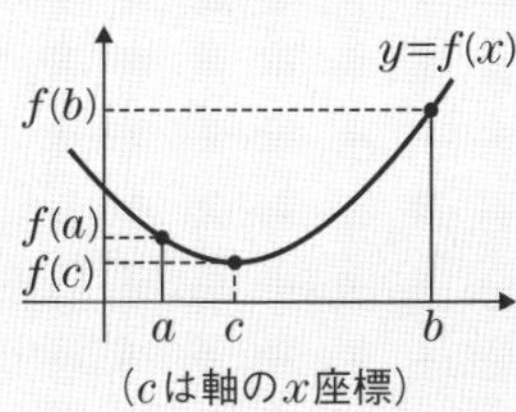

(c は軸の x 座標)

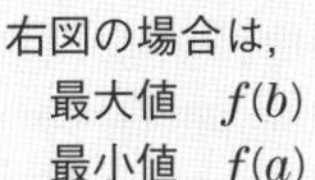

右図の場合は，
最大値　$f(b)$
最小値　$f(a)$

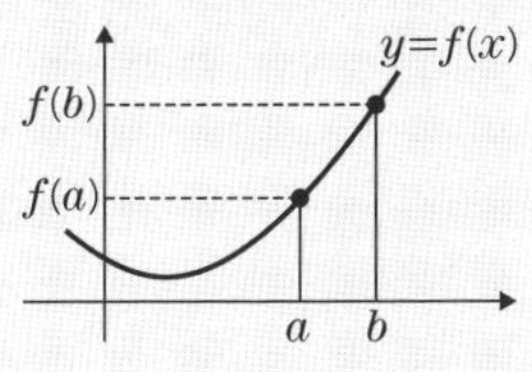

実戦問題

1 2次関数$y=x^2-x+2$のグラフをx軸方向に－2，y軸方向に－2だけ平行移動して得られる放物線が，直線$y=x+a$と接するとき，aの値はいくらか。 【国家一般職／税務／社会人・平成30年度】

1 -1
2 1
3 3
4 5
5 7

2 直線$y=ax+3$と直線$y=2x+1$がx軸上で交わるとき，aの値として正しいのはどれか。 【地方初級・平成25年度】

1 5
2 6
3 7
4 8
5 9

3 放物線$y=x^2-2x+a$の頂点が直線$y=2x$上にあるとき，定数aの値はいくらか。 【地方初級・平成26年度】

1 -1
2 1
3 2
4 3
5 4

4 $y = 2x^2 + mx + n$のグラフが，2点(1，1)，(−1，9)を通るとき，mの値を求めよ。　【警察官・平成29年度】

1　-1
2　-2
3　-3
4　-4
5　-5

5 2次関数$y = -2x^2 - 4x - 1$の最大値として，最も妥当なのはどれか。　【東京消防庁・令和2年度】

1　-2
2　-1
3　1
4　2
5　4

6 2直線$y = x$，$y = -2x + 18$とx軸とで囲まれた三角形の面積はいくらか。　【地方初級・平成29年度】

1　9
2　18
3　27
4　36
5　45

実戦問題●解説

1 関数$y=f(x)$をx軸方向にα，y軸方向にβだけ平行移動したときの関数は，$y-\beta=f(x-\alpha)$になる。

Step 1　与式を平行移動した式を作る。

$$y=x^2-x+2 \quad \cdots①$$

①をx軸方向に-2，y軸方向に-2だけ平行移動するには，xを$x+2$に，yを$y+2$に置き換えればよい。

$$y+2=(x+2)^2-(x+2)+2$$

右辺を展開し，式を整理すると，

$$y=x^2+3x+2 \quad \cdots②$$

Step 2　放物線と直線が接する条件を求める。

$$y=x+a \quad \cdots③$$

②と③からyを消去すると，

$$x^2+3x+2=x+a$$

$$x^2+2x+2-a=0 \quad \cdots④$$

②と③が接するとき，2次方程式④は重解を持つから，判別式$D=0$となる（p.219参照）。したがって，

$$D=2^2-4(2-a)=0$$

これを解いて，

$$a=1$$

よって，正答は**2**である。

確認しよう ➡平行移動のしかたと接する条件

正答 2

2 関数$y=f(x)$とx軸との交点のx座標は，$y=0$と置くことにより求められる。

Step 1　直線$y=2x+1$とx軸との交点の座標を求める。

$y=2x+1$において，$y=0$と置くと，

$$2x+1=0 \quad より \quad x=-\frac{1}{2}$$

したがって，直線$y=2x+1$とx軸との交点は$\left(-\frac{1}{2},\ 0\right)$である。

Step 2 aの値を求める。

直線$y=ax+3$は点$\left(-\frac{1}{2},\ 0\right)$を通るから，

$$-\frac{1}{2}a+3=0$$

これを解いて，$a=6$

よって，正答は**2**であることがわかる。

確認しよう ➡グラフの交点の求め方

正答 2

3 放物線の式を標準形に変形する。

Step 1 放物線の式を標準形に変形し，頂点の座標を求める。

$$\begin{aligned}y&=x^2-2x+a\\&=x^2-2x+1-1+a\\&=(x-1)^2+a-1\end{aligned}$$

したがって，放物線の頂点の座標は，$(1,\ a-1)$

Step 2 頂点の座標が満たす条件にあてはめる。

放物線の頂点$(1,\ a-1)$が直線$y=2x$上にあることから，

$$a-1=2$$

これから，$a=3$

よって，正答は**4**である。

確認しよう ➡放物線の式の標準形

正答 4

4 点$(\alpha,\ \beta)$が関数$y=f(x)$のグラフ上の点であるとき，$\beta=f(\alpha)$である。

Step 1 与式に交点を代入する。

点$(1,\ 1)$を通ることから，

$$2+m+n=1 \quad \cdots①$$

点$(-1,\ 9)$を通ることから，

$$2-m+n=9 \quad \cdots②$$

Step 2 mの値を求める。

設問からmの値だけを求めればよいので，①，②からnを消去する。

①－②より

$2m=-8$

$m=-4$

よって，正答は**4**である。

☞**確認しよう** ➡代入計算 **正答 4**

5 2次関数を標準形に変形する。

Step 1 標準形に変形する。

$y=-2x^2-4x-1$

$=-2(x^2+2x+1-1)-1$

$=-2(x+1)^2+2-1$

$=-2(x+1)^2+1$

Step 2 最大値を考察する。

x^2の係数が負である2次関数のグラフは上に凸であるから，頂点のy座標が最大値となる。

頂点の座標は標準形から$(-1,\ 1)$であるから，最大値は1である。

よって，正答は**3**である。

☞**確認しよう** ➡2次関数のグラフ形状と最大値，最小値 **正答 3**

【別解】微分法を用いる解法もある。

$y=-2x^2-4x-1$を微分すると，

$y'=-4x-4$

$=-4(x+1)$

$x<-1$で$y'>0$，$x>-1$で$y'<0$だから，$x=-1$で，極大かつ最大となる。

$x=-1$のとき，$y=-2\cdot(-1)^2-4\cdot(-1)-1=1$

6 2直線の交点の座標は連立方程式の解を求めることで得られる。

Step 1 x軸も含めた3直線の交点の座標を求める。

$y=x$ …①

$y=-2x+18$ …②

$y=0$（x軸） …③

①，②より，

$x=-2x+18$

$3x=18$

$x=6$

これを①に代入して，$y=6$

したがって，①と②の交点はA(6，6)

①，③より，$x=y=0$

すなわち，①と③の交点は原点O

②，③より

$-2x+18=0$

$-2x=-18$

$x=9$

したがって，②と③の交点はB(9，0)

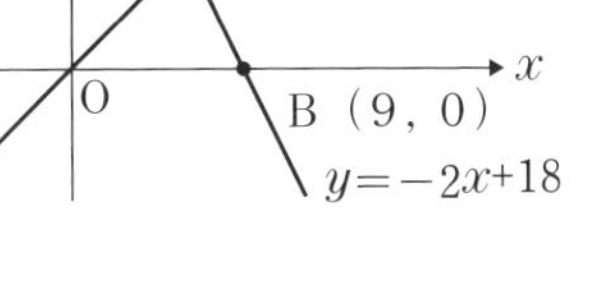

Step 2 三角形の面積を求める。

△AOBの底辺はOB＝9，

高さはAのy座標5であるから，

三角形の面積は，

$$9\times6\times\frac{1}{2}=27$$

よって，正答は**3**である。

確認しよう ➡三角形の頂点の座標の求め方

正答 3

第5章 数学

テーマ4 微分・積分・個数の処理

重要度

重要問題

全体集合を$U=\{1, 2, 3, 4, 5, 6, 7, 8, 9, 10\}$とし，その部分集合A，Bについて，

$A \cup B=\{1, 2, 3, 4, 6, 7, 8, 9, 10\}$

$A \cap \overline{B}=\{1, 3, 7\}$

$A \cap B=\{6, 8, 10\}$

とするとき，次のうち，$\overline{A} \cap B$の部分集合であるものはどれか。

【中途採用者・平成22年度】

1 $\{1, 6\}$
2 $\{2, 7\}$
3 $\{3, 8\}$
4 $\{4, 9\}$
5 $\{5, 10\}$

解説

分配法則を使って，集合の演算をする。

Step 1 集合Aを求める。

AはUの部分集合であるから，$A=A \cap U$

全体集合Uは，任意の部分集合とその補集合の和集合で表すことができるから，$U=B \cup \overline{B}$

したがって，$A=A \cap (B \cup \overline{B})$

ここで，分配法則を用いて，

$A \cap (B \cup \overline{B})=(A \cap B) \cup (A \cap \overline{B})$

これにより，$A=\{1, 3, 6, 7, 8, 10\}$

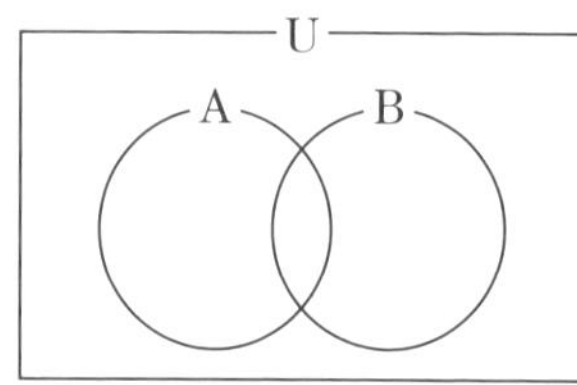

Step 2 集合Bを求める。

集合Bは，$A \cup B$から$A \cap \overline{B}$の元（要素）を

取り除いたものであるから，

$B=\{2,\ 4,\ 6,\ 8,\ 9,\ 10\}$

Step 3　**集合$\overline{A}\cap B$を求める。**

Step 1の結果より，$\overline{A}=\{2,\ 4,\ 5,\ 9\}$であるから，

$\overline{A}\cap B=\{2,\ 4,\ 9\}$

したがって，$\{4,\ 9\}\subset\overline{A}\cap B$

よって，正答は**4**である。

確認しよう ➡集合の演算の分配法則　　**正答 4**

集合の数が2個のときは，以下のような表のほうが見やすいかもしれない。
各欄が表す集合は，

ア；$A\cap B$　イ；$A\cap\overline{B}$　ウ；A　エ；$\overline{A}\cap B$　オ；$\overline{A}\cap\overline{B}$
カ；$\overline{A}$　キ；B　ク；$\overline{B}$　ケ；全体集合

ア，イ，エを合わせた集合；$A\cup B$
ア，イ，エ，オを合わせた集合；全体集合
元の個数があまり多くないときは，元を表に書き込んでみるとよい。
ア，イに書き込むと，エが表す集合が{2，4，9}になることがわかる。
そして，オが表す集合は{5}になる。
（ここでは，ウ，カ，キ，ク，ケの欄への元の書き込みは省略）
この表から，$\overline{A}\cap B=\{2,\ 4,\ 9\}$

	A	$\overline{A}$	
B	ア	エ	キ
$\overline{B}$	イ	オ	ク
	ウ	カ	ケ

	A	$\overline{A}$	
B	6, 8, 10	2, 4, 9	キ
$\overline{B}$	1, 3, 7	5	ク
	ウ	カ	ケ

FOCUS

テーマ4の分野での出題例は少ない。しかし，出題された場合，非常に基本的な問題であることが多く，貴重な得点源となるので，基本的な考え方や公式などは身に着けておきたい。

集合ではベン図，または上記【参考】の表が運用できれば十分であろう。順列では${}_nP_r$，組み合わせでは${}_nC_r$を用いた計算には習熟しておきたい。

微分法では極値に関する問題や接線の方程式，積分法では原始関数の求め方や曲線や直線によって囲まれる図形の求積などが必須である。

要点のまとめ

重要ポイント 1 極限値・微分・積分

「微分」では極値や最大・最小に関する問題，「積分」では2次関数と直線とで囲まれる図形の面積を求める問題が出される。

■極限値

xをaに近づけるとき，$f(x)$が$f(a)$に近づくことを，

$x \to a$ならば$f(x) \to f(a)$　または$\lim_{x \to a} f(x) = f(a)$と書く。

■微分法

関数$y=f(x)$について

$x=a$における微分係数	$f'(a)=\lim_{x \to a}\dfrac{f(x)-f(a)}{x-a}=\lim_{h \to 0}\dfrac{f(a+h)-f(a)}{h}$
導関数	$f'(x)=\dfrac{dy}{dx}=\lim_{\Delta x \to 0}\dfrac{f(x+\Delta x)-f(x)}{\Delta x}$
$x=a$における接線の方程式	$f'(a)$は$x=a$の点における接線の傾きを表す。$y=f(x)$上の点$(a,\ f(a))$における接線の方程式は， $y=f'(a)(x-a)+f(a)$ 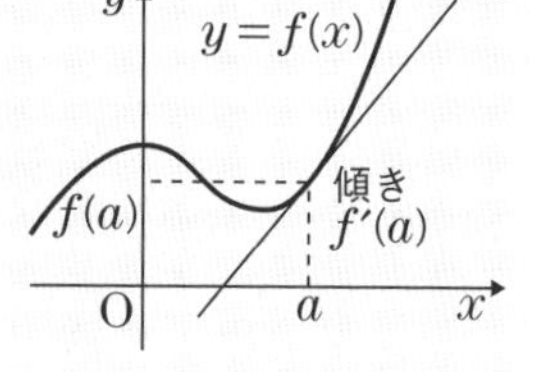
微分法の性質と公式	$(y_1+y_2)'=y_1'+y_2'$ $(ky)'=ky'$ (kは定数) $y=(ax+b)^n$のとき，$y'=na(ax+b)^{n-1}$
関数の増減	ある区間において， $f'(a)>0$ならば，$f(x)$は単調増加 $f'(a)<0$ならば，$f(x)$は単調減少
関数の極大，極小	$f'(a)=0$であり，$x=a$の前後で$f'(x)$の符号が， 正から負に変わるとき，$x=a$において$f(x)$は極大 負から正に変わるとき，$x=a$において$f(x)$は極小

■積分法

不定積分	$F'(x)=f(x)$であるとき，$\int f(x)dx=F(x)+C$（Cは定数）
整関数の不定積分（Cは積分定数）	$\int x^n dx=\frac{x^{n+1}}{n+1}+C$　　$\int (ax+b)^n dx=\frac{(ax+b)^{n+1}}{a(n+1)}+C$
積分の性質	$\int kf(x)dx=k\int f(x)dx$ $\int \{f(x)+g(x)\}dx=\int f(x)dx+\int g(x)dx$
定積分	$F'(x)=f(x)$のとき， $\int_a^b f(x)dx=\left[F(x)\right]_a^b=F(b)-F(a)$
定積分の性質	$\int_a^b f(x)dx=\int_a^c f(x)dx+\int_c^b f(x)dx$
定積分と面積	$a \leqq x \leqq b$において，$f(x) \geqq g(x)$であるとき，$y=f(x)$，$y=g(x)$，$x=a$，$x=b$で囲まれる図形の面積Sは， $S=\int_a^b \{f(x)-g(x)\}dx$
定積分と体積	$y=f(x)$をx軸の周りに回転したとき，$a \leqq x \leqq b$の部分の体積Vは， $V=\pi\int_a^b \{f(x)\}^2 dx$

重要ポイント 2 **個数の処理**

「場合の数」は基本的な計算ができればよい。条件付き確率は考え違いをしやすいので注意が必要。

■場合の数

和の法則	事象A，Bが同時には起こらないとき，Aが起こるのがm通り，Bが起こるのがn通りならば，AまたはBのいずれかが起こるのは，$m+n$通りである。
積の法則	事象Aの起こり方がm通りあり，そのおのおのについて，事象Bの起こり方がn通りあるならば，AとBがともに起こるのは，mn通りである。

■順列

順列	n個の異なるもののうちからr個選んで並べる方法は， $\boldsymbol{{}_{n}\mathrm{P}_{r}=\dfrac{n!}{r!}=n(n-1)\cdots(n-r+1)}$ （注）「$n!$」は「$\boldsymbol{n}$の階乗（かいじょう）」と読み，自然数1からnまでの積である。
円順列	異なるn個のものを円周上に並べる円順列の総数は，$(n-1)!$
環順列	上記円順列で裏返してもよいことにすると，その総数は，$\dfrac{(n-1)!}{2}$
重複順列	n個の異なるものから重複を許してr個取り出して並べる順列の総数は，n^r

■組合せ

n個の異なるものからr個を選ぶ組合せの総数は，

$${}_{n}\mathrm{C}_{r}=\frac{n!}{r!(n-r)!}=\frac{n(n-1)\cdots\cdots(n-r+1)}{r(r-1)\cdots\cdots3\times2\times1}$$

（注）${}_{n}\mathrm{C}_{r}={}_{n}\mathrm{C}_{n-r}$が成り立つ。

■確率

確率の定義	ある試行において，どの事象が起こることも同様に確からしいとすると，事象Aの起こる確率は， $\mathrm{P(A)}=\dfrac{\text{事象Aの起こる場合の数}}{\text{全事象Uの起こる場合の数}}=\dfrac{n(\mathrm{A})}{n(\mathrm{U})}$
確率の性質	$0\leqq \mathrm{P(A)}\leqq 1,\ \mathrm{P}(\phi)=0,\ \mathrm{P(U)}=1$
確率の加法定理	事象A，Bが同時には起こらないとき，AまたはBが起こる確率は， $\mathrm{P(A\cup B)=P(A)+P(B)}$
余事象の確率	事象Aが起こらないという事象を$\overline{\mathrm{A}}$で表すとき， $\mathrm{P(A)+P(\overline{A})=1}$　すなわち　$\mathrm{P(\overline{A})=1-P(A)}$
和事象の確率	$\mathrm{P(A\cup B)=P(A)+P(B)-P(A\cap B)}$ (注) $\mathrm{A\cap B}=\phi$のときは，AとBとは排反事象になる。
独立試行の確率	2つの試行が互いに他方の結果に影響を及ぼさないとき，事象Aが起こり，かつ事象Bが起こる確率は， $\mathrm{P(A)\cdot P(B)}$
反復試行の確率	1回の試行で事象Aの起こる確率がpであるとき，n回の試行で事象Aがちょうどr回起こる確率は， ${}_n\mathrm{C}_r p^r(1-p)^{n-r}$
条件付き確率	事象Aが起こったときの事象Bの起こる確率を条件付き確率といい，$\mathrm{P_A(B)}$で表す。
確率の乗法定理	2つの事象A，Bがともに起こる確率$\mathrm{P(A\cap B)}$は， $\mathrm{P(A\cap B)=P(A)\cdot P_A(B)}$
独立事象の乗法定理	2つの事象A，Bが互いに独立であることと， $\mathrm{P(A\cap B)=P(A)\cdot P(B)}$であることとは同値である。

実戦問題

1 2次関数$f(x)=x^2+ax+b$において，$f(2)=0$，$f'(0)=4$のときの定数bの値として，最も妥当なのはどれか。　【東京消防庁・平成21年度】

1　8
2　2
3　0
4　-4
5　-12

2 曲線$y=-x^2+3x+10$上の点(3，10)における曲線の接線の方程式として，正しいのはどれか。　【警視庁・平成27年度】

1　$y=3x+1$
2　$y=2x+4$
3　$y=-x+13$
4　$y=-2x+16$
5　$y=-3x+19$

3 $f(x)=x+2\int_0^2 f(x)dx$を満たす関数$f(x)$として，妥当なのはどれか。
【地方初級・平成17年度・改題】

1　$x-4$
2　$x-\frac{4}{3}$
3　x
4　$x+\frac{4}{3}$
5　$x+4$

4 男子生徒3人，女子生徒3人が横1列に並ぶとき，男子生徒どうし，および女子生徒どうしが隣り合わない並び方は何通りあるか。 【予想問題】

1 36通り
2 72通り
3 144通り
4 360通り
5 720通り

5 2個のサイコロを同時に投げるとき，目の和が5になる確率はどれか。
【警視庁・平成21年度】

1 $\frac{1}{12}$

2 $\frac{1}{9}$

3 $\frac{1}{8}$

4 $\frac{1}{6}$

5 $\frac{1}{4}$

実戦問題●解説

1 $f(x)$の導関数を求める。

Step 1 $f(x)$を微分する。

$\dfrac{d}{dx}x^n=nx^{n-1}$であるから，$f'(x)=2x+a$

Step 2 a，bの値を求める。

上の式で$x=0$のとき$f'(0)=a$，与えられた条件より$f'(0)=4$，

これから，$a=4$

また，$f(2)=4+2a+b$であるから，$f(2)=0$より，

$$4+2a+b=0$$

$a=4$を代入して，$4+8+b=0$

したがって，$b=-12$

よって，正答は**5**である。

確認しよう ➡導関数の求め方

正答 5

2 関数$y=f(x)$の$x=a$の点における接線の方程式は

$y=f'(a)(x-a)+f(a)$

Step 1 曲線上の接線の傾きを求める。

$y=-x^2+3x+10$を微分すると，

$$y'=-2x+3$$

したがって，曲線上の$x=3$の点における接線の傾きは，

$$y'_{x=3}=-2\times3+3=-3$$

Step 2 接線が点(3，10)を通ることを利用する。

傾きが-3で，点(3，10)を通る直線の方程式は，

$$y=(-3)(x-3)+10$$

すなわち，接線の方程式は，$y=-3x+19$

よって，正答は**5**である。

確認しよう ➡関数$y=f(x)$の接線の方程式

正答 5

【別解】微分法を用いなくても，この問題を解くことができる。

$$y=-x^2+3x+10 \qquad \cdots①$$

点(3，10)を通る直線の式は，傾きをkとして

$y = k(x-3)+10$ …②

①，②の交点のx座標は，次式で求められる。

$-x^2+3x+10=k(x-3)+10$

$x^2+(k-3)x-3k=0$ …③

①，②が接するときは，③の解は重解になるから，

判別式$D=(k-3)^2-4\cdot(-3k)=0$

$k^2-6k+9+12k=0$

$(k+3)^2=0$

$k=-3$

したがって，接線の方程式は，$y=-3(x-3)+10$

すなわち，$y=-3x+19$

3 定積分$\int_0^2 f(x)dx$が定数であることに着目する。

Step 1 $f(x)$を積分記号のない形で表す。

$\int_0^2 f(x)dx$は定数であるから，これをaと置くと，

$f(x)=x+2a$

と表せる。

Step 2 定積分の計算をする。

$$\int_0^2 f(x)dx=\int_0^2 (x+2a)dx=\left[\frac{1}{2}x^2+2ax\right]_0^2=4a+2$$

Step 3 aの値を求める。

Step 2の結果から，$4a+2=a$

これから，$a=-\frac{2}{3}$

したがって，$f(x)=x-\frac{4}{3}$

よって，正答は**2**である。

確認しよう ➡定積分の計算

正答 2

4 はじめに，男子生徒，女子生徒の位置を決める。

Step 1 男子生徒，女子生徒の位置を決める。

男子生徒を□，女子生徒を○で表すと，男女が交互になる並び方は，

□○□○□○　または　○□○□○□

Step 2 男子生徒，女子生徒の並び方を決める。

□○□○□○となる並び方

男子生徒3人の並び方は，異なる3つのものの順列であるから，

$_3P_3 = 3! = 3 \times 2 \times 1 = 6$〔通り〕

女子生徒3人の並び方についても同様である。

したがって，$6 \times 6 = 36$〔通り〕

○□○□○□となる並び方についても同様であるから，全体としては，

$36 \times 2 = 72$〔通り〕

よって，正答は**2**である。

確認しよう ➡異なるものの順列　**正答 2**

(注) 男子をA，B，C，女子をa，b，cなどとして，樹形図をかいて求めるのは，少々煩わしい。これは選択肢の数値からもわかるであろう。

5 場合の数をすべて列挙する。

Step 1 条件に当てはまる数の組を列挙する。

2つのサイコロをA，Bとする。Aのサイコロの目をa，Bのサイコロの目をbとすると，$a + b = 5$

これを，満たす(a, b)の組は，$(1, 4)$，$(2, 3)$，$(3, 2)$，$(4, 1)$の4通りある。

Step 2 確率を求める。

2つのサイコロの目の出方は，$6 \times 6 = 36$〔通り〕あるから，求める確率は，

$$\frac{4}{36} = \frac{1}{9}$$

よって，正答は**2**である。

確認しよう ➡場合の数と確率　**正答 2**

編集協力・組版／株式会社　大知

●本書の内容に関するお問合せについて

本書の内容に誤りと思われるところがありましたら，まずは小社ブックスサイト（jitsumu.hondana.jp）中の本書ページ内にある正誤表・訂正表をご確認ください。正誤表・訂正表がない場合や，正誤表・訂正表に該当箇所が掲載されていない場合は，書名，発行年月日，お客様のお名前・連絡先，該当箇所のページ番号と具体的な誤りの内容・理由等をご記入のうえ，郵便，FAX，メールにてお問合せください。

〒163-8671　東京都新宿区新宿 1-1-12　実務教育出版　第二編集部問合せ窓口
FAX：03-5369-2237　　E-mail：jitsumu_2hen@jitsumu.co.jp

【ご注意】
※電話でのお問合せは，一切受け付けておりません。
※内容の正誤以外のお問合せ（詳しい解説・受験指導のご要望等）には対応できません。

公務員試験［高卒程度・社会人］
初級スーパー過去問ゼミ　自然科学

2021年 3 月20日　初版第 1 刷発行　〈検印省略〉
2022年 7 月10日　初版第 2 刷発行

編　者　資格試験研究会
発行者　小山隆之

発行所　株式会社 実務教育出版
〒163-8671　東京都新宿区新宿1-1-12
☎編集　03-3355-1812　販売　03-3355-1951
振替　00160-0-78270

印　刷　精興社
製　本　東京美術紙工

ISBN 978-4-7889-7264-3 C0030　Printed in Japan